KB274083

교수평가와 연봉제

교원업적평가의 방향과 인사 및 연봉제의 연계에 관한 연구

최성해 · 김운회

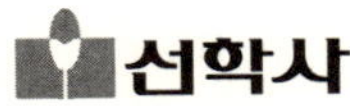
선학사

서 문

　이 책은 교수평가의 방향과 연봉제의 연계 가능성과 그현황을 살펴보고 그 구체적인 시행방법과 방향을 보여주는데 목적이 있다. 그동안 대학평가의 일환으로 교수 평가가 진행되고 있지만 그평가 기준이 우리 대학 현실을 제대로 반영하고 있지 못했다. 대학마다 역사, 발전방향, 특성화의 영역 등이 다르기 때문에 이런 현실적 사정을 반영하여 기준을 재조정해야 할 시점이다. 그리고 교수평가가 의미를 가지려면 평가를 바탕으로 한 교원인사와 연봉제가 이루어져야 한다. 문제는 현행의 평가기준에 따라서 교수평가를 시행하고 이에 연계된 연봉제를 실시한다면 많은 문제가 나타날 수도 있다는 점이다. 실제로 현재 우리나라 대학들은 예외없이 연봉제를 시행하려고 노력은 하고 있으나 연봉제가 제대로 시행되는 곳은 거의 없다.

　교육부는 2002년 이후 국립대 연봉제 시행을 공표하였는데 대부분의 사립대가 국립대 기준을 준용하기 때문에 이 파급효과는 매우 클것으로 보인다. 그동안 연봉제가 사회적 이슈가 된 것은 대부분의 대학에서 적용하고 있는 현행 보수제도가 동기부여가 안되고 대학 경쟁력이 약화되는 결정적 결함을 가지고 있기 때문이다. 특히 현재의 교수 임금 항목은 너무 복잡하게 구성되어 있고, 상여금이 사실상 고정급으로 되어 있어서 동기의 유발이 미흡하다. 더구나 우리나라는 '보수 비밀주의'로 말미암아 임금에 대한 연구자가 극소수이고 그나마도 교수평가와 연계된 연봉제에 대한 체계적인 저서나 연구는 거의 없는 실정이다. 교수평가와 연계한 연봉제를 제대로 설계·시행하기 위해서는 교원 평가팀, 연봉제 연구팀, 경리팀, 재단사무국, 전체를 총괄 조정하는 기획 예산팀 등 많은 실무자나 연구진이 필요한 것이 현실인데 그나마도 제대로 연구하여 시행하기까지는 너무 많은 시간이 걸리고 또 만들어진 연봉제를 수행할 만한 대학 경영진의 지도력 또한 문제가 될 수 있다.

이 책은 이같은 문제들을 해결하기 위한 방향을 제시하기 위해 집필되었는데 크게 세 가지 점에서 유용한 도구가 될 수 있다. 첫째, 정책당국에 대해서는 교수평가와 연봉제 시행 방향과 정책 과제들을 제시한다. 둘째, 실무자들에게는 구체적인 추진과정과 절차를 보여줌으로써 관련업무의 수월성을 제고하도록 하였다. 셋째, 교수들에게는 연봉제의 진정한 의미와 진행과정 및 문제점 등을 객관적으로 이해할 수 있도록 하였다. 그리고 일반인들도 쉽게 접근할 수 있도록 다양한 예나 관련사항들을 부록으로 만들었다. 뿐만아니라 이 책은 최근 거론되고 있는 대학의 기능분화에 대해서도 검토하여 대학에 맞는 교원평가의 모델을 대학경영전략의 차원으로 인식하고 연봉제의 다양한 구성방식이나 실행방식들을 보여주는데 최선을 다하였다.

이 책의 구성은 다섯 개의 장으로 나누어져 있다. 제 I 장은 서론으로 연구의 목적과 필요성 등을 말하고 있고, 제 II 장은 교원업적 평가에 관한 이론적인 문제 및 현황들을 살펴본다. 제 III 장은 교원평가에 기반한 교원 인사규정을, 제 IV 장은 교수평가에 따른 연봉제가 심층 논의될 것이고, 제 V 장에서는 본문 전체를 요약·정리하였다. 그리고 이 책의 후반부에는 업무에 바쁜 관련 대학 실무자들을 위하여 [부록 I]을 마련하여 신인사 동향과 임금체계의 변화 및 신경영기법들에 대하여 잘 알려진 관련 전문서적들을 알기 쉽게 요약·편집하였다. 그리고 [부록 II]는 본문에 들어가기는 힘들지만 우리나라 고등교육 현실을 이해하기 위한 주요사항들을 간략하게나마 해설하는 코너로 마련하였다. 일반인들도 이 코너만 읽더라도 우리 대학의 밝은 점과 어두운 점을 대충은 이해할 수 있을 것이라고 생각한다.

끝으로 이 책이 나오기까지 적극적으로 도와주신 선학사의 李燦奎 사장님 이하 직원 여러분들게 깊은 감사의 말씀을 전하며, 자료수집에 도움을 주고 인터뷰에 기꺼이 응해주신 기업체, 대학 관계자 여러분께 거듭 謝意를 표하고자 한다.

2000년 10월 20일

저자 씀

부록

I

서 론

1. 연구의 필요성

이 연구는 우리 나라 국·공립 및 사립대학교의 교원업적평가의 방향과 교원인사 및 연봉제의 연계가능성과 그 현황을 살펴보고, 그 구체적인 방향을 제시하는 데 목적이 있다. 대학평가가 지속적으로 진행된 이후 교원평가 역시 다양한 방법으로 진행되고 있지만 교원평가의 보편적인 방법론이 없는 것이 현실이다. 대학마다 사정이 다르고 대학발전의 역사, 특성화의 영역이 다르기 때문에 교원평가가 일률적으로 진행될 수 없음에도 불구하고, 한국대학교육협의회와 교육부가 주관하는 대학평가의 기준들이 획일적이고 대학평가의 주요 부분인 교원평가도 다원화되어 있지 않아서 여러 가지 문제를 발생시킬 수 있다. 왜냐하면 대학평가를 성공적으로 받으려면 중하위권 대학이나 후발대학들이 자기 대학의 형편에 맞지 않는 상위권 대학들의 사례들을 그대로 모방할 수밖에 없기 때문이다.

흔히 21세기는 '학습유동의 세기(century of learning mobility)'라고도 한다. 즉, 교육이 각 대학의 교실에서만 이루어지는 것이 아니라는 것이다. 이러한 시대일수록 국제적 역량(standard)을 가진 대학을 육성해야 한다.[1] 그러나 한

---

1) 나아가 대학의 자율성 신장, 대학의 상호 학점 교류 문제, 재정투자 등이 중요한 이슈

국의 국제적 학문·연구 수준(1997, SCI)은 세계 17위(서울대, 126위), 국제적 대학평가(1998 Asia Week)에서는 서울대가 아시아 6위, 인적 자원의 국제경쟁력(1998 IMD Report)은 22위[2], 교육·지식 부문 해외 의존도는 경상수지 적자 12억 달러(대학부문 7억 달러) 등으로 나타나 21세기 지식기반 사회를 이끌어 나가기에 적합한 상태가 아닌 것으로 나타나고 있다. 그런데 아이러니하게도 우리 나라의 대학교원들은 세계에서 가장 높은 비율로 스스로를 우리 사회에 가장 영향력 있는 지도자라고 자처하고 있다[3]는 것이다(이성호, 1995: 347).

대학교의 설립은 교육법, 사립학교법 및 창학이념에 입각하여 학술의 심오한 이론과 광범한 응용방법을 교수, 연구하며 국가와 인류사회 발전에 공헌할 수 있는 지도자 양성을 목적으로 한다. 그런데 이 대학교육의 주체인 교수들을 평가하는 작업은 매우 어려운 과제이다. 왜냐하면 교수업적에 대한 **평가의 내용도 문제지만 궁극적으로 그 평가의 주체도 문제이고, 그 적용에서도 교원들의 극심한 반발이 예상되기 때문이다.** 그럼에도 불구하고 각 대학들은 교원평가제도, 교원인사규정, 연봉제의 실시 등을 시행하기 위해 노력하고 있다. 그러나 이러한 노력이 연봉제와 제대로 연결·시행되는 경우는 거의 없는 실정이다(본고에서는 교수나 교원이라는 말을 같은 의미로 사용할 것이다).

국내 대학들이 세계적 경쟁력을 상실한 데에는 많은 이유가 있겠지만, 경쟁이 없는 '교원사회'도 주요 원인 중의 하나이다. 따라서 교원들의 대외적 경쟁력 제고를 위한 교원업적평가의 기준을 마련한다는 것은 매우 중요한 일이다.[4] 사람들 가운데 평가받기를 좋아하는 사람들도 없고 또 사람은 평가받

로 등장하고 있다.

2) 일반적으로 대학의 경쟁력 강화를 위해 ① 구조조정, ② 연구역량 강화, ③ 교원업적 평가제실시, ④ 평생·사회교육원 확대실시, ⑤ 대학정보화, ⑥ 사학의 전문경영체제 육성, ⑦ 원격교육이 주요 목표가 되고 있다.

3) 이성호(1995)에 따르면, 교수는 사회에 가장 영향력이 있는 지도자인가라는 설문에 대하여 미국, 영국, 독일을 포함한 세계 주요 14개국 가운데서 한국 교수들이 62.3%로 가장 찬성이 많았다. 그 다음으로는 일본 교수들로 교수들의 39.0%가 "교수가 가장 영향력있는 지도자"라고 대답하였다.

는 대로 행동한다는 말이 있다.[5] 이러한 모순된 명제의 결합과 조화가 교원평가에서 다루어야 할 1차적인 과제이다.

현재 우리 나라의 거의 모든 대학들은 어떤 형태로든 교수업적평가를 시행하고 있는 것으로 나타났다. 1999년도 교육개혁추진 우수대학 재정지원 신청계획서를 분석·집계한 바에 의하면 신청대학(136개교) 중에서 104개 대학이 이미 교수업적평가를 위한 규정을 제정하여 시행중에 있는 것으로 집계되었다. 그러나 대부분 대학의 교수업적평가는 연구역량 중심의 획일적인 원칙 하에서 시행이 됨에도 불구하고 그 기준과 영역별 비중이 불분명하고 대학의 특성을 제대로 반영하고 있지 못할 뿐만 아니라 그 적용에서도 5~6개 대학을 제외하고서는 형식적인 수준에 머물러 있다. 가령 업적평가의 일환으로 시행되는 강의평가제는 85개 대학에서 시행되고 있지만 이것을 교수업적평가에 반영하는 대학들은 소수이고 대부분의 경우 형식적이어서 서울대학교처럼 강의의 개선을 위한 참고 자료로 활용하는데 그치고 있다. 이 같은 상황에서 지식기반사회인 21세기를 제대로 대비한다는 것은 불가능한 일이다.

교육부는 21세기 한국 고등교육의 목표로서 'Brain Korea 21 Plan'을 발표하였고[6] 이 사업의 목표달성을 위해 1998년 이후 대학원 교육의 기반 정비 사업에 박차를 가하고 있다. 교육부는 대학원 신설기준 강화를 발표하여 대학원의 교원·교사확보율 기준 높이기로 한 이래[7](『한국대학신문』1998. 10. 15.) 1999년 6월 교수연구실적을 매년 공개하고 학위남발 예방하기 위해 평생교육원의 박사과정을 폐지하였다.[8] 이러한 국가적인 경쟁력 강화 사업의

---

4) 교원업적평가의 배경으로 무엇보다도 중요한 것은 ① 교육환경의 변화에 능동적으로 대처하고 ② 연구와 교육의 질을 높여 국가경쟁력을 강화하는 것이다.
5) 교수업적평가의 대상은 전임교수 전원을 대상으로 하고 있으며 평가영역과 항목 및 기준은 대학교에 따라 차이가 있을 뿐 아니라 동일대학 내에서 단과대학이나 학부(학과) 간에도 약간씩 달리 적용하고 있는 경우가 대부분이다. 평가대상기간은 대부분 1년간으로 연말까지의 연구업적과 강의업적 등을 종합하여 평가하고 있으며 사회봉사 영역의 평가는 내용과 비중이 대학 간에 가장 큰 차이를 나타내고 있다.
6) 주요 관련사항 해설 ☞ 두뇌한국 BK21.
7) 주요 관련사항 해설 ☞ 교육부의 대학원 강화.
8) 주요 관련사항 해설 ☞ 교육부의 대학원 강화.

근원에는 대학이 있고, 그 대학은 내부에 교육과 연구의 주체로서의 교원(교수)이 있는데 이들의 질(quality) 관리야말로 장기적인 국가경쟁력의 회복에 중추적 역할을 하게 된다.

교원평가의 방향을 정립해야 하는 또 다른 이유는 각 대학들은 대학의 성격에 있어서 현실적으로9) 서로 다르기 때문에 자체의 성격에 맞는 교원평가의 방법론을 가지고 있어야 하며 또 그것이 교원평가의 본질적인 형식과 내용에 모순되지 않아야 한다는 데 있다. 현실적으로 대학들의 투자재원이 한정되어 있고, 연구역량도 결국은 경제력에 의존하므로 독자적인 구조조정을 통한 대학발전의 방향을 잡을 수밖에 없다. 따라서 개별 대학들은, ① 교육중심대학(학부중심)10), 연구중심대학(대학원중심), 봉사중심대학(평생교육만을 전담 ☞ 사실상 의미를 상실) 가운데 하나를 선택, ② 인문·사회중심과 이공중심에서 택일, ③ 집체교육을 중심으로 한 캠퍼스교육과 가상교육 가운데서 택일, ④ 자격중심교육과 산학협동중심 교육 가운데서 택일하여 대학의 발전방향을 잡아야 하는 기로(岐路)에 서 있다.

급변하는 고등교육의 상황에서 대학의 중추적인 요소인 '교원평가'의 중요성은 대학경영의 핵심적인 요소이다. 주지하는 바와 같이 한국의 교원들은 학력 인플레이션으로 말미암아 임용이 어렵지만 일단 임용이 되면 종신고용이 보장되는 특징을 가지고 있기 때문에 교원들이 굳이 수고로운 연구보다는 오히려 다른 형태의 사회활동에 몰두하다 보니 대학의 질이 장기적으로 크게 하락할 수밖에 없었다. 그러므로 이제 교원업적평가에 대한 올바른 방향과 기준을 마련한다는 것은 시대적 요청이자 과제라고 할 것이다.

문제는 이 같은 교원업적평가가 참된 의미를 가지기 위해서는 그 평가의 결과가 승진이나 임용에 그대로 반영이 되어야 하며 나아가 대학경쟁력의 강화를 위한 교원연봉제의 시행으로 궁극적인 방향을 잡아야 한다는 데 있다. 교원업적평가와 인사 및 연봉제에 이르는 일련의 과정들은 그 개념적인 구조

---

9) 일반적으로 거론되는 대학의 형태는, ① 영국의 '교육중심형 대학', ② 독일의 '고독형 대학' (대학의 상아탑 정신을 강조), ③ 미국의 '사회봉사형 대학', ④ 동양의 '엘리트 중심형 대학' 등으로 대별된다.
10) 주요 관련사항 ☞ 학부제의 분석.

가 Ronald Campbell(1971)의 4단계 과정과 유사하게 이루어지고 있으며,[11] 그 행태적인 특징들은 다분히 Stufflebeam(1971)적이라 할 수 있다.[12] 바로 이 같은 **실무적 복잡성과 이론적 현란함**이 교원업적과 이에 연계된 보수 및 임용체계에의 접근을 가로막는 큰 장애요인이 되고 있다. 이 연구는 이 같은 장애요인을 극복하는 최초의 종합적인 하나의 시도이다.

물론 이 연구가 '교원업적평가와 연계된' 보수체계를 목표로 하는 연봉제는 한국의 풍토에서 기업에서조차 시행되기 어려운 것이 현실이다.[13] 그러나

---

11) Campbell은 교육정책은 ① 전국적이거나 세계적인 추세로서 진행되는 '사회저변의 기운(Basic Force)'의 형성단계, ② 사회적 저변의 기운에 반응하여 전문가 집단에 의해 제시되는 '선행운동단계(antecedent movement)', ③ 공청회 또는 언론의 주목을 받음으로써 구체적인 공공의제를 형성하는 '정치적인 활성화단계(political action)', 그리고 마지막으로 ④ 공식적인 법제화(formal enactment)단계를 거치게 된다고 하였다 (Capmbell, 1971 : 308~313). 이러한 각도에서 보면 본 연구의 교원평가와 연계된 연봉제나 교원인사는 선행운동의 단계를 거쳐 정치적 활성화 단계에 진입하고 있다고 볼 수 있다.

12) Stufflebeam은 정책결정이 ① 필요성의 인식, ② 정책설계, ③ 정책대안의 선택, ④ 선택된 대안의 시행의 과정을 거치고, 정책을 시행했을 때 나타날 수 있는 변화들을 ⓐ 완전히 성격이 달라지거나 (metamorphic), ⓑ 균형적으로 조절되거나(homeostatic), ⓒ 점증적이거나(incremental), ⓓ 새로운 방향으로 이동하거나(neomobilistic)를 잘 판정하여 그 변화를 유지할 것인지의 여부를 파악하여야 한다고 보았다. 그런데 이 가운데서 성격이 전혀 달라지는 변질적 상황은 현실화하기가 어려우므로, ⓑ 균형적으로 조절될 때는 '개괄적인 이상 모델(synoptic ideal model)'로, ⓒ 점증적일 경우는 '탈구(脫臼)점증모형(disjointed incremental model)'으로, ⓓ 새로운 방향으로 이동하는 경우는 '기획된 변화모형(planned change model)'으로 각각 모형화하였다. Stufflebeam에 따르면 교육정책은 목표와 그와 관련된 '기획된 결정(planned decision)', 목표달성을 위한 '세부지침의 상세한 구조화(structuring decision)', 시행의 과정에서 의도된 목적과 실제 상황과의 비교를 통한 '환류(還流) 결정(recycling decision)' 등으로 진행이 되게 된다(Stufflebeam, 1971 : 50~85). 이 같은 Stufflebeam 모형의 최대 의의는 정책이 결정되는 상황에 따라 적절한 정책 모형과 결정된 정책 유형을 개념화했다는 데 있다.

13) 실제로 가장 이념적인 형태의 연봉제인 미국의 연봉제를 그대로 시행하는 것은 매우 어렵기 때문에 미국식 연봉제를 시행하는 기업은 없고, 연봉제를 시행하는 소수의 기업들조차도 다소 변형된 형태의 '일본식 연봉제'를 모방하고 있다. '집단주의'적 문화에 젖어있는 우리의 기업 문화하에서 특히 여러 부서의 협조를 통해야 하는 업무나 팀단위로 진행되어야 하는 업무 등의 경우는 연봉제를 시행하기가 더욱 어렵다. 기업

우리 나라에서 **연봉제가** 상대적으로 가장 잘 적용될 수 있는 분야가 있다면 그것은 '교원사회'라고 할 수 있다. 교원의 연구활동 자체가 독립적으로 진행되며, 교원의 업적은 다른 경우보다도 '객관화'하기가 쉽고, 그 업적의 성취 과정에서도 불필요한 저해요소도 많이 나타나지는 않는다. 바로 이 점이 이 연구의 필요성을 가중시키는 요소이다.

2. 연구목적과 내용

(1) 연구목적

이 연구의 목적은 교원업적평가와 교원인사 및 연봉제의 연계가능성을 살펴보고 그 구체적인 방향을 제시하는 데 있다. 그 구체적인 목표는 다음과 같다.

첫째, 교원평가의 현황을 살펴보고 그것이 가진 문제점을 분석하여 바람직한 개선방향을 제시한다. 나아가 전략적 기획이라는 방법론적 토대하에 대학의 설립연도별, 계열별, 대학원 강약 유무에 따른 차이를 분석하여 각 단계에 합당한 교원평가의 방법을 제시한다.

둘째, 교원평가와 교원인사의 연계현황을 살펴보고 그 운용원리나 구체적인 사례들을 연구하여 문제점들을 분석하고 전략적으로 운용가능한 바람직한 개선방향을 제시한다.

셋째, 교원평가와 연봉제 또는 지원체계의 연계가능성을 검토하고 실제적인 사례를 분석하고 전략적 기획의 토대하에서 대학경영과 연계된 연봉제 수행방향과 방법론을 제시한다.

의 경우에서도 금융이나 무역, 투자신탁 등의 경우는 개인적인 업적이 발현되는 것을 객관적으로 판별할 수 있기 때문에 시행이 다소 용이하지만 다른 경우는 한국적인 풍토에서 적용하기가 매우 어렵다.

(2) 연구내용

이 같은 연구의 목적을 달성하기 위하여 본 연구는 다음과 같은 내용을 담고 있다.

① 교원업적평가의 원칙과 영역 및 모델에 관한 이론과 실제
② 현실적으로 시행되는 교원인사규정들에 대한 광범위한 연구
③ 교원평가에 따른 연봉제의 적용가능성에 대한 연구
④ 대학별 교원업적평가와 교원인사규정의 유형별 연계성에 대한 고찰
⑤ 새로운 형태의 교원평가 적용방향에 관한 방법론

이 같은 내용연구를 위하여 이 연구는 이론적 접근과 다른 한편으로 현황(status quo)에 대한 보다 **실무적 접근**을 시도한다. 이 부분은 이 연구에서 가장 중요한 부분이라고도 할 수도 있다. 왜냐하면 교육업적평가와 그 응용가능성을 가장 적확하게 볼 수 있는 부분이 바로 이 부분이기 때문이다.[14) 개별대학들의 현황을 보다 구체적으로 접근하기 위하여 이 연구는 교원인사 담당자들과의 전화인터뷰와 면담에 주로 의존하고 고등교육 관련기관들을 통하여 각 대학의 규정집 및 관련자료들을 이용하였다.

---

14) 그런데 문제는 교원업적평가, 교원인사규정과 연봉제 등은 대학 내부의 기밀 사항에 가까웠던 데 있다. 교원평가가 활성화되기 전까지는 일부 대학들에서 그 규정이 제대로 정립되지 않은 경우가 많았다. 이것은 한편으로는 교원임용과 관리가 대학이나 재단측의 무기가 되기도 하고 교원측으로 보면 보다 강한 형태로 법제화되는 부담도 분명히 따르기 때문에 대학이나 교원 어떤 쪽에서도 일방적으로 유리한 상황만이라고는 할 수 없었던 것이다. 향후 교원인사규정이 업적평가를 기반으로 견고화되는 것은 교원에게 다소 불리할 수도 있지만, 그 임용과정의 투명성이 보다 확고히 된다는 점에서는 오히려 더 나은 방향으로 나아가고 있다고 볼 수도 있다.

3. 연구방법

(1) 연구방법론 개요

이 연구는 '전략적 기획'을 이론적인 토대로 하고 있다. 즉, 이 연구는 최근 최대 이슈가 되고 있는 교원평가를 연봉제나 교원인사에 적극적으로 활용하는 것이 대학의 발전과 경쟁력 강화라는 전략적인 목표를 성취하는 방법론으로 파악하고, 그 목표에 도달하기 위해 내적인 환경 및 외부환경을 최대한 활용한다는 것이다. 나아가 그 같은 목표달성을 위해 주어진 변인들을 최대한 조정할 것이다.

우리 나라 고등교육의 발전이라는 관점에서 보면, 교원평가를 통해 교수들의 역량이 증대되고 대학경쟁력이 강화된다는 긍정적인 요소가 있다. 그러나 문제는 교육부가 원칙적으로 대학(4년제 대학)에 대하여 요구하는 것이 국·공립대와 사립대, 이공대학과 인문사회대, 선발대학과 후발대학 간의 차이를 무시하고 일률적인 평가기준(가령 연구만을 중시하는 등)을 적용하려는 방침에 있다. 즉, 교원평가나 연봉제의 시행은 개별대학의 입장에서는 대학발전과 변화하는 환경에 능동적으로 적응한다는 대학들의 전략적 목표에 가장 중요한 변수임에도 불구하고, 교육부는 획일적이고 일률적인 기준으로 대학을 재단함으로써 개별대학들의 발전 가능성을 봉쇄할 수도 있다는 것이다. 그리고 지금까지 나타나는 현상들은 교육부가 기대하는 것처럼 나타나고 있지는 않다. 즉, 지금까지의 교원평가에서 나타난 문제점은 미국 교수사회의 철칙인 'Publish or Perish'의 절박감은 나타나고 있지도 않다는 것이다. 오히려 교원평가나 연봉제는 전체 교수사회의 변화와는 무관하게 신임교원들에 대한 길들이기로 변질되고 있는 것도 현실이다.

더구나 중하위권 대학들이나 신생대학들은 예외없이, ① 열악한 재정,[15]

---

15) 1995년도 학생 1인당 교육비가 평가대상대학 절반이 400만 원 이하였는데, 이는 도쿄대의 1/8에 못 미치는 수준이며, 미국 존스홉킨스 대학의 1/11에 해당한다. 한국 고등교육의 72%인 사립대의 경우, 학교 재정운영비가 학교에 따라서 80% 이상이 등록금에 의존하고 있다(염영일, 1997).

② 낮은 교수확보율 및 교사확보율, ③ 높은 시간강사의 의존도, ④ 학교 보
직업무의 과다로 인한 연구업적의 저조, ⑤ 도서시설 및 장서의 부족, ⑥ 정
부지원의 저조 같은 열악한 상태에 있어 모든 점에서 불리하다. 특히 정경유
착이 심한 한국의 현실에서 중하위권 대학들(특히 신생대학)은 기존의 유명
대학들16)에 비해 정치력도 허약하다.

그러나 이 연구는 교수평가나 이와 연계된 연봉제의 시행은 중하위권 대학
들에게 전화위복의 계기로 작용하여 현상을 오히려 역전시킬 가능성도 있다
는 점에 주목하고 있다. 교원업적평가나 연봉제는 기존의 상위권 대학에서
제대로 시행되기 어렵지만, 후발대학에 있는 상대적으로 용이할 수도 있다.
따라서 후발대학들은 교원업적평가나 연봉제를 대학경쟁력 강화전략의 하나
로 채택하여 대학발전의 새로운 지평을 열어 갈 수 있을 것이다. 이 점에서
이 연구는 전략적 기획으로서의 교원평가활용방안, 다시 말해 '전략적 기
획'17)을 이론적 토대로 삼고자 하는 것이다. 교원평가도 대학의 장기 발전과
마찬가지로 '전략적 기획(strategic planning)' 개념으로 파악하여 문제에 접근
한다는 것이다.18) 물론 기존의 '전략적 기획' 개념이 가진 이론적 복잡성이나
확률적 '적실성(relevancy)'을 의미하는 것이 아니라 교원평가가 단순히 교원
관계를 넘어 대학의 장기적 발전과 경쟁력 강화라는 의미에서의 개념의 차용
이 필요하다는 말이다. 교육개방과 교육경쟁력이 무엇보다도 중요한 개념이
되고 있는 현시점에서 외부요인이 내부요인 못지않게 대학경영에 영향을 줄
수 있다고 보는 전략적 기획의 개념이 매우 유용하기 때문이다.19)

대학경영에서 **전략적 기획의 주목적은 외부환경이 반영된 대학목표를 설
정·시행한 후 그 사업의 수행을 평가함으로써 대학사회에 활력을 제공하고
새로운 기회를 만들어 가는 데 있다.** 이 점에서 전략적 기획은 미래의 청사
진을 긍정적으로만 보는 장기기획과는 다르다. 교육개혁 이후 우리의 대학들
은 앞을 다투어 '장기발전계획'을 수립하는 등의 수선을 떨었으나 IMF사태로

---

16) 주요 관련사항 해설 ☞ 연·고대의 신경전, 산업대학과 일반대학.
17) 주요 관련사항 해설 ☞ 기획과 계획.
18) 주요 관련사항 해설 ☞ 전략기획의 목적.
19) 주요 관련사항 해설 ☞ 방법론적 토대로서 전략기획의 의미.

인하여 파국을 맞은 경우도 있고 탁상공론에 거친 것이 대부분이었다.[20] 대학의 장기발전에서 가장 중요한 변인이 바로 내·외부환경 변화라고 해도 과언이 아닌데,[21] 이 점 등에 대한 대학의 이해가 부족했던 것이 문제였다. 따라서 이 연구는 단계별로 내·외부환경의 변화들을 감안하여 시기별 분석과 전략적인 목표달성방안에 중점을 두고 있다.

(2) 연구방법

이 연구에서 사용된 자료분석의 기법은 주로 '최대유사체계 분석디자인(The most similar system design)'을 사용하였다. 대부분 우리 나라 대학들은 성립시기나 발전방향과 배경 등이 유사하여 '차이법(method of difference: method of concomitant variation)'의 논리구조에 따라서 대학별로 '전략목표'나 '발전' 방향을 잡았다.[22] 그리고 이 연구에서 활용된 방법 및 접근절차는

---

20) 장기기획(long-range planning)은 네 가지 개념, 즉 검토(monitoring), 예측(forecasting), 목표설정(goal setting), 시행(implementing) 등으로 구성된다. 장기발전계획과 같은 기획들은 ① 대학의 실제적 모습과 현재적 방향성의 분석, ② 대학이 목표로 하는 단계 설정, ③ 이 목표를 달성하기 위해 현재의 대학들에게서 필요한 변화의 탐색형태를 띠게 되는데 이것이 가진 근본적인 결함은 내·외부환경 변화에 관한 정보를 체계적이고 광범위하게 고려하지 못한다는 것이다.

21) 내·외의 환경변화가 장기발전에 중요한 이유를 든다면, 환경변화 자체가 잠재적으로 중요한 사안들이기 때문에 쟁역(爭域)들을 검토하는 데 유용하고, 정책영향분석법, 확률적 체제원동력기법, 장기기획에 활용되는 예측기법 등을 활용할 때 내부쟁점의 예측에 재활용됨으로써 개발가능한 사항이 무엇인가를 인식하는 데에 도움이 되기 때문이다.

22) 사회과학자들 사이에서는 비교분석의 형식으로 나롤(R. Naroll)이 제시한 부수변이(concomitant variation)형 분석전략을 채택함이 타당하다는 견해가 팽배해 왔다. 이 연구방법은 가능한 한 많은 점에서 근접한 사회체계들이야말로 가장 합당한 비교분석사례가 될 수 있다는 입장에 기초한 것이다(Przeworski and Teune, 1970 : 31-46). 결국 이러한 유형의 디자인은 체계 간 유사성의 극대화를 지향한 분석전략이라 할 수 있다. 최대유사체계 분석디자인의 초점은 체계 간 유사성(intersystemic similarities)과 체계 간 상이성(intersystemic differences)이라는 개념에 놓여 있다. 분석사례 간에 공통적인 체계속성들은 통제된 것으로 여겨지는 반면에 체계 간 상이성은 설명변인으로 간주된

크게 문헌연구와 조사연구 및 관계자와의 면담을 통한 논의로 이루어졌다.

1) 문헌연구

관련문헌을[23] 통한 이론적 배경과 구체적인 사례분석에 초점을 맞추었다. 구체적으로 문헌연구를 통해서, 제Ⅱ장에서는 교원평가의 원칙과, 모델, 영역의 개념을 정립하는 데에 대한 이론적 토대를 구축하였고, 제Ⅲ장에서는 교원업적평가에 기초한 교수인사체계에 대한 전반적인 이론을 간략하게 정립하고자 하였다. 마지막으로 제Ⅳ장에서는 연봉제에 대한 이론적인 근거 및 실무적 지침을 마련하고자 하였다.

2) 조사연구

이 연구의 목표는 우리 나라 주요 대학들의 교원업적평가 현황을 전반적으

다. 최대유사체계 분석디자인은 가능한 한 여러 측면에서 서로 닮은 체계(사례)들이야말로 가장 적정한 비교사례가 될 수 있다는 논리적 가정에 기초하고 있다. 이것을 인과관계의 추론논리를 차이법[(method of difference: 보다 정확히는 부수변이법(method of concomitant variation)]이라 부르는데, 최대유사체계 분석디자인은 바로 차이법의 논리구조를 따르고 있다. 즉, 최대유사체계 분석디자인은 연구대상으로 선택된 현상이 각각의 비교사례 속에서 제각기 다른 양상을 나타낸다고 할 때, 사례 간 유사성(또는 체계간 유사성)은 그러한 현상의 원인이 될 수 없으며, 오직 상이성(체계 간 상이성)만이 독립변인(원인)으로 상정될 수 있다는 논리에 기초하고 있다.

23) 주요 문헌들은 다음과 같다. 먼저 이론적인 기초 작업으로는 새교육 공동체(1999), 한국고등교육연구회(1996), 한국교육개발원(1998), 대교협(한국대학교육협의회, 1995, 1998), 한준상(1995) 남정걸 외(1996), 김도수(1996), 김신복 외(1996), 서정화(1986), 송자(1997), 이규환(1997), 이동규(1995), 송미섭 외(1993) 등이었으며 교원업적평가 자체는 대교협(1994), 이흥(1999), 고현욱(1999), 대교협 연수부(1999), 각 대학교원인사규정(규정집에 포함되어 있음) 및 인터뷰와 실무자 면담자료 등이고 연봉제 및 계약임용제에 관한 자료로는 경총(1999), 부태완 외(1999), 전략기업컨설팅(1999), 한국인사관리협회(1999), 교육부 공청회자료(1999.5. 28), 김신복(1999), 김인회(1999), 박준성(1992, 1996, 1999), 서정화 외(1986), 곽영우 외(1991), 강치원(1999), 안재환(1999) 등이었다. 이들 문헌들 가운데 본 연구의 취지에 직접적으로 관련된 자료는 거의 없었지만, 안봉근(1999), 정건영(1999)이 다소 유용한 자료로 평가된다. 그리고 대교협(1994)은 업적평가 그 자체로서는 유용한 것이지만 너무 일반론에 치우쳐 실무적인 적용이 어려운 한계를 지니고 있다.

로 살펴보고 대학들의 구체적인 현실과 교원업적평가의 궁극적인 목표가 달성될 수 있을까를 보는 데 있었기 때문에 교원평가와 인사관련규정을 검토하는 데 광범위한 자료들을 입수하고 이를 조사·분석하였다. 그리고 고등교육 관련기관의 도움을 받아 광범위한 자료들을 입수하고 공통성과 차이점에 대한 분석을 강화하였다. 실무적으로 말한다면, 교원업적 평가기관은 기획처, 교무처, 연구처와는 당연히 상호 인적 교류가 필요하고 인사이동도 가능하게 유지하여야 하지만 업무적으로는 독립적으로 유지되지 않으면 안 되는 특성을 가지고 있다. 따라서 실무적인 자료인 인사규정과 그 적용과정에 대한 조사·연구를 광범위하게 진행하였고, 여기에는 전화 인터뷰가 사용되기도 하였다.

3) 관계자와의 면담

교원인사에 관련된 행정직원들과 실무적인 애로나 문제점들에 대한 광범위한 의견의 청취가 있었다. 특히 문제점들과 개선방향에 대한 탐색에서는 직접 그들을 방문하여 의견을 들었다. 일반적으로 교원평가를 담당하고 있는 부서는 교무처인데 실제로 조사해 본 결과 매우 다양한 형태로 나타났다. 부서별로는 교무처가 가장 많았지만 연구지원팀이나 교원인사팀이 따로 있는 경우도 있었고, 교무처 내에 인사담당을 내정하기도 하였고, 기획처에서 설계하는 경우도 있었으며, 드문 경우이기는 하지만, 총무처에서 관리하기도 하였다. 현황분석에는 고등교육 관련기관의 자료들과 각 학교의 교원업적평가 담당자들과의 전화인터뷰를 통해 이루어졌다.

4. 연구의 중요성

이 연구가 가진 중요성은 두 가지의 측면에서 살펴볼 수 있다. 첫째는 교육개혁 이후 교원업적평가와 그에 따른 교원인사 및 연봉제논의는 많이 거론되었음에도 불구하고 그 동안 이에 대한 보다 구체적인 이론적 또는 실무적인 시도가 체계적으로 이루어 진 적이 없었다는 점, 둘째 업적평가와 연계된

교원인사나 연봉제를 단순히 제도적으로 접근을 한 것이 아니라 '전략기획'
의 하나로 접근하고 있다는 점 등이다. 이 점을 보다 구체적으로 살펴보자.

첫째, 고등교육 연구분야에서 1999년은 극단적으로 말하면 교원업적평가
와 그에 따른 보상체계의 확립의 해였다고 해도 과언이 아니다. 따라서 교육
저널에서 이와 관련된 많은 논의가 있었고 많은 세미나들이 개최되기도 하였
다. 그러나 이 때에 **발표된 대부분의 자료들이 선행연구라기보다는 하나의
사례연구에 불과한 것이었고**, 부분적으로는 매우 유용한 것이지만,[24] 그것들
이 대부분의 대학에 쉽게 응용되고 적용되기는 매우 어려운 것이 대부분이었
다. 많은 자료들 가운데서도『교수업적평가 설계와 연봉제의 추진과정』(한국
대학교육협의회, 1999)은 이 연구의 취지에 가장 근접한 것으로 평가되지만
이 자료 역시 대부분이 피상적인 검토와 추상적인 방향전개에 머물러 있
다.[25] 따라서 이 같은 파편화된 자료들을 일관성 있게 포괄하는 그 연결 고

---

24) 기존의 연구성과들 가운데는 부분적으로는 유용한 자료들이 많았다. 대표적으로는
전체적인 논리의 흐름을 구축하는 데『교수업적평가 설계와 연봉제의 추진과정』
(1999)은 많은 도움이 되었으며, 곽영우 외(1991), 서정화 외(1986), 서정화(1989) 등은
교원임금체계에 대한 영감을 주었고, 박준성(1999)은 개괄적으로 교원임금을 조망하
는 데 유용했으며, 계명대학교의 사례연구(1999)도 교원업적평가 및 그 보상체제의 실
무적인 측면에서 매우 유용하였다.
25) 구체적으로 이 자료집 안에서 백화점에 가까운 우리 나라 대학들의 분류방식을 연구
중심, 교육중심, 소규모, 신학계 등으로 구분하는 것은 교원업적평가에 실질적으로 도
움을 주지 못하고 있으며, 교수평가가 국제경쟁력 강화라는 교육개혁의 고유논리와
연계성을 끊임없이 가져야 함에도 불구하고 지나치게 '교원중심의 논리'로 일관한다
든가, 특정 대학의 사례발표에 불과하여 논리적인 일관성이나 응용이 힘든 경우 등이
었다. 원래 이 자료집은 대교협,『대학교수의 업적평가를 위한 제도개발 연구』(1994)
를 바탕으로 한 것인데, 이 연구보고서에서는 대학유형을 연구중심, 교육대학, 소규모
대학, 신학계 대학, 개방형 대학 등으로 구분했음에도 불구하고 연구중심대학을 제외
하고는 모두 교육중심으로 분류하고 있으며 신학계 대학과 개방형 대학에 봉사영역을
첨가하고 있다(대교협, 1994: 91). 이 경우 굳이 대학분류가 무슨 의미를 가질 것인지
가 회의적이며, 문제는 이 때 사용하고 있는 봉사의 개념이 구체적으로 무엇인지가 불
명확하고, 산업대학들과 같은 개방형 대학들이 근로자를 위한 교육에 전념하는 형태
의 특성화를 전제로 하고 있다는 점에서 재고할 필요가 있다.

리를 찾아내는 것이야말로 향후의 대학경영에서 본질적인 요소가 된다. 이 연구는 바로 이 점에 연구의 초점을 맞추고 있다.

둘째, 앞에서도 지적했듯이 이 연구는 개념상으로 '전략적 기획'을 토대로 하고 있다. 즉, 여기서 말하는 전략적 기획이란 교원평가나 연봉제를 대학발전과 경쟁력 강화라는 전략적인 목표를 성취하는 방법론으로 이해하고, 그 목표에 도달하기 위해 내적인 환경 및 외부환경을 최대한 활용하기 위해 주어진 변인들을 최대한 조정한다는 개념이다.

5. 연구의 제한

이 연구는 여러 가지 면에서 연구의 제한과 제약이 많았다. 교원평가 그 자체가 대외비(對外秘)의 성격을 지닌 것이기 때문에 구체적인 적용절차와 과정이 완전히 개방된 경우는 거의 없는 것이 현실이다. 따라서 이 연구는 다음과 같은 연구의 한계 및 새로운 측면들을 가지고 있다.

① 문헌연구가 제대로 되기가 어려웠는데 그것은 선행연구가 체계적으로 이루어진 것은 거의 없고 세미나자료나 간담회자료 등의 단편적이고 파편화된 것이었기 때문이다. 일부 대학에서 진행되고 있는 구체적인 사례의 경우에도 '보편화'의 가능성이 낮은 경우가 대부분이고, 보다 큰 문제는 정태적 분석(static analysis)에 머물러 있다는 것이다. 대학도 사회의 다른 기구들과 마찬가지로 시대에 따라 바뀌는 데 반하여 기존 대부분의 분석은 동적 범주가 존재하지 않는다는 점이었다. 이에 이 연구는 시간변화 및 대학의 유형별 변화에 따른 교원평가 및 인사규정, 연봉제의 적용 가능성을 탐구하였다. 그러나 이 같은 방법론은 때로 사실들을 지나치게 **단순화할 위험성**을 가지고 있다.

② 교원평가는 한 대학 내의 가장 민감한 자료이기 때문에 조사 · 연구에 많은 애로가 있을 수밖에 없다. 관련기관의 도움을 받아 광범위한 자료들을

입수했다고는 하지만 그것이 실질적인 기준인가가 의심스러운 경우가 많았고, 특히 상위권 대학들의 경우에는 자료들이 무성의하여 자료를 통한 접근은 근본적으로 불가능하였다는 점이다. 중하위권 대학들 또한 자료들이 다른 대학들과 대동소이하거나 **대외용 자료일 가능성도** 배제하기 어렵기 때문이다.

③ 관계자와의 면담도 만족할 만하다고 보기 어려운 경우가 많았다. 실제로 행정직원들이나 실무적인 전문가에게서 청취하는 사항들이라는 것이 '너무 실무적'이기 때문에 포괄적인 항목들에 대한 **인사권자들의 견해를** 청취하기는 매우 어려운 현실에서 이 연구가 이루어졌다.

④ 이 연구는 연구기간이 짧았기 때문에 하나하나의 사안들에 대하여 심도높은 분석이 약했던 점과 '지나치게 실무적인' 부분들은 배제하였기 때문에 구체적인 실무화 과정보다는 근본적인 방향정립에 우선순위(priority)를 부여하였다. 이 같은 사고의 근저에는 방향이 정립되면 실무적인 요소들은 각 대학들의 토양에 따라 달라질 수밖에 없다는 '현실적 필요'를 담고 있다. 그러나 이 또한 이 연구의 한계로 지적할 수 있다.

6. 주요 용어정의

전략적 기획 : 전략적 기획(strategic planning)은 전략적으로 일을 계획하는 행위로 장기기획과는 달리 외부환경, 경쟁조건, 장애요인, 기회부여 등이 잠재적으로 갖는 영향에 초점을 맞추고 있다. 이 연구에서는 이 개념을 대학경영에 국한하고 있으며, 대학경영에 전략적 기획의 주목적은 대학의 장점을 최대한으로 살리고 경영능력을 개발하여 외부환경 변화에 더욱 민감하게 적응할 수 있도록 하는 데에 있다.

교원업적평가 : 교원업적평가는 1년을 주기로 하여 전임교원들의 교육, 연구, 봉사 활동에 대한 업적을 공정히 평가하는 제도로 교원 개인의 능력계발

과 사회적 봉사를 촉진하고 대학경쟁력의 강화 및 학생지도, 교육의 질을 높이기 위한 목적으로 시행하는 것을 말한다.

교원인사제도 : 교수는 연구실적연수 및 교육경력연수에 대한 일정한 자격요건을 요구하기 때문에 이에 대한 구체적인 규정이 대학마다 요구되는데, 그것이 '교원인사규정'이다. '교원인사규정'은 한 마디로 교원의 임용(신규, 승진, 재임용), 자격, 승급, 보수, 해임, 징계 등에 관한 기준을 말하는 것이다.

연봉제 : 연봉제는 일본식 연봉제, 미국식 연봉제, 능력급 등으로 사용자마다 쓰는 용어의 개념이 불분명하지만, 일반적으로 '근로자 개인의 직무종류와 난이도, 성과를 평가하여 고용주와 근로자 간의 계약에 의해 연간보수 총액이 결정되는 보수지급체계'로 보수를 연(年)단위로 결정하여 이를 12분할하여 지급하는 것인데 개인별 계약에 의한 차등방식의 보수체계이며, 성과와 능력중심의 임금체계라는 점에서 임금체계상으로는 직무를, 임금형태적으로는 성과중시형의 보수결정방식이다.

7. 연구의 구성

이 연구는 다섯 개의 장으로 나뉘어 있다. 제Ⅰ장은 서론으로 연구의 필요성, 연구의 목적과 내용, 연구방법, 연구의 제한 등을 말하고 있고, 제Ⅱ장은 교원업적평가, 교원평가의 목적과 원칙 및 대상영역, 교원평가의 수행, 교원평가의 모델, 교원평가의 주체(평가기구와 평가단위)와 과정 및 현황을 분석하고, 제Ⅲ장은 교원평가와 교원인사규정을 다루고 있다. 여기에는 교수의 임용요건과 보수체계 전반에 관한 논의뿐만 아니라 연구실적과 교원인사규정, 교육 및 봉사업적과 교원인사규정, 교원평가와 재임용 및 교원인사위원회와 징계위원회 등에 대한 논의들이 포함된다. 제Ⅳ장에서는 교원평가와 연봉제가 심층논의될 것이다. 이 부분에서는 성과급형 보수체계로서 연봉제의 개념과 의의, 도입의 필요성과 그 전제조건, 고려사항, 적용대상(적용범위), 연봉의 구성요소, 등급 및 연봉격차, 연봉제 실시가 초래할 수 있는 부작용과 해결방안 등이 광범위하게 다루어질 것이다. 마지막으로 제V장에서는 요약 및 결론을 내릴 것이다.

Ⅱ

교원업적평가

1. 교원평가의 개관 : 목적, 원칙, 대상영역

　교원(교수)[1]들의　책무에　대해서는　Davis(1924)　이후　Lorents(1971)나 Yuker(1974), 김란수 (1982) 등의 많은 논의가 있어 왔지만, 그 골격은 교육, 연구, 대외봉사 및 행정관리 활동 등으로 요약된다. 이성호(1995)에 따르면, 이 같은 책무 가운데 네덜란드, 독일, 스웨덴, 호주, 홍콩, 한국, 일본[2], 영국 의 대학교원들은 연구를 더 선호하는 반면, 미국, 러시아, 멕시코, 브라질 등 의 대학교원들은 교육을 더 선호하는 것으로 나타 난다(이성호, 1999: 59~ 61). 그런데 교수책무의 핵심적 요소인 연구의 생산성과 교육의 효율성이 상 호독립된 특성을 지니고 있어 상호무관하다는 것이 입증(Harry and Goldner, 1972: 47~60)이 되었기 때문에 교원책무에 대한 특성화문제가 끊임없이 제

---

1) 이 연구에서 교원과 교수를 동의어로 사용한다. 교수(敎授)란 원래 사학(四學)에서 유 생(儒生)들을 가르치는 벼슬아치를 말하는 것이었고, 현대에서는 일반적으로 대학의 교원들을 말한다. 엄밀한 의미에서 교원이란 초중등 교원까지도 포함하는 개념이나 이 연구에서는 연구의 주제가 대학교원들에 국한되어 있기 때문에 교원이나 교수를 동의어로 사용하게 된 것이다. 보다 정확한 의미로서는 '대학교원업적평가'라는 식으 로 대학교원이라는 표현을 사용해야 한다.

2) 이카노 아마오(天野郁夫)는 일본 교원들은 연구지향성이 강하여 교육은 오히려 연구 에 마이너스가 된다고 생각하는 것이 일반적이라고 한다(天野, 1994: 61~62).

기되고 있다.

5.31 교육개혁 이후 교원업적에 대한 평가문제가 '대학교육'의 전면에 부상하였지만 이에 대한 교원들의 반발은 만만치 않다. 그 반발의 내용들을 ① 평가대상, ② 평가내용·방법·절차 및 그 이념상의 문제(이정호, 1992), ③ 획일적인 절차문제, ④ 평가주체, ④ 학문의 자유를 침해하는 문제 등으로 요약할 수 있다. 그러나 이 같은 반발에도 불구하고 교원업적평가는 대학의 적극적인 자기 점검이며(天野, 1994), 특히 한국 고등교육의 발전을 위한 시대적 과제임은 이미 지적하였다. 궁극적으로 교원평가의 목적은, ① 평가보상제도와 연계하여 교원의 질적인 향상을 도모하고, ② 모든 교수에게 최소의 요구치를 설정하자는 것, ③ 이에 다른 연구비의 차등지원으로 보상(incentive) 강화, ④ 투자우선순위의 결정 등으로서 결국 지식 사회를 주도하는 보다 경쟁력을 가진 대학으로서의 이상실현이라는 목표로 귀결되고 있다.

교수업적평가제도의 수립 및 시행에서는 대학교마다 약간의 차이가 있을 수 있지만, 몇 가지 공통적인 원칙을 기초로 하여 구체적인 내용이 마련되어야 할 필요가 있다. 일반적으로 지적되는 다섯 가지의 원칙은, ① 업적주의, ② 포괄성의 원칙,3) ③ 객관성의 원칙, ④ 투명성의 원칙, ⑤ 자율성 및 다양성의 원칙(교육부 공청회 자료, 1999), ⑥ 민주성의 원칙 등 이다. 그리고 실무적인 차원에서 크게 고려해야 할 세 가지 사안은 ① 각 대학의 교육목표에 따라 평가영역을 나누고 가중치를 달리할 수 있는 유연성의 원칙,4) ② 대학의 혼란을 막기 위해 대규모 대학들은 점진성의 원칙(점진적 개혁)을 준수하나 신생대학들은 경쟁력 강화를 위해 신속히 도입해야 한다는 점, ③ 평가제도가 피드백(feedback)을 통해 지속적으로 개선될 수 있도록 제도의 유연성을 확보해야 한다는 점 등을 지적할 수 있다.

교원업적평가의 핵심은 ① 평가영역은 교육, 연구, 봉사 등의 세 부문이고

---

3) 평가대상 속에는 모든 교수들이 포함되어야 하고 예외를 인정해서는 안 된다.
4) 가령 경남대학교의 경우를 보면 교육, 연구, 봉사 및 학교발전의 3대 영역으로 분류된 평가항목에 대해 과거보다 더 많은 가중치를 교육, 봉사 및 학교발전의 항목에 부여하였다. 이는 경남대의 교육목표가 취업중심의 전문교육을 지향하는 데 따른 것이다(고현욱, 1999: 39).

경우에 따라서는 한두 개 늘어날 수도 있다는 점, ② 교육 : 연구 : 봉사의 전체적인 비율(백분위)을 변경함으로써 교원평가의 양상이 달라진다는 점,[5] ③ 대학의 현실적인 위상이나 입지에 따라 다양한 평가기준이 필요하며 대학은 교원업적평가를 전략적 기획의 차원에서 파악해야 한다는 점, ④ 교육부는 대학평가 가운데서 연구영역, 교수영역, 교육영역 등에서도 일률적인 지침으로 적용해서는 안 되며, 각 대학의 사정에 맞는 기준들을 다시 개발하여 적용하여야 한다는 점, ⑤ 교원업적평가를 토대로 '연봉제'나 '교원인사'를 시행할 때 업적평가의 내용을 그대로 반영하는가 또는 새로운 기준을 추가로 도입하여 시행하는가 하는 점[6] 등이다.

교육은 학생을 대상으로 교수하고 지도하는 제반활동을 가리키며 강의 및 실습지도 업적, 석·박사 논문지도 및 배출업적, 그 밖의 학생지도 업적을 포함한다.[7] 연구활동업적은 논문이나 단행본을 발표한 업적 이외에 학술회의 참여업적과 학술상 또는 특허획득 업적, 연구비 수혜 및 연구보고서 제출업적을 포함해야 하고[8] 봉사활동 업적은 교내의 각종 행정보직과 위원회 참여업적, 그리고 교외의 봉사활동이 포함된다.[9]

---

5) 예를 들면 교육 : 연구 : 봉사의 비율이 1 : 1.5 : 1로 한다거나 5 : 4 : 1 또는 1 : 1 : 1 로 정하는 데에 따라 교원들의 업적평가는 매우 달라질 수 있다는 의미이다.

6) 교원업적평가는 교원인사규정상의 승진임용에는 그대로 적용이 가능하지만 연봉제의 경우에는 다소 달라질 수도 있다. 왜냐하면 연봉제의 시행에서 상대적인 등급의 구성 비율이 다르기 때문에 불가피하게 우열의 격차가 나타날 수밖에 없다. 이 부분은 후반부에서 심도있게 다룰 것이다.

7) 주요 관련사항 해설 ☞ 강의 평가의 구체적 사례.

8) 논문의 경우에 국제저명학술지(SCI 등)와 심사제도가 있는 학술지에 게재한 경우만 인정하는 것이 타당하다. 단행본은 전문학술서, 교과서, 기타 전문서적과 교양서적을 저술, 편저, 번역한 업적을 포함한다. 예체능계나 건축·조경분야 등 특수한 학문영역의 경우에는 이러한 인쇄물 위주의 업적 이외에 각종 창작활동, 공연활동 등도 포함시켜야 함은 물론이다. 구체적인 평가기준과 항목별 점수배분 등은 학문분야별 특수성을 감안하여 각 평가단위에서 작성하도록 자율성을 부여해야 할 것이다(교육부 공청회자료, 1999).

9) 교외봉사활동의 범위를 어디까지 포함할 것인지는 논란의 여지가 있다. 각종 학회의 임원으로 활동한 업적과 정부 및 공공기관의 자문활동은 당연히 인정되어야 하겠지만 그밖에 대가를 충분히 받고 수행하는 민간단체나 기업을 위한 자문·용역활동도 포함

2. 교원평가의 모델

(1) 교원평가모델의 접근방법

교원평가의 수행은 반드시 원칙이 필요한데, 그 원칙들은, ① 우수업적들은 반드시 보상하고, 낙후된 부분은 보완할 것, ② 모든 교수에게 예외없이 실시한다, ③ 객관적으로 평가가 가능한 연구업적만을 평가할 것(즉 평가기준은 계량적인 기법을 원칙으로 한다는 점인데 이것은 평가에서, 객관성과 타당성을 높이기 위한 것이다) ④ 질적 평가는 해당 학과에서 자율적으로 할 것, ⑤ 현재 '인사위원회'의 역할을 확대하여 교수인사평가위원회를 구성할 것 등으로 요약할 수 있다.

교원평가모델의 구체적인 영역은, ① 업적평가(교육, 연구, 봉사), ② 성취평가(수업부담을 줄이거나, 승진, 재임용, 금전적·명예적인 보상을 위한 평가), ③ 향상을 위한 평가 등의 세 부분으로 크게 나뉜다. 이 가운데서 교원업적평가가 가장 중요한 문제로서 이것은 다시 ⓐ 교육업적평가, ⓑ 연구업적평가, ⓒ 봉사부문 등으로 나뉜다. 그리고 평가영역별로 중요도가 대학유형별로 달라질 수도 있는데, 이현청(1999)은 기존 우리 나라 대학들의 분류방식을 동원하여 대학유형을 연구중심대학, 소규모대학, 교육대학, 신학계 대학, 개방형의 대학으로 나누고 다음 표와 같은 대학유형별 교수업적평가의 중점영역을 제시하였다.

그러나 이 같은 분류방식은 외견상으로도 연구중심대학을 제외하고는 대부분 대학들이 업적평가의 중점영역이 교육중심으로 분류되어 있고 신학과 개방형 대학에서 말하는 봉사의 의미가 불분명하며, 그 밖에도, ① 백화점식으로 만들어진 우리 대학들의 사정에 맞지 않고, ② 대부분의 신학대학들은 단과대학 또는 종합대학의 인가를 받기 위한 전초 단계에 불과한 경우가 많

시켜야 할 것인지가 문제이다. 이는 각 대학교에서의 전반적인 방침과 학문분야별 특성을 감안하여 결정해야 할 과제이며, 각종 평가활동의 항목별 배점도 그에 따라 평가단위별로 설정해야 할 것이다(교육부 공청회자료, 1999).

[표II-①] 대학유형별 교수업적평가의 중점영역

평가영역 \ 대학유형	연구중심	소규모 대학	교육대학	신학계 대학	개방형 대학
연 구	○				
교 육		○	○	○	○
봉사(산학)				○	○

자료: 대교협(1994, 91).

고(김운회, 2000: 51~56), ③ 소규모 대학이라는 개념이 모호하며, ④ 개방형 대학이라고 해서 산학연이 활성화되고 있는 상황이 아니라는 점,[10] ⑤ 교육 대학은 '교육'에 치중하고 있는 것이 아니라 교육과 관련된 많은 연구를 해야 하는 중추기관이라는 점 등에서 많은 문제가 있고 현실성이 없다. 따라서 이 같은 접근법은 우리 대학의 현실을 제대로 반영하지 못한다는 점에서 보다 유용한 범주의 설정이 불가피하다.

먼저 이 같은 개념들을 접근하는 하나의 방법으로 중하위권 대학의 모델로서 경남대학교의 경우를 검토해보자. 경남대는 교수업적평가의 영역을 연구, 교육, 봉사 및 학교 발전 영역으로 분류하였고 그 평가비율은 4 : 4 : 2 이다.[11] 이 수치는 오히려 연구에 중점을 두고 있음을 알 수가 있다. 경남대학교는 평가의 구체성과 포괄성을 높이기 위해 영역별로 필요한 세부사항을 규정하는 각종 기준과 지침을 별도로 작성하였다.[12] 평가의 종류도 1년마다 실시하는 정기평가와 필요에 의해 행하는 승진 및 재임용 평가의 두 가지로 나누었다.[13]

이 사례에서 보면 경남대는 소규모대학이나 연구중심 어디에도 속하지 않

---

10) 주요 관련사항 해설 ☞ 산업대학과 일반대학.
11) 연구영역에서는 논문, 단행본, 학술회의실적, 기타 학술활동, 특허, 수상, 작품발표로 나누어 연구의 질에 따라 항목별로 가중치를 다르게 부여하고 교육영역은 강의, 사회 교육, 학생지도의 큰 항목으로 분류하였고, 봉사 및 학교발전영역은 교내봉사, 대학발전 기여, 교외봉사로 나누었다.
12) 교원업적평가 기준 외에도 교원업적평가 적용지침, 전문학술지 선정세칙, 전문학술지 심사지침, 전문학술지 목록 등을 마련한 것이 그 예이다.
13) 주요관련사항 해설 ☞ 교원평가절차(경남대학교).

으며 개방형, 신학계는 더욱 아니다. 한 마디로 경남대학교는 우리 대학의 가장 일반적인 모델인 '백화점식' 대학의 모습을 보이고 있고 그에 따른 교원평가 방식을 제시하고 있다. 우리 나라 대학의 절대다수가 이 범주를 벗어나기는 어렵다는 점에서 이현청(1999)식의 모델은 현실성이 부족하다는 것이다. 따라서 이 연구는 이 같은 현실적인 문제를 해결하기 위하여 대학원이나 설립연수, 재정 정도 등의 새로운 범주가 필요할 뿐만 아니라 대학들은 교원평가에서 외부 환경의 영향이 어느 정도인지를 파악해야 한다고 본다.[14] 특히 교육부의 정책이 경쟁력이 우수한 대학들에 지원을 집중하고 있고, 국제경쟁력 강화가 가장 중요한 과제로 되고 있으므로 대학들은 우선적으로 ① 교원평가방식들에 영향을 줄 수 있는 외부요인(내부에 영향을 주는 외부적인 변화요소)들을 기획에 변수로 받아들이고, ② 그 요소들을 오히려 교원평가에 활용할 수 있는 대학 내부의 메커니즘을 만들고, ③ 그 같은 성격의 교원평가를 완료하기 위해서 가용한 자원의 분석에 초점을 맞추어야 한다는 것이다. 예컨대 교원평가에서도 신생대학이 무리하게 기존 선진대학들의 기준에 따르기보다는 자체적으로 대학의 단기적 목표를 달성하게 하는 교원평가기준을 개별적으로 마련하는 것이 바람직하다는 것이다.[15] 교육부와 대교협은 이 점들을 반드시 고려해 대학평가에 임하여야 한다.

대학의 내부에서는 대학 외부요소(내부에 영향을 주는 외부적인 변화요소)

---

14) 국립대는 물론 사립대도 외부환경 특히 교육부의 영향력은 매우 크다. 그러나 최근 들어 교육부는 하부기관에 전결권을 확대시키는 경향이 많이 나타나고 있다. 참고로 1999년 7월 21일 이후 교육부는 국립대 교원인사권을 완전히 총장에 넘기는 등의 행정권한과 업무를 지방이나 하부기관에 대폭 이양 또는 위임하기로 하였다. 국립대 교원의 경우 그 동안 전임강사와 조교수 임용권만 총장이 갖고 부교수와 정교수는 형식상 교육부 장관이 임용권자였으나 향후 국립대의 경우 총장이 모든 교수임용권을 갖게 되었다(『조선일보』 1999. 7. 22).

15) 가령 설립된 지 10년 미만인 대학의 경우 '연구토대의 구축'이라든가 '대학기초의 확립' 등의 사안이 있으면 불가피하게도 교수가 개인적인 연구보다 학교경영에 전념할 수밖에 없는 경우가 발생하는데, 대학측에서는 이를 충분히 보상해 줄 수 있는 교원평가기준이 필요하게 된다. 대학경영이라는 측면에서, 이 같은 교수들의 봉사가 대학의 발전에 절대적으로 필요한 상황이면 그것을 가능하게 하는 외부요소를 차용하고 그에 따른 교원평가방식의 개발이 불가피하다.

들을 효과적으로 점검하기 위해 부서를 신설하기보다는 그와 유사한 업무들을 전담하여 온 기구(가령 기획처나 연구처)들을 그대로 활용하면 된다. 왜냐하면 외부요인들을 점검하고 평가하는 작업들은 대학의 경영스타일에 따라 다양하겠지만 현실적으로 점검과정은 대학마다 유사하기 때문이다.[16]

　　외부요인에 대한 점검은 ① 정보수집, 정보자원선정,[17] ② 대학전략목표의 설정에 따른 정보자원의 판단기준 설정, ③ 외부요인 점검결과에 대처할 대응행위 등의 과정을 통하여 이루어진다. 예를 들어 교원평가 및 활용 방안을 전담하는 검색 위원들은 검색 과정에서 먼저 교원평가와 대학의 경쟁력과 효율성 강화를 위해 여러 가지 쟁점들을 모아야 한다. 교원평가가 연봉제나 보상 및 지원체제와 원활히 연결이 되었을 때, 그것이 대학의 장기발전과 대학의 자원관리를 위해서는 어떠한 영향을 미칠 것인가에 초점을 맞출 필요가 있다. 기획처 또는 담당부서에서는 흐름도(flow chart) 또는 '영향조직망(impact network)'[18]을 작성하여 외부환경 변화에 민첩하게 대처해야 한다. 교원평가와 관련된 영향조직망은[19] 대학교수의 종신직 제도 폐지 및 계약임용, 교원평가의 강화, 교육부 대학 보조금 감축 등의 구체적인 사건이 미래에 갖는 영향을 브레인스토밍(brainstorming)으로[20] 파악하도록 한다.

---

16) 이미 체계화되어 있는 대학조직에서는 점검 또는 검색기능을 점진적으로 개발하여 갑작스러운 조직개편에 따른 혼란과 희생을 최소화하고 대학의 고위행정가 중 5~10명의 인원을 선발하여 전략기획검색위원회를 결성한 후에 시행할 수 있을 것이다.

17) 검색자원으로는 신문과 논문·저널 모두를 망라한다. 특히 전략적 기획에서는 신문은 주요한 검색자원의 대상이다. 검색위원은 전국에서 읽히는 주요 일간지를 읽고 평가할 수 있어야 한다. 사회, 기술, 경제, 법규·규정 등의 주요 영역을 다루는 잡지, 정기간행물, 신문, 전문가용 신문 또한 주요 검색자원의 대상이 되고 일시적으로 유통되는 개인연구논문과 팜플렛 등도 주요 검색자원이다. 이 부분과 관련해서는 Morrison 외(1984: 35)를 참조하라.

18) 영향조직망은 한 쟁점을 일목요연하게 분석하여 제시하는 '연관성 계도(relevance trees)' 개념에서 유래되었다.

19) 주요 관련사항 해설 ☞ 교원평가에 따른 영향조직망 구성의 예.

20) 이 경우 하나하나의 사건에 대하여 간단명료하게 설명하고 그 사건의 긍정적·부정적 영향을 모두 기술하도록 하는 것이 좋다. 왜냐하면 쟁점은 확률성이 아닌 가능성이기 때문이다.

(2) 전략기획으로서의 교원평가모델 개념

　지금까지 이 연구는 우리 대학에서 교원평가는 불가피한 시대적인 과제이고 요청이라면 각 대학들은 이것을 대학발전에 최대한 활용해야만 할 것이라는 점을 강조하였다. 이제부터 그것이 구체적으로 어떻게 적용되는지를 볼 것이다. 분석방식은 ① 전략적 목표로서 연구역량의 강화를 기반으로 한 교육과 봉사의 주체로서의 대학모형의 설정, ② 현실적으로 존재하는 대학들이 사용하고 있는 평가항목들의 구체적 사례들의 조망, ③ 구체적인 사례들로부터 일반화된 모형의 구성, ④ 각 대학에 맞는 교원업적평가 지표모델의 영역별 가중치설정, ⑤ 시행과정에서 전략적 목표와의 괴리(乖離) 여부의 점검, ⑥ 피드백 및 리사이클링으로 유연성 획득 등으로 진행될 것이다.

　첫번째 과정으로, 연구역량의 강화를 기반으로 한 교육과 봉사의 주체로서의 대학모형의 설정은 현재 우리 대학들의 대부분의 모습들이므로 생략하도록 하고, 여기에서는 두 번째 과정인 여러 대학에서 현재 시행중인 교원평가의 다양한 모델을 살펴보도록 하자. 아래의 표는 실제적으로 시행되고 있는 수도권 및 서울 지역 5개 대학의 교원평가모델이다.

　다음의 예에서 보듯이 대학들의 평가영역은 대동소이하다. 그러나 유심히 살펴보면 대학별로 특정영역에 대하여 보다 세밀한 분류가 되어 있는 것을 볼 수 있다. 예를 들면 B대학의 경우는 강의평가로 교육영역의 평가를 대신하고 있는 반면, E대학의 교육 항목은 매우 세밀하다. 그리고 A대학의 경우는 전체적으로 모두 체계적으로 분류되어 있어 교원평가의 기초작업들이 많이 이루어졌음을 시사하고 있다. A대학과 D대학의 경우는 봉사영역이 매우 세심하게 분류되어 있어서 이 대학의 설립연수가 매우 길거나 사회적인 인지도가 높은 경우라고 추정해 볼 수 있다. 따라서 평가영역에 대한 분석은 어떤 의미에서 그 대학의 존재양태를 외화(外化)시킨 과정이라고 볼 수가 있다.

[표II-②] 수도권 및 경기 소재 5개 대학 교수평가지표사례

대 학		업적 구분
A 대 학	연구 업적	1. 논문: 국제적 저명학술지 · 국내학회지 · 교내학술지 및 기타 학술지 2. 저서: 국제적 학술저서 · 국내학술저서 · 창작 · 기타 저서 · 연구보고서 3. 연구활동: 학술회의 · 국제학술회의 논문 발표 · 국제학술회의 논문 발표 · 연구 보고서 · 학·협회지서평 및 논평 4. 상훈: 국제학술단체상 · 국내학술단체상 · 국가포상 · 훈장
	교육	1. 강의: 강의계획서 배포 및 실천 · 강의평가 여부 · 출석, 과제물, 성적평가충실도 · 결강 2. 학생지도: 석 · 박사 지도 3. 기타 교육매체 개발 · 현장교육 · 학생지도 · 취업알선 · 논문지도 · 기타
	봉사	1. 교내봉사: 보직 · 각종 위원회 활동 · 교수회의 참여 2. 교외봉사: 전형위원 · 자문심사위원 3. 학회봉사: 학회임원급 · 학회위원 · 심사위원급 · 학술회의 사회 · 토론 · 발표
B 대 학	연구 평가	1. 논문: 국외학술지 · 국내학술지 · 기타 학술지 · 보고서 · 서평 · 논평 2. 저작물: 국외전문학술저작물 · 국내전문학술저작물 · 창작물 · 번역물 · 기타 3. 학술발표: 국제학술회의 · 국제학술회의 4. 수상 및 특허
	교육 평가	강의평가
	봉사 평가	1. 대내봉사: 교내보직활동 · 위원회활동 · 학생의 과외활동 참여 · 학생생활지도 2. 대외봉사: 학회활동 · 자문, 심사위원 · 외부강연(무보수)
C 대 학	연구	1. 논문: 국제학술지 · 국내저명학회지 · 교내학술지 및 기타 학술지 · proceeding 2. 저서: 국제학술저서 · 국내학술저서 · 기타 저서 · 연구보고서 · 서평 및 논평 3. 수상: 국내학회상 · 국제학회상 · 기타 국내 · 국제학술상
	교육	1. 강의: 강의시수 · 강의평가 여부 · 휴강 · 수업계획서 배부 여부 2. 학생지도: 학부 · 석사 및 박사배출 · 동아리지도 · 면담
	봉사	1. 교내봉사: 각종 보직 · 각종 위원회 활동 2. 교외봉사: 학회봉사 학술단체장, 임원 · 주제발표자, 강연자, 좌장, 토론자 · 국가기관위원회 위원장, 위원 · 방송, 기고 등 기타 실적 · 국가포상훈 · 포장 · 심사위원

D 대학	**연구 업적**	1. 논문: 국제적저명학술지 · 국내학회지 · 교내학술지 및 기타 학술지 2. 저서: 국제적학술저서 · 국내학술저서 · 기타 저서 · 연구보고서 3. 연구활동 학술회의 국제학술회의 초청 강연, 논문 발표, proceeding · 국제학술회의 초청 강연, 논문 발표, proceeding · 학·협회지 서평 및 논평 4. 상훈: 국제학술단체 수상 · 국가 및 공공단체 수상 · 국내학술 및 민간단체 수상
	교육	1. 강의: 책임학점 · 초과강의 2. 학생지도: 지도학생 · 상담 · 학생행사 참여
	봉사	1. 교내 활동: 보직 · 각종 위원회 활동 2. 교외 활동: 전형위원 · 자문심사위원 3. 학회 봉사: 학회장 등 위원급 · 편집위원급 · 심사위원급 · 학술회의좌장 4. 산학연 활동: 위촉연구원 · 기술지도 · 산학연특강

E 대학	**연구 업적**	1. 논문: 국내, 국외저명학술지 · 국내, 국외저명학술지 및 기타 학술지 2. 단행본: 국내, 국외전문학술서 · 국내, 국외 교과서 · 국내, 국외 교양지 · 번역 3. 학술 활동: 국내, 국제학술발표 · 국내, 국제학술회의 토론자 · 국내, 국제수상 · 국내, 국제연구비 수혜 · 국내, 국제연구보고서 · 특허
	교육 업적	1. 강의 및 실습: 강의시간 · 교과목 및 교수방법 개발 2. 학생 배출: 박사 · 석사 3. 학생지도: 동아리 · 신입생
	봉사 업적	1. 교내활동: 보직 · 각종위원 2. 교외활동: 국내, 국제학회임원 3. 사회국가봉사: 국내, 국외공직 · 고시출제위원 · 수상 · 기타

자료: 이홍(1999, 19).

　세 번째 과정인 일반적 영역별 교원업적평가 지표모델은 기존의 연구인 대교협(1994)을 그대로 활용해도 좋고, 기존 연구들과 현실적으로 사용되는 사례들과 비교하여 작성해도 무방할 것이다. 그 같은 과정을 토대로 교원업적평가지표들을 일반화시키면 다음과 같다.

연구 업적	1. 논문: 국제적 저명학술지 · 국내 학회지 · 교내 및 기타 학술지 · 학·협회지서평 및 논평 2. 저서: 국제적 학술저서 · 국제학술저서 · 창작 · 번역물 · 기타 저서 · 연구보고서 3. 학술활동: 국제 (국내)학술회의 논문발표 · 연구비수혜(국내, 국외) 4. 상훈: 국제학술 단체상 · 국제학술단체상 · 국가포상,훈장
교육	1. 강의: 강의계획서 배포 및 실천 · 강의평가 여부 · 출석, 성적 평가충실도 · 결강 · 기타 2. 교육연구: 교육매체제작 · 논문지도 · 현장교육 3. 학생지도: 석·박사 지도 · 동아리지도 · 면담 · 취업알선 · 기타
봉사	1. 교내봉사: 보직 · 각종위원회 활동 · 교수회의 참여 2. 교외봉사: 전형위원 · 자문심사위원 · 고시출제위원 · 국가기관위원 · 언론사기고 3. 학회봉사: 학회임원급 · 학회위원 · 심사위원급 · 학술회의 사회, 토론, 발표

위의 표는 구체적으로 제시된 사례와 기존 연구들의 분석을 통하여 본질적인 영역들을 간략히 재구성한 것으로 전체적인 논의와 분석 대상으로 보더라도 큰 문제는 없을 것이다. 즉, 개별대학에 따라 다소의 차이는 있을 수 있지만 전체적인 영역분석에는 별다른 문제가 없을 것이다.

이제 네 번째 과정으로 교원업적평가지표들의 모델의 영역별 가중치 설정과정을 살펴보자. 대학마다 영역별로 중요도를 다르게 부여한다는 것은 대학의 발전전략적 측면에서 중요하다. 영역별로 중요도를 다르게 부여한다는 것도 ① 대학외부와의 관계라는 측면에서 대학발전에 따라 가중치가 획일적이지 않고 대학마다 다를 수 있다는 점, ② 대학 내부의 측면에서 영역별 배점은 상황에 따라 유연하게 변경될 수 있다는 점 등의 두 가지 측면을 가지고 있다. 다시 말해서 가중치는 대학마다 다르고 외부환경 변화에 따라 한 대학 내부에서도 변할 수 있다는 의미이다. 이런 점에서 많은 대학들의 교원평가 작업들은 많은 문제점들을 가지고 있다. 왜냐하면 현재 대부분의 대학에서 교원평가가 연구업적 일변도로 되어 있는데, 이것은 대학들의 현실적 상황을 제대로 반영하고 있지 못하고 있기때문이다. 즉, 교수들은 자신의 업적에 유리한 부문에 집중하게 될 터인데, 교육부문은 상대적으로 절대적으로 교원평가에서 중요도가 떨어지기때문에 교원들이 연구부문에만 집중하다보면 강의의 질이 떨어질 수밖에 없다. 뿐만 아니라 연구만을 중시하면 이에 대한 행정

지원이 확대되어 행정요원이 급격히 증대하게 되는 문제를 낳게 된다.[21] 교육부문에서 이 점들을 보다 구체적으로 살펴보자.

분석에 앞서 오세정(1997)의 견해를 먼저 살펴보아야 한다. 오세정(1997)은 장회익외(1996)의 『대학기능 분화를 통한 대학교육 다양화 연구』의 논의를 토대로 대학을 학부중심, 대학원중심 등으로 나누고 그 구체적인 형태를 ① 제1형(학부중심의 직업지향 교육), ② 제2형(대학원중심의 직업지향교육), ③ 제3형(학부중심의 학문지향 교육), ④ 제4형(대학원중심의 학문지향 교육) 등으로 다시 나누었다. 오세정(1997)은 이 대학의 모형들이 서열순을 뜻하는 것이 아님을 분명히 하여야 한다고 주장하면서 우리 나라 규모에서는 당분간 연구중심대학은 10개 정도만 있으면 적당하기 때문에 대부분의 대학이 직업지향 교육중심의 대학으로 발전하여야 하는데, 애석하게도 우리 나라에는 아직도 이러한 기능의 모형이 될 만한 대학이 거의 없다고 하였다. 따라서 오세정(1997)은 세계적인 경쟁력을 가질 수 있는 모델 개발이 필요하고 이 같은 대학에 대해서도 연구중심대학 못지않는 행·재정적 지원을 아끼지 말아야 할 것이라고 강조하였다(오세정, 1997).

오세정(1997)의 지적은 매우 중요한 것이기는 하지만 주로 교육과 연구의 유기적 관계에만 치중한 것이라 봉사영역에 대한 분석에는 적합하지 못하므로 설립연도를 첨가하여 분석을 하는 것이 더욱 타당할 것이라는 것이 이 연구의 관점이다. 즉, 이 연구는 연구와 교육의 매개로서 학부와 대학원개념을, 그리고 봉사의 변수로는 설립연도를 첨가한 것이라는 점이다. 왜냐하면 대학의 경우, 설립준비-설립-개교 등의 과정에서도 교원들의 도움이 필요하고 설립 초기에 교원들의 봉사가 거의 절대적인 역할을 한다. 그런데 '봉사'는 대내적인 봉사도 있고, 대외적인 봉사도 있는데 여기서는 '대내봉사'(주로 보직활동)를 말한다. 대외적인 봉사는 연구중심, 교육중심, 어느 대학에서도 비슷한 비중을 가질 수가 있기 때문에 그것은 대학사정에 따라 비중을 결정하면 된다.[22] 이제 전략 기획의 측면에서 대학들의 현실적 상황을 제대로 반영하

---

21) 미국 대학에서 교원평가와 연계된 연봉제를 강도높게 실시하기 시작하던 1980년대에 교수수는 7% 불어났지만 행정직은 47%나 증대하였다(조벽, 「미교수연봉제에서 배우지 말아야 할 교훈」, 『한국대학신문』, 2000.5.1.).

여 교원평가사업을 시행할 경우의 영역별 가중치 설정과정을 보다 구체적으로 살펴보자.

첫째, 가중치가 획일적이지 않고 대학마다 다를 수 있다는 점이다. 가령 대학원이 강화되는 연구중심대학의 경우는 논문지도와 연구업적이 매우 중요한 변수가 될 것이고, 교육중심대학들은 교육매체 제작 및 취업 지도가 대학발전과 더불어 가장 중요한 변수가 될 것이다.[23] 강의평가에서도 대학원교육이 활성화된 곳은 현재와 같이 '형식에 불과한' 것에서 탈피하여 대학원 강의평가를 철저히 해야 하는 반면에, 대학원이 약한 대학들은 학부강의평가를 강화해야 한다. 무엇보다도 중요한 것은 번역과 교육매체의 제작인데 세계화의 진전과 사이버 대학의 발전과 더불어 제대로 된 번역과 교육매체의 개발은 매우 중요한 위치를 차지하기 때문이다. 그럼에도 불구하고 대학원이 활성화되어 있는 대학들에서는 번역의 비중을 떨어뜨려야 한다. 왜냐하면 상당수의 번역물들은 대학원생들에 의해 이루어지므로 그 질이 떨어지는 경우도 많고 대학원생이 없는 교수들에게 불리한 기준이 되기 때문이다.

대학의 기초를 다져야 하는 10년 이하의 신설대학들에서는 교내봉사(보직·각종 위원회 활동)의 배점을 높이지 않으면 안 된다. 특히 이 대학들은 대부분 대학원이 없거나 대학원생들의 연구역량이 약하므로(대학원생들을 개인연구에 쉽게 동원하는 우리 나라 대학들의 사정으로 볼 때) 연구 활동에 있어서 매우 불리할 수밖에 없기 때문이다.[24] 그러므로 여러 가지 유형으로

---

22) 신설대학이라 하여 대외봉사의 비중을 반드시 약하게 할 필요는 없다. 대외봉사는 대외봉사 그 자체의 사회적 기여뿐만 아니라 신설대학을 대외적으로 알리는 효용성도 가지고 있다. 예컨대 신설대학들에서 정년퇴임한 유명교수를 다시 영입하여 학교의 위상을 강화하는 경우도 많이 발견되고 있다. 그 유명교수들이 매스컴이나 자문위원 등의 활약도 계속하고 있음은 물론이다. 이 점에서 신설대학들도 신설대학의 이점을 살려 오히려 제도개혁의 주도적 역할을 하는 것이 요구된다.

23) 현행의 대학평가제도와 관련해 이 문제를 살펴볼 필요가 있다. 현재 시행되는 대학평가(주요 관련 사항해설 참고)에서는 특히 교육영역에 대하여 교수들이 노력해야 할 인센티브를 주지 않는다는 것이 문제이다. 구체적으로 말하면 교재개발이나 새로운 실험실습방법의 개발, 현대사회에 맞은 새로운 교과목 개발 등은 웬만한 수준의 연구논문 하나 쓰는 것보다 더욱 시간이 들고 의미있는 일이지만, 이러한 노력에 대한 정당한 가치가 거의 인정되지 않고 있다.

존재하는 대학들을 ① 대학원 중심(연구), ② 학부중심(교육), ③ 설립연수라
는 세 가지 변수(variable)로 나눠 봄으로써 보다 실질적인 교원평가에 접근할
수 있다.

[표II-④] 대학 유형별로 중요도가 높은 항목

(a) 대학원중심의 연구중심대학
☞ 대학원이 활성화되고 설립연수가 20년 이상된 상위권 대학

연구	국제적 저명 학술지 논문발표 · 국제적 학술저서 · 세계적인 경쟁력을 갖춘 연구보고서 · 국제학술회의 논문발표 · 국제적인 연구비수혜 · 국제학술단체상
교육	대학원 강의평가를 철저히 시행 · 석 박사논문지도(특히 영어논문지도 강화)
봉사	국가기관 위원회위원
목표	세계적인 경쟁력을 갖출 수 있는 연구대학기반 강화

(b) 대학원중심의 교육중심대학(설립연수 무관)
☞ 대학원이 강하나 실무 및 취업지향적인 교육중심대학

연구	국제적(국내) 저명학술지 · 국제적(국내)학술저서 · 연구비수혜(국내, 국외) · 국제(국내)학술 단체상 국가 포상, 훈장
교육	강의계획서 배포 및 실천 · 강의평가 여부 · 출석, 성적평가충실도 · 결강 · 기타 교육매체 제작, 현장교육 학생지도(면담취업알선)
봉사	교외봉사
목표	세계적 경쟁력을 갖춘 지도자, 경영가, 고급실무자 양성

(c) 학부중심의 교육중심대학(설립연수가 10년~20년)
☞ 대학원이 있더라도 연구역량이 약한 중위권 대학

---

24) 대교협이 1998년 35개 대학을 평가한 자료에 의하면 인문 · 사회계의 경우 교외 연
구 과제를 수탁한 교수는 전체 교수의 22.14%로 나타났다. 이 비율은 평가 척도의 A
등급 기준인 14.0%의 1.5배가 넘는 우수한 실적임에도 불구하고 특정 대학은 수탁 비
율이 52.22%인데 반하여 3.00%에 불과한 대학도 있어 대학간 불균등 현상이 심화되
고 있음을 보여준다. 자연과학의 경우도 전체는 86.16%로 평가 척도 A등급인 52.0%
를 웃도는 것이었으나 최고는 176. 07%인데 반하여 최하는 14.78%에 불과하였다(대
교협, 1998b : 67~68). 이것은 교수들 간의 극심한 연구 역량의 차이라기 보다는 대
학원의 역량과 시설 · 설비의 차이라고 보아야 할 것이다. 더구나 이 통계나 조사에서
는 세칭 명문대들이 모두 빠져 있었던 점을 감안한다면 실제적인 격차는 엄청날 것이
라 판단할 수 있다.

연구	국제적(국내) 저명학술지·국제적(국내)학술저서·연구비수혜(국내, 국외)·국제(국내)학술 단체상 국가포상, 훈장
교육	학부중심의 수업평가를 철저 시행·교육매체 제작·현장교육·취업알선
봉사	국내 교외 및 .학회봉사
목표	연구기반의 강화를 위한 인프라스트럭처 구축·경쟁력 있는 졸업생 배출

(d) 학부중심의 교육중심대학(10년 이하 신설대학)
☞ 대학원이 없거나 약한 대학

연구	국내 학회지·교내 학술지 및 기타 학술지·학·협회지 서평 및 논평·국제학술저서·창작·번역물 국제학술회의·연구비수혜(국내)·국제학술단체상·국가 포상, 훈장
교육	수업평가 강화·교육매체 제작·취업알선
봉사	교내봉사
목표	대학연구기반 조성 및 특성화로 졸업생 경쟁력 강화

(e) 학부중심의 교육중심대학(5년 이하 신설대학)
☞ 대학기초 설립기의 대학

연구	국제학술지·교내학술지 및 기타 학술지·학·협회지 서평 및 논평·창작·번역물·기타저서·국내학술회의 논문·연구비수혜(국내)·대학발전정책연구·연구보고서
교육	수업평가 강화·교육매체 제작·현장교육·면담 및 취업 알선
봉사	교내봉사
목표	대학 기초의 정립과 평가체제에의 적응력 확대 및 취업강화

덧붙여 우리 나라와 같이 백화점식으로 만들어져 있는 대학의 형편으로 볼 때, 대학원이 강하다는 것은 그만큼 설립 연수도 길고 시설 및 설비가 잘 갖추어졌음을 의미한다. [표Ⅱ-④]는 대학 유형별로 항목별 중요도가 높은 항목들을 위의 세 가지 변수를 중심으로 보여 주고 있다.

물론 [표 Ⅱ-④]는 하나의 전형적인 예시에 불과하므로 대학별로 교원평가 기준을 설정할 때 자기의 필요에 맞는 기준을 선정하면 된다.[25] 위의 분석이 시사하는 점은 대학평가에서 교육부는 연구중심대학에서나 적용될 수 있는

---

25) [표 Ⅱ-④]에서 제시된 항목 외에도 비대도시권의 대학들은 지역발전을 위한 토대구축을 중요한 평가항목으로 둘 수 있다. 예를 들면, 대학의 발전과 연계된 하이테크 단지를 지역에 유치하여 국가적으로도 인구분산의 효과, 지역적 발전을 이룩하는 경우는 평가에서 최고 배점을 주어도 무방할 것이다.

획일화된 기준으로 대학들을 평가해서는 안 된다는 점이다.

둘째, 개별대학에서 설정된 가중치라도 21세기 대학의 변화와 관련해 볼때 위의 항목들의 배점은 유연하게 수정될 수 있어야 한다. 즉, 대학의 설립 연수나 대학원의 역량 강약에 따라 중요 항목들의 가중치가 달라져야 하는 것인데, 현존하는 우리 대학들은 그 발전방향이 백화점식으로 대동소이하였기 때문에 위의 표는 하나의 개별대학의 한 '생애주기(life cycle)'라고 보아도 무방할 정도이다. 현재 대학들의 특성화 사업들이 강화되고 있기는 하지만, 그것이 개별대학들 간의 '상이성(相異性)'을 구축할 수 있다고 생각되지는 않는다. 더구나 전문대학, 개방대학, 교육대학, 사범대학 등이 제 구실을 한다고 가정한다면 4년제 대학은 '대학 본연의 양태'로 회귀하라는 사회적인 압력을 받을 수밖에 없다.

쉽게 말해 문제는 획일화된 기준에 의한 평가를 지양(止揚)한다고 할지라도 대학(4년제 대학교)은 궁극적으로 "주어진 여건하에서 최대한 연구강화"의 방향으로 나아가지 않으면 안 된다는 것이다. 왜냐하면 대학은 전문대학이나 직업학교도 아니기 때문에 궁극적 도달 목표는 연구 역량의 강화를 기반으로 한 교육과 봉사이기 때문이다.[26] 그러나 "교수 3명 중 1명꼴로 감투 썼다"는 말이 있을 정도로 보직교수들이 많은 상태[27]에서 만성적인 경제난·취업난과 대학 입학인구의 급감으로 인한 위기로 인하여[28] 중하위권 사립대학들이 선택할 수 있는 범위 또한 그리 넓지는 않다. 장기적으로 상당수 대학들은 연구 역량 강화를 등한시한 채 오히려 교육쪽으로 특성화될 가능성도 배제할 수도 없다. 이 때의 교육이란 고등학교식, 주입식 강의 일변도, 집체

---

26) 여기서 말하고 있는 '연구'의 개념은 연구 중심대학에서의 '연구'와는 다소 다른 개념으로 이해해야 한다. 교육 중심대학이라고 해서 학생 교육에만 전념하는 것이 아니라, 교육 방법이나 교육매체에 대한 지속적 연구를 수행하여야 한다. 따라서 여기서 사용되는 '연구' 개념은 '방법론적인 연구'도 포함하는 개념으로 이해하여야 한다. 그리고 이 연구는 그 대상 영역을 4년제 대학에 한정하고 있다는 점에도 유의해야 한다.
27) 주요 관련사항 해설 ☞ 교수에 있어서 보직의 의미와 현황.
28) 이 문제는 이미 오래 전부터 거론되어 왔던 것이다. 대학의 이상도 있고 목표도 있지만 경기 침체와 학생 인구 감소로 인한 생존의 위기에 있는 사립대학들의 경영 방안은 단기적으로 취업강화가 중요한 변수일 수밖에 없다(日롯, 1985 : 152~164).

식, 교육매체에 대한 무고려 등을 의미하는 것이 아니라 교육을 위한 연구가 선행되는 교육을 의미한다는 것이 중요하다.

결국 문제는 대학들의 현실적 기반들이 일반적으로 지적되어 온 연구역량 강화를 기반으로 한 교육과 봉사라는 목표를 달성하기 곤란한 상태에 있다는 것이다. 따라서 대학들은 한정된 교수들의 역량을 효과적으로 배분해야만 하고 이 효과적인 조절이야말로 현재 대학들이 당면한 전략적 기획이 갖는 중요한 요소가 된다. 그러므로 내·외적인 변화를 중시하는 전략기획적 차원에서 교원평가에서 교육 : 연구 : 봉사의 비율을 고정화시킬 필요는 없다. 시기별로 대학의 역량에 따라 그 백분위를 변환시켜 가면 될 것이다. 즉, 교원업적평가가 단순히 평가를 위한 평가라기보다는 '전략기획'의 한 전술적 수단으로서 목표를 설정(goal setting)하고 운용해야 한다는 것이다. 즉, 교원평가는 대학의 발전을 위한 목표29) 설정의 방향으로 나아가 궁극적으로 그 목표와의 적실성30)을 검토해야 한다는 뜻이다. 이와같이 시행과정에서 전략적 목표와의 괴리(乖離) 여부를 점검하는 것이 교원평가 모델구성의 세번째 과정이다. 바로 이 같은 방식이 '전략기획'으로서의 교원평가개념이다.

마지막 네번째 과정으로서 피드백 및 리사이클링에서는 '유연성'의 획득이 중요하다. 그리고 이 유연성의 획득 과정은 별도로 분리된 하나의 단계가 아니라 시행과정 전반에 걸쳐 나타나는 목표의 적실성 및 방향성의 검토작업과 전반적인 조정과정이라고 볼 수 있다. 이와 같이 대학 경영진은 '전략기획'의 개념을 토대로 교원평가에 접근함으로써 현재와 같이 환경변화가 심한 상태에서 대학을 "기대되는 미래(expected future)에서 바람직한 미래(desired future)"31)로 이끌 수 있는 정책, 프로그램, 계획 등을 마련할 수 있다.

---

29) 주요 관련사항 해설 ☞ 대학경영에서 목표와 목적의 개념.

30) 목표와 목적은 미래에 대한 것이므로 주관적이고 판단적이어야 한다. 대학들, 특히 신생대학들이나 중하위권 대학들은 연구결과의 활용도를 높이기 위해서 외부 및 내부 환경을 파악한 후에 미래연구를 시작하고, 연구의 목표 설정을 '고객분석(customer analysis)'에 근거하여 시행해야 한다. 여기서 말하는 고객은 단순히 학생들만을 의미하는 것이 아니라 교수진, 실무진, 학생, 공무원, 기업인, 타대학, 동문회, 지역사회, 일반대중 등의 집단이 포함된다. 우선 고객들이 대학에 '요구'하는 주요 사항을 나열하고 그것들을 직·간접적으로 측정하는 것이 바람직하다.

(3) 전략기획으로서의 교원평가의 구체적인 모델

　　교원업적평가에서 이루어지는 우리 대학들의 현실적인 내·외 환경분석에
서 먼저 주목해야 하는 부분은 교원들의 책임시수와 교육·봉사의 배분문제
이다. 우리 나라의 경우 교원들의 주당 책임시간은 9시간(매주 3시간씩 3과목
강의)이지만 실제로는 15시간 전후를 가르쳐야 하므로 자신의 전공분야가 아
닌 과목을 가르칠 수밖에 없는 것이 세계적으로 최하위의 고등교육 수준을
초래하는[32] 하나의 원인이 되기도 하였다. 나아가 질낮은 교육은 기업에게 사
원 재교육비의 증가를 초래하고 그것은 결국 제품단가를 상승시켜 기업경영
에서 국제경쟁력의 저하를 가져온다. 이런 관점에서 고등교육인력의 절대다
수에 해당하는 학부생들을 정예화 하는 '교육기능'이야말로 대부분 대학의 중
요한 기능임을 재인식하여야 한다. 그리고 여기서 사용되는 '교육'이라는 개
념은 단순히 지식이나 기능만을 전수하는 전문대학의 교육과는 매우 다르다.
　　대학들은 '연구중심형 대학'(대학원중심) 또는 '교육중심형 대학'(학부중심)
등의 특성화뿐만 아니라 하위체계[33]에서도 목표설정이 매우 중요한 과제인
데 하위체계에 대한 목표설정에 따라 교원평가의 항목이나 내용도 바뀌게 된
다. 그런데 하위체계의 준거로 거론되는 '가상교육'이나 '산학협동체제'는 이
연구와의 방향과 다소 거리가 있으므로 이 연구는 '연구'와 '교육' 및 '봉사'
에 초점을 맞추기로 한다.
　　전략기획의 일환으로 이루어지는 교원평가의 구체적인 모델과 영역분석을

---

31) Morrison 외, (1984).

32) 스위스의 국제경영대학원(IMD)에서 발행한 금년도 『세계경쟁력연감』에서는 한국의
　　대학교육이 조사대상 47개국 중 꼴찌로 나타나고 있다. 이것은 특히 기업경영의 경쟁
　　력 증진에 필요한 인재교육이 부실하다는 것 때문이다(『한국대학신문』, 1999. 4. 26.).

33) 하위체계들의 준거가 되는 것으로는, ① 인문·사회계전문, 자연과학계전문, 이공계
　　또는 예체능계 ② 혼합형의 특성화 가령 이공계를 중심으로 하되, 경쟁력이 큰 인문·
　　사회 계열의 인기학과도 특성화에 포함하거나, ③ 캠퍼스중심 및 캠퍼스 외 체제중심
　　(가상교육) 병행의 방향, ④ 자격중심(학위수여)과 산학협동을 병행, ⑤ 향후에는
　　'Team teaching'이 제대로 되도록 연계학습 프로그램의 개발을 중심으로 '고객확보'에
　　박차를 가하든가 하는 것 등을 들 수 있을 것이다.

하나의 예를 통하여 알아보기로 하자. 포항공대는 예외로 하고, 일반적인 우리 나라 사립대학들의 발전과정을 분석해 보면, 공통된 과정을 발견할 수 있다. 즉 ① 교육자본의 축적 없이 학교를 신설하여 재정적 난관에 봉착함, ② 재정난을 오직 고등교육의 '초과수요'(입시과열현상)로만 극복하려 하여 대학 운영비용이 학생 등록금에 전적으로 의존하게 됨, ③ 각 대학들은 우수학생 유치·양성으로 하위권 대학에서 중위권으로, 중위권에서 상위권으로 지속적인 상승을 '교육목표화'함, 그리고 ④ 설립 후 10~20년이 지나 학교설비와 시설이 안정화되면 의대를 유치하여 우수학생 유치에 학교의 사활을 거는 식이다. 우리 나라 대부분의 대학들의 발전과정은 순서의 차이는 있을지라도 위의 과정을 밟고 있다. 이러한 진행방식을 보다 구체화하여 한 대학이 신설될 경우를 교원평가에서 영역별 비율변화를 [표II-⑤]와 같이 작성할 수 있다.

[표II-⑤] 연차별·항목별 중요도의 변화

시 기 별 구 분		설립연수	연구	교육	봉사
① 대학설립 및 교육기반 조성기		1~10	3	4	3
② 교육 경쟁력의 강화기		10~20	4	4	2
③ 특화설계(영역별 중요도 전환기)		20~30	5	4	1
④ 특화예비	연구기반 조성기	30~40	6	3	1
	교육연구 강화기		4	5	1
⑤ 안정기	연구중심대학	40~	7	3	0
	교육중심대학		3	6	1

| 주의 |
  (1) 봉사영역에서 0이라는 의미는 전문행정가가 모든 관리를 전담한다는 의미이다.
  (2) 설립연수가 10~20년의 단계를 교육경쟁력 강화로 둔 것은 대학의 발전과 성장 및 신입생모집에서 졸업생들에 대한 사회적 평판이 매우 중요한 변수이므로 이 시기에 대학들은 교육강화가 최우선일 수밖에 없다는 전제하에 비중을 설정하였다.
  (3) 대학의 발전과정을 단순화시킨 것은 백화점식 대학들의 특성을 그대로 인정하고, 이 대학들의 장기전략이 '사실상 대동소이'한 점을 반영하였다.

[표 II-⑤]에서 보이는 수치는 하나의 예시로 대학의 발전모델을 극히 단순화시켜 하나의 모델화 작업을 한 것이다. 따라서 우리 대학들의 현실적인 양태를 제대로 파악하려고 한다면 위와 같은 모델을 여러 개 만들면 되겠지

만 우리 나라와 같이 특성없는 잡화점식 구조를 가진 대학들은 이 같은 모델의 적용가능성이 오히려 높은 측면도 있다(그러나 위의 모델은 일본을 제외한 다른 선진국들에는 적용되기 어려울 수 있다). 나아가 대학의 설립 이후 나타나는 현상은 반드시 10년 주기일 필요도 없고 대학별로 장기발전계획에 따라 달라질 수 있다. 그리고 그 수치들은 10년간의 평균적인 수치를 가정한 것이므로 상황에 따라 달라질 수 있을 뿐만 아니라 대학 특성화과정을 거치면서 '교육중심대학'으로 선회할 수도 있다. 그럴 경우 위의 비중(영역별 비중)은 각기의 사정에 따라 새롭게 조합될 수 있다. 위의 내용을 보다 세분화하여 대학이 설립된 지 10년 미만의 경우에는 다시 [표Ⅱ-⑥]과 같이 나눌 수도 있다.

[표Ⅱ-⑥] 대학 설립 후 10년 내의 연차별·항목별 중요도 변화

대학설립 및 교육기반조성	설립연수	연구	교육	봉사	
				교내	교외
① 대학인가 및 신입생입학	1~2	1	1	8	·
② 대학 기초기반 완성기	3~4	2	2	6	·
③ 1차 경영진단(평가준비)	5~6	2	3	5	·
④ 교육기반 조성기	7~8	3	3	4	·
⑤ 교육중심대학(단기적)	9~10	3	4	3	·

| 주의 |

  (1) 교외봉사영역(·)은 독자적으로 결정할 사안으로 남겨 둔 형태임. 물론 교원들이 대학에만 머물러 있을 수는 없지만 개교 이후 현실적으로 교원들의 역할이 가중한 현실을 그대로 반영한 것임.

  (2) 교육중심대학(단기적)이라는 말은 교육중심대학적인 형태가 나타난다는 의미에 불과한 말로 완전 특화된 상황을 말하는 것은 아니다.

[표 Ⅱ-⑥]은 보다 사실적인 것으로 대학의 설립기에는 사실상 연구가 불가능한 상태이며 교내봉사가 교원들의 주된 업무가 되고 있는 사정을 반영하고 있다. 대학 기초 기반을 완성하는 단계에서 서서히 '연구역량'을 회복하고 있으며 설립 후 7년 '대학평가'를 받게 되면 교육기반은 충분히 조성된 것으

로 볼 수 있다. 이 때부터는 봉사의 비중을 서서히 떨어뜨리고 불필요한 위원회는 해체하거나 남기더라도 연구역량을 약화시키지 않는 범위 내에서 유지해야만 한다. [표 Ⅱ-⑥]에서 단기적으로 교육중심대학이라는 표현은 실제로 완전히 교육중심의 특화를 의미한다기보다는 이 때의 상황이 내적 또는 외형상의 특징이 교육중심대학의 그것과 흡사한 형태를 띠고 있다는 의미이다. 물론 위의 표들은 하나의 예이기 때문에 각 대학들은 각자의 상황에 따라 유연하게 점수배정을 할 필요가 있다. 이러한 전략적 분석기법에서 가장 중요한 점은 모든 것을 정태적으로 파악해서는 안 된다는 것이다.

위의 표를 보고 왜 교원들이 초창기에 봉사에 주력을 해야 하는가 하는 의문이 들 수도 있지만 우리 대학사정을 조금이라도 알면 그런 의문은 쉽게 해소가 된다. 즉, 아직 우리 대학들은 아마추어 경영진에 의해 경영되고 있으며, 대학교의 행정 중추인력인 직원들은 상당수가 인맥(network)에 의해 고용되어 자신의 업무 내에서조차 독자적인 기획능력을 가진 경우가 드물고 단지 지시된 업무수행만이 가능한 경우가 많기 때문이다.[34]

일반적으로 교원평가에서 가장 중요하게 인식되는 항목은 연구업적평가이

---

34) 직원 부문에서 가장 문제가 되는 것은 '전문화'의 문제이다. 여기서 말하는 전문화는 단순히 '기능적(functional)'인 의미만을 뜻하지 않는다. 대학 전반의 이해를 바탕으로 하는 '기획 능력' 까지를 포괄하는 개념이다. 그 동안 대학경영에 연구와 교육에 전념해야 할 교수 사회가 깊이 관여한 것은 교수 부문 자체의 문제뿐만 아니라 직원 부문의 무능력도 한 원인이다. 교육 개혁 이전까지 행정 직원들이 '전문화'를 달성하지 못하고 '일상 업무'들을 처리하면서 안주할 수 있었던 것은 고등교육이 '초과수요'의 상태에 있었기 때문이다. 즉, 대학경영의 위기가 없고 대학의 유지 기능만을 담당하면 되므로 특별한 '전문화'를 할 필요가 없었기 때문에 우리 나라 대학들은 수많은 일반 행정가(Generalist)들만이 양산되었던 것이다. 최근까지도 대학의 조직들은 여러 개의 부처로 방만하게 나누어져 있었고, 지나치게 세분화되어 있었다(입시 제도의 다양성을 요구하는 교육 개혁의 영향도 있다). 이런 환경에서는 '부처 이기주의'와 '복지부동'의 행태가 만연할 수밖에 없고 행정 직원들도 스스로를 '전문화' 시키는데 주력하지 않고 정치적 힘겨루기에 몰두하게 되는 것이다. 잘못된 대학 조직에서는 '유능한 직원'들이 도태되기 쉽고 학교도 구조조정이 불가능한 상황으로 몰아가게 된다. 과거 대부분 사립대학들의 직원 임용 과정이 투명성이 결여되었고, 인맥에 의해 채용된 경우가 많았기 때문에 고도의 '전문성'을 요구하는 구조조정의 시기에 큰 도움이 되지 않고 있는 것도 사실이다.

다. 만약 연구업적을 매우 중요하게 평가해야 되는 대학들이 있다면 먼저 연구업적평가를 시행할 수 있는 준비과정들을 충실히 이행하여야 한다. 즉, 교원들의 '책임시수'를 적정한 수준에서 가질 수 있도록 하고,[35] 교원들 및 학부(또는 학과)와도 충분히 협의를 거쳐 전문학술지를 선정[36]하여야 하고, 연구비 중앙 관리 제도 등의 연구 활동 지원체계[37]를 제대로 갖추어야 한다.

그러므로 전략기획으로서의 교원평가의 구체적인 모델 형성의 방식은 먼저 각 대학의 장기 발전 목표가 무엇인지를 설정하고 이에 따라 연차별 항목별 중요도의 변화를 결정하면 된다는 것이다. 물론 시기별로도 그 배점기준을 수정할 수 있는 유연성을 포함하여야 한다.

---

35) 책임시수의 적정화 : 교원의 담당 시수란 교원 한 사람이 통상 50분 소요의 1시간을 1주일 동안에 담당해야 할 기본 시수를 말한다. 통상적으로 교원의 1주일 책임시수를 대개 9시간 내외로 규정하고 있다. 보직을 수행하는 교원들은 책임시수를 대학별로 자율적으로 줄여 시행하고 있다. 교원 가운데 연구 및 교수, 사회 활동의 내용을 평가하여 일정 기준 이상의 업적을 쌓은 교원에게는 연구 활동을 활성화하고 견문을 넓히게 하기 위하여 2년 이하의 유급 연구연제를 실시할 수도 있다.

36) 전문 학술지 선정 : 교원의 연구실적 평가를 위하여 교원인사규정에 규정된 전문 학술지에 대한 대상 범위를 명시하기 위해 전문 학술지가 선정되어야 한다. 선정 방법은 ① 전국 규모 전문 학술지 : 해당 학과에서는 학술 위원회에서 정한 전국 규모 학술지 인정 범위 기준에 의거하여 전국 규모 전문 학술지 조사표와 전문 학술지의 인정을 증빙할 수 있는 자료를 첨부하여 해당 부처에 제출하면 해당 행정부처는 이를 학술 위원회에 보내 심의를 거쳐 전국 규모 전문 학술지로 선정이 되면 총장의 결재를 받아 확정한다. ② 국제 전문 학술지 : 위와 같은 방법으로 학술 위원회에서 국제 전문 학술지 인정 여부를 심의하여 선정한다.

37) 연구활동 지원체계와 관련하여 각 대학들은 학술연구지원 종합계획을 수립하고 있는데 이 때 검토사항들은 ① 교외연구비 및 연구용역비 수혜실적 검토, ② 전년도 연구비 집행 내역 검토, ③ 연구책임자의 연구 수행상 문제점 검토, ④ 연구관련규정의 시행상 문제점 검토, ⑤ 교원의 학술업적 통계검토, ⑥ 연구비 관리상의 문제점 검토, ⑦ 연구관련평가 자료검토, ⑧ 학술연구활동 활성화방안 검토 등이다. 이렇게 분석·검토된 자료를 바탕으로 추천 방안을 작성한 후 학술위원회에 회부하여 심의하고 연구 정책을 수립하고 총장에게 보고 또는 결재를 받아 시행한다. 현실적으로 교내연구비를 지원 받는다는 것은 매우 어렵기 때문에 교외연구비가 교원들의 연구에서 중요한 몫이 된다. 교외연구비의 종류는 ① 교육부 학술연구조성비, ② 한국학술진흥재단 연구비, ③ 한국과학재단 연구비, ④ 기타 정부 기관 연구비, ⑤ 기타 정부출연 연구비, ⑥ 사회재단 연구비, ⑦ 산업체 및 기타 용역연구비 등이 있다.

(4) 교원평가의 구체적인 영역분석

교원업적평가는 교육, 연구, 봉사의 세 부분으로 대별되지만 현실적으로 가장 비중이 큰 부분은 '연구업적'이다.[38] 최근 교원업적평가가 심각한 문제로 대두된 것은 우리 나라의 연구실적이 세계수준과의 격차가 크게 벌어지고 있기 때문이다. 교육부의 '이공계 대학원 중점육성사업' 평가결과(2000. 3. 16)에 따르면, 우리 나라의 대표적인 대학인 서울대가 지난 5년간 교육부의 '5개 대학 이공계 대학원 중점지원 육성사업'을 통해 750억 원의 막대한 연구비를 지원받고도 연구실적은 오히려 19.6%가 감소한 것으로 나타났다.[39]

---

38) 일반적으로 제시되는 연구 영역의 교원업적평가제를 살펴보면 다음과 같다. 연구업적의 기준은 매년 3월1일부터 익년 2월 말일까지의 기간 중에 국내·외에서 출판된 저서·역서·편저·편서 / 게재 논문 / 학술회의, 심포지움, 세미나 등에서 발표한 논문으로 동학술회의 논문집 등에 수록된 논문 / 학술 연구 보고서 / 발표회 및 전시회, 특허 등으로 한다. 개별 교원들이나 각 학과에서는 매 학기초 10일 이내 연구업적 조사표를 전산 입력하여 공문으로 해당 부서에 제출토록 한다. 이렇게 제출된 자료는 연구업적 목록을 연차적으로 보유판 형식으로 계속 발간한다. 교원승진임용에 따른 연구실적물 조사는 일반적인 과정을 따르거나 독자적으로 만들 수도 있다. 이것은 종전의 교원승진임용에 따른 연구실적물 조사와 크게 다르지 않다. 종전의 연구실적물 조사는 다음과 같다. ① 교무처로부터 교원승진임용에 따른 연구실적물 심사가 의뢰되면 해당 교원의 소속 학과, 직위, 세부 전공, 연구 과제명, 심사대상 교원의 직급 등을 검토한 심사 의뢰 내역서를 작성한다. ② 작성된 심사 의뢰 내역서를 바탕으로 대학교육협의회에서 발행한 전국 대학교원 명부에서 심사 의뢰 학교를 선정하고 총장의 결재를 받아 해당 대학에 심사를 의뢰한다. 특히, 심사 의뢰할 연구실적물은 해당 교원의 인적 사항이 나타나 있지 않아야 한다. ③ 연구실적물을 심사한 대학으로부터 평가 결과를 송부받아 교무처로 보내면 교무처는 승진 대상 교원의 학술 업적 심의에 필요한 자료를 작성하여 학술위원회 개최를 요청하게 되며 학술 위원회에서는 승진 대상 교원의 연구실적을 종합적으로 심의한다.

39) 교육부의 발표에 따르면, 5년간 국고 880억원과 기업체 등의 대응투자 1805억원 등 총 2685억원이 투입되었고, 대학별 지원액은 서울대 자연과학대가 750억원, 포항공대 환경공학부 712억원, 고려대 생명과학대가 437억원, 연세대 이과대학 399억원, 한양대 신소재공정공학원 385억원의 순이었다. 그러나 서울대는 타 대학에 비하여 자연대 교수 총연구논문수는 801편(1997)에서 722편(1999)으로 9.9%가, 교수 1명당 논문 수는 5.1편(1997)에서 4.1편(1999)으로 오히려 감소한 것으로 나타났다(『조선일보』, 2000. 3.17.).

국제과학논문색인(SCI)의 논문발표수는 세계 128위(1997), 세계적인 경제관련 학술지에 실린 논문의 양은 홍콩 과기대의 1/9, 피인용 횟수(1994~1998)는 국내에서조차 13위 수준에 불과한 현실에서 BK 21사업은 사실상 서울대 위주로 지원이 되었다. 이 같은 현실에서 연구업적은 우리 나라 고등교육의 장래를 담보할 중요한 요소가 될 수밖에 없는 것이다.

교원업적평가에서 대부분의 대학에서 영역별 점수분포나 계량적인 방법을 사용하고 있는데, 지금까지 많은 연구자들에 의해 논의된 바를 보면 한국의 실정에 맞지 않으며, 그 구체적인 논의내용들을 수용하기 힘든 경우가 대부분이고,[40] 현실적으로 그 이론적인 논의에 의해 평가배점표를 만든다기보다는 교수들의 의견접근을 통해서 이루어진다고 보아야 한다.

일반적으로 교원업적평가와 배점방법은 크게, ① 양적 평가(계량적인 방법), ② 업적의 '질(quality)'을 중시하는 질적 평가로 나뉜다. 그런데 양적 평가방법이라고 해서 단순히 숫자나 양으로만 계산하는 것이 아니라 가중치를 설정하여 평가하는 방법(weighted measure)이 사용되고 있다.[41] 예를 들면 국제적으로 저명한 학술지에 발표된 논문 한 편이 국내 저서의 2~3편에 해당

---

40) 가령, 사회과학 저서들을 분석했던 Manis(1951)는 저서 한 권이 18개 장으로 구성되었으므로 저서 한 권은 학술지 논문의 18편에 해당한다고 했고, 정치학, 심리학, 생물학을 조사했던 Crane(1965)은 4편, 정치학을 조사했던 Cartter(1966)는 6편, 사회학 분야를 조사한 Straus와 Radel(1967) 그리고 Lightfield(1971)도 역시 6편으로 간주하였다.

41) 그러나 이 같은 평가도 근본적인 한계를 가지고 있기는 하다. 아무리 가중치를 계산한 평가라 하더라도 질적 평가를 완전히 보장하는 것은 아니라는 점이다. 가령 하나의 논문을 내더라도 노벨상을 받을 수 있고, 아무리 많은 논문을 내더라도 잡문의 수준에서 벗어나지 못하는 경우도 있는 것이다. 논문발표의 계량화가 강조되면서 수많은 학회가 난립하고 이들이 발행하는 수많은 학회지에 학문적으로는 아무 의미없는 수많은 논문이 여과 없이 게재되고 있다. SCI에 등록된 이른바 국제저명학술지에 실리는 한국 학자들의 논문수도 매년 급속도로 증가하여 한국의 논문발표수는 1992년의 세계 30위로부터 1995년 세계 22위로 성장하였고 그 증가율은 이 기간중 세계 1위였지만 발표된 논문의 질을 나타내는 '인용지수(한 논문이 다른 논문에 의하여 인용된 횟수)'는 오히려 같은 기간 중 떨어지고 있으며, 1994년에는 세계 60위를 차지하는 부끄러운 수준이다(한국과학재단, 『과학재단소식』, 1996) 이 통계에 의하면 1981년부터 1994년까지 SCI에 발표된 한국 학자의 논문 중 절반에 가까운 47% 정도는 한번의 인용도 받지 못하고 사장된 것을 보여 준다(오세정, 『대학지성』, 1997).

할 수 있게 가중치가 설정될 수도 있다는 것이다.[42] 나아가 교육영역도 대학원 강의, 특히 박사과정 강의의 가중치와 학부 강의가 완전히 다르고 봉사영역도 학사위원회 위원과 발전기금모금을 위한 행정 부총장이 같을 수 없을 것이다. 다음으로 질적 평가는 1900년대 초 타인의 연구물을 참고하는 것이 학문적 관행으로 정착된 이후 Garfield가 과학정보기구(Institute for Scientific Information: ISI), 자연과학 인용색인(Science Citation Index)[43], 인문과학 인용색인(Art & Humanities Citation Index) 등을 제작하면서(이성호, 1995: 187) 괄목할 만한 발전을 하게 되어 현재는 보편적인 질적 평가의 기준이 되고 있다. 그리고 이와 관련된 자료나 국제학술지목록은 인터넷(인터넷주소 및 경로는 www.isinet.com → journalist list 를 참고)을 이용하면 쉽게 찾을 수 있다.

그러나 교원의 그 어떤 평가라도 비중평가는 논란의 대상이 될 수도 있음을 지적해야 할 것이다.[44] 일반적으로 쉽게 판단이 될 것이라는 국내의 학술

---

42) Crane(1965)은 이론연구서, 교과서, 연구보고서는 원저술로 간주하고 편저서, 번역서, 실험실 매뉴얼 등은 부차적인 저술로 보고, 원저서 한편이 논문 4편에 해당한다고 주장하였다.

43) SCI는 미국의 민간회사인 ISI가 과학기술분야 학술잡지에 게재된 논문의 색인을 수록한 DB를 말한다. ISI 설립 초기부터 현재까지 구축한 1,000만 건 이상의 과학정보 기술이 수록되어 있고 현재도 매주 약 1만 7,000건의 정보가 추가되고 있다(『한국대학신문』, 1999. 7. 19.). 교원들의 학술논문이나 저술을 평가하는 기준으로 인터넷을 사용하면 매우 편리하다. 대부분의 대학들은 ISI의 분류목록에 나타나 있는 전문학술저서를 국제저명잡지로 인정하고 있다. 인터넷 상에서 사용경로는 www.isinet.com이고 초기화면에서 product & service → Citation Data Base로 들어가 자연과학의 경우는 SCI, 사회과학의 경우에는 SSCI, 인문과학의 경우 AHCI(art & humanities citation index)으로 들어가면 각종 리스트를 찾아볼 수 있다.

44) 대부분의 상위권의 대학들은, 교원연구업적평가를 위한 국제적인 학술지 일람은 인터넷의 리스트를 이용하고, 국내전문학술지 일람표를 따로 제작하지 않고 학과에 일임하고 있다. 그러나 교원수가 100인 이하인 소규모 대학의 경우에는 평가의 객관성 확보를 위해서는 이를 따로 제작할 필요가 있다. 비용이나 인력문제로 제작이 불가능한 경우에는 선도적인 대학들의 연구결과를 참고하여 평가에 이용하는 것이 좋다. 그렇지 않으면 학과별로 우수대학들, 예컨대 공대의 경우, 서울대, 포항공대, 과기대 등의 개별학과에서 소장하고 있는 전문학술지 일람표를 참고로 하여 평가의 객관성을 높일 수 있을 것이다. 국내학술지의 경우도 해당 부서에서 반 년에 1회씩 점검하여 데이터를 갱신하고 공유자료로 만드는 것이 좋을 것이다.

지에 대한 평가도 현재로는 객관적인 기준이 부실하기 때문에 심각한 논란의 가능성이 있다. 즉, 어떤 학회지가 저명이고, 보통인가 하는 기준이 "관례적으로는 어느 정도 되고 있다"고 해도 구체적인 검정과정이 끝나지 않았기 때문이고 새로운 학문의 경우에 대한 인증도 어려울 것이다.[45] 교원업적평가는 교수가 많은 세칭 전통의 명문대에서는 대부분 학과에서 시행하고 있다. 문제는 10년 미만의 신생대학들이나 학과별로 교원수가 적은 경우에 학과에 전적으로 일임할 경우 객관성을 담보하기가 어렵게 된다. 10년 미만의 대학이나 신설대의 경우에는 연구처나 기획처에서 이것을 교원들의 참여하에 독자적으로 만들어야 하는데, 이것을 제대로 하기가 그 비용이 만만하지가 않은 것이 현실이다. 특히 평가를 앞에 둔 신설대학들은 교원평가가 평가에 미칠 영향이 워낙 크기 때문에 적은 인원으로 독자적인 기준을 만들 수밖에 없어 많은 어려움이 따르게 된다. 이 같은 사정으로 학술진흥재단(이하 '학진'으로 약칭)은 1998년부터 '평가지원 2팀'에서 학회들의 신청을 받아 1차적으로 심사하여 후보학술지들을 선정하고 그 후보학회지에 대한 인증작업을 수행하고 있다.[46] 교육부는 교수들이 쓴 논문의 질을 크게 높이기 위해 국내발간학술지를 A - B - C 3개로 등급화하고 '일정수준' 이상의 학술지에 게재된 논문만을 연구 심사 및 정부 발주사업에서 인정해 주기로 했다.[47] 교육부는 특

---

45) 가령 2000년 1월 6일 '인터넷비즈니스학회'가 창립(초대 학회장 김신)되었다(『조선일보』, 2000. 1. 8.). 이 학문은 최첨단의 학문이나 국제통상, 정보통신, 국제금융, 국제경영, 마케팅, 컴퓨터공학을 두루 통하는 일종의 종합학문의 성격을 가지는 것으로 미래학문의 하나라고 판단된다. 21세기에는 이런 종류의 학회가 생성되는 것이 보편화되든가 아니면 학문들의 패러다임의 붕괴로 학회지들이 하나씩 통합되는 양상을 띨 것으로 보인다.

46) 구체적으로는 1998년 58개의 학회지, 1999년 상반기 79개의 학회지, 1999년 하반기 122개로 전체 259개의 학회지가 후보학술지로 등재되어 있다. '학진'은 2001년 1월에 58개에 대한 인증을, 그 해 8월에는 79개를, 2002년 1월에는 259개의 학회지가 인증이 될 것이다. 이에 대한 구체적인 문의는 전화 3460-5623.

47) 참고로 교육부 대학원 지원과의 자료를 인용하여 "2000년 말까지 국내에서 발간된 모든 학술지가 A(국제학술지급), B(전국학술지수준), C(미인정) 등으로 등급화되고 부실연구책임자는 최고 5년간 연구비 지원대상에서 제외되는 등 교수들의 연구실적 평가가 대폭 강화된다(『조선일보』, 2000. 2. 7.)"라는 보도가 있었는데 이것은 사실과 다

히 유명무실했던 사후평가를 대폭강화하여 C급 및 D급 판정을 받은 연구논문의 책임자 및 공동연구자에 대해 각각 3년, 5년간 연구비 지원대상에서 제외하는 '극약처방'을 내리기로 했다(『조선일보』, 2000. 2. 7.).

그러나 이상의 발표와 같이 이 문제가 쉽게 해결될 것 같지는 않다. 왜냐하면 학회의 인증은 학술지에 대한 지원이나 프로젝트와 연계가 되어 있기 때문에 오히려 학회 간의 정치적 투쟁양상이 나타날 수밖에 없는 것이 현실이다. 우리 나라 교육행정의 관행상 '국제대학원'(또는 '국제전문인력지원사업')이나 '가상대학 시범대학 선정' 등에서 보여 주었듯이 정치적인 타협과 '갈라먹기식' 인증으로 끝날 가능성도 배제할 수는 없다. 그리고 어떤 경우라도 신설대학이나 자체적으로 학회지 선정작업을 할 수 없는 대학들은 2000년 말까지는 '학진'의 홈페이지에 발표되어 있는 후보학술지 목록을 토대로 연구부문 교원업적평가를 할 수밖에 없을 것이다. 그러나 2002년 말까지는 대부분의 대학에서 다소 객관적인 기준에 의해 교원평가사업의 기틀을 마련할 수 있을 것이다.

이와 같이 교원업적평가의 가중치 부과나 학술지의 선정 등의 많은 문제가 있음에도 불구하고, 교원평가를 현실적으로 추진해야 하는 대학들에서는 불가피하게도 당분간은 절대적인 기준에 의해서라기보다는 '다소 관행적'으로 이 문제에 접근하지 않으면 안 된다. 즉, 실제로 적용되고 있는 사례들을 통하여 장단점을 분석하여 교원평가에 접근해야 한다는 말인데, 교원평가의 구체적인 영역분석은 실제 사례를 통하여 하는 것이 가장 쉬울 것이라는 의미이다.

현재 우리 나라 대학들에서 진행되고 있는 교원업적평가는 위에서 논의된 계량 평가의 가중치를 거의 다루고 있지 않다. 대부분의 대학들에서 저술이 논문의 4~6편으로 간주되는 예는 없는데, 이것은 우리 나라가 미국이나 유럽의 학문수입국이라는 것과도 관련이 있다. 따라서 각 대학들이 어떤 가중치를 가지고 시행하고 있다면 그 대학 나름의 현실을 반영한 것이라고 볼 수

소 차이가 있다. 즉, 2000년 안에 이 모든 작업이 이루어지는 것이 아니라 실질적으로는 2003년 정도 쯤으로 봐야 타당할 것이다.

있을 것이다. 아래의 예는 한 중하위권대학의 교원업적평가 규정을 발췌한
것이다.

[표II-⑦] 영역별 평가항목 및 단위점수기준

교육영역 평가항목 및 단위점수기준

평가부문	배점	평가항목	단위	점수
1-1 수업담당		1. 수업담당 실적	기준시간	20
		2. 초과시간 실적(교양과목선택)	시간당	2(2.5)
		3. 기준시간 미달	시간당	-2
		4. 결강	시간당	-0.5
1-2 학생지도		1. 학생면담 및 개별지도실적	점	6
		2. 학생지도활동에 대한 자기평가	점	4
1-3 수업평가		수업평가 결과		
계				

연구영역 평가항목 및 단위점수기준

평가부문	배점	평가항목	단위	점 수
2-1 단행본		1. 전문학술저서 및 전문대학교재	권	30.0
		2. 역서 및 편저	권	20.0
2-2 학술지 게재논문		1. 국제전문학술지 게재논문	편	30.0
		2. 전국규모 전문학술지 게재논문	편	20.0
		3. 국외전문학술지 게재논문	편	20.0
		4. 기타 학술지 게재논문	편	10.0
2-3 기타 저작		1. 정부·외부기관 연구보고서·저작	편	10.0
		2. 대학(교내·외) 연구보고서·저작	편	5.0
		3. 전국규모 학술지에 게재된 서평, 논평, 해설	편	2.0
2-4 학술회의 활동		1. 국제학술회의 발표 및 Proceeding	편	5.0
		2. 국제학술회의 좌장, 토론	회	2.5
		3. 국내학술회의 발표 및 Proceeding	편	4.0
		4. 국내학술회의 좌장, 토론	회	2.0
		5. 교내·외 연구발표회 발표, 좌장, 토론	회	1.0
2-5 전시, 발표, 창작 특허		1. 국제대회(발표회, 음악회, 전시회, 연주회, 무용 발표회)	건	30.0
		2. 국내대회(발표회, 음악회, 전시회, 연주회, 무용 발표회)	건	20.0
		3. 창작문학작품(단행본)	권	30.0
		4. 문예지발표, 창작곡출판, 음반제작	회	20.0
		5. 건축설계, 하드웨어 및 소프트웨어 제작	건	10.0
		6. 국제특허	건	30.0
		7. 발명, 기타 특허	건	10.0
2-6 연구비수혜		학술 및 용역 연구	건	2.0
계				

전 곡목 반주는 14.0점, 1/2이상 반주는 10.0점, 1/2 미만 반주 6.0점
전 곡목 연주는 14.0점, 1/2이상 연주는 10.0점, 1/2 미만 연주 6.0점

봉사영역 평가항목 및 단위점수기준

평가부문	배점	평가항목	단위	점수
3-1 대학 내 봉사		1. 행정보직(대학원장, 학·처·실장, 도서관장, 교수회 운영 위원장, 재정협의회 위원장)	건	6.0
		2. 행정보직(부처 실장, 학부장, 학과장, 학부 전공주임, 연구소장, 부속기관장, 위원회위원장)	건	4.0
		3. 각종 위원회위원(100% 출석인 경우)	건	3.0
		4. 연구소 간사, 운영위원, 전공주임, 입학시험 출제위원, 학생단체 지도교수, 채육부 감독교수	건	2.0
3-2 교외봉사		1. 국가단위위원회 활동	건	5.0
		2. 지방자치단체 위원회 활동	건	3.0
		3. 학회임원	건	3.0
		4. 외부강연, 각종 심사위원, 각종 사회단체 임원 및 위원회 활동	건	0.5
3-3 봉사관련 수상 공훈		1. 국제단체에서 수여한 상	건	10.0
		2. 국가기관에서 수여한 상	건	5.0
		3. 공공기관 민간단체에서 수여한 상	건	3.0
계				

위의 경우는 중하위권 모국립 대학교에서 실제로 사용하고 있는 평가항목별 단위점수기준인데 일반적으로 적용되기에는 문제가 있다. 가령 설립연수가 5년 이하인 신설대학의 경우 위의 항목대로 하면 행정보직의 경우는 교원으로서는 '시간 낭비'에 불과한 것이다. 그러나 현재와 같이 상황이 급변하고, 교육개혁의 파고(波高)가 높은 때에는 대학경영이 시대변화를 앞서가야 하는데, 위의 평가지표로서 신설대학의 성공적인 대학경영이 가능할 것인가 하는 문제가 있다. 물론 교원들의 업무가 연구와 강의이겠지만 신설대학의 경우는 대학 기초의 설립을 위해 교원들의 노력이 배가되어야 하는 경우도 많기 때문에 가중치의 적용에 신중을 기해야 한다. 전반적으로 볼 때 사립대학교의 경우는 행정보직의 배점기준이 상대적으로 높고 국립대학교의 경우

[표II-⑧] 교육영역에서 세분화된 평가항목 및 단위점수기준

부문	분류	평가항목	배점 한도	배 점 기 준
강의	강의시간, 휴·보강	강의담당	60	20 +(조정강의시수 - 책임시수) ×2, 소수점 이하 절상
		휴강 및 보강	10	기본 10점 : 무단휴강·보강 미실시 시간당 5점 감점
	강좌준비	강좌계획서 제출	0~15	기본 5점, 미제출 과목당 2점 감점
		강의안·보조자료·시청각매체 활용		활용시 과목당 2점
		신규교과목 개발	15	활용시 과목당 15점
	출석 및 성적관리	출석부·성적 제출	10	기본 10점, 미제출 학기당 5점 감점 지연제출 학기당 2점 감점
		평가자료의 다양성	10	과목당 2점
		성적분포의 적정성	0~10	기본 10점, 부적합 과목당 5점 감점
	강의평가	강의평가 평점	10	(대상강좌 평점 평균) ×2 의 소수점 이하 절상
학생지도	상담 및 특별지도	상담실적	10	실적 건당 0.5점
		특별지도실적	20	실적 건당 A: 10점, B: 7점, C: 3점
	학생 단체지도	지도교수활동	10	1학기당 2점
		임장지도 실적		1시간 이상 건당 1점
	논문지도 및 심사	석·박사배출실적	10	박사배출 1명당 8점, 석사 1명당 3점
		논문심사		박사 1명당 2점, 석사 1명당 1점
	공연 발표 지도	공연지도	20	50명 이상 교외공연 작품당 20점, 20명 이상 교외/50명 이상 교내 10점
		발표·전시지도		건당 10점
	입상 및 취업지도	입상지도	15	해외 3위 이내 입상 : 15점 전국 1, 2위 입상: 12점 전국 3, 4위 입상: 8점 교내 우수논문 입상: 4점
		학부졸업생 취업	10	취업자 1명당 2점

자료: 정건영(1998, 54).

에는 상대적으로 낮음을 알 수 있다. 이제는 좀더 세분화된 형태를 '교육영역'을 중심으로 살펴보도록 하자.

이전의 양식과 비교해 볼 때 이 양식은 보다 구체적인 영역과 그 배점을 보여 주는 것인데 이것은 그만큼 영역별 연구가 잘 이루어졌다는 의미가 되기도 한다. 위의 대학은 20년 이상 된 대학으로 대학원이 비교적 활성화된 지방의 중위권 사립대학에 해당된다. 그런데 세분화되어 있다는 것은 다른 한편으로 그만큼의 관리비용의 증가를 의미하며 이것은 경영효율화가 강조되고 대학 구조조정이 필요한 현재의 시점에서 '무리수'가 될 수도 있다. 예를 들면 강좌계획서(실래버스)는 강의자의 역량에 따라 천차만별이고 이것이 교육역량을 가늠하는 중요 기준이 될 수도 있는데 이것을 전담하여 분석·평가하려면 상당한 전문가 집단이 있어야 한다. 그리고 교원들이 일률적으로 실래버스(1장 이나 10장이나)를 제출만 하면 된다는 식이면 실래버스의 제출이 교원업적평가로서 가치가 없게 된다. 그리고 휴강 여부 또한 철저한 관리가 필요한데 대학원의 경우나 소수의 수강자가 있는 경우를 매일 체크한다는 것은 사실상 어려운 일이다. 그나마도 위의 표에서 정량화가 쉬운 경우는 휴·보강 정도이고 나머지는 정량화가 어렵고 정성적인 자료에 불과할 수도 있다.

　학생지도에서도 가장 큰 문제가 되는 부분은 학생상담이나 생활지도에 대한 것이다. 즉, 상담이나 생활지도는 객관적인 근거가 애매하지만 지방대학이나 신설대학들의 경우 매우 중요한 것이므로 상담과 생활지도 자체를 구체적이고 객관적으로 볼 수 있는 양식을 개발해야만 하는 부담이 있다. 이것은 결코 쉬운 일이 아니며 오히려 양식이나 절차에 능한 교원들만 고득점을 받을 수도 있다. 논문지도의 경우도 신설대학이나 하위권 대학에서는 석·박사과정이 없는 경우가 많아서 적용하기가 어렵다. 그래서 예·체능계도 없고 대학원도 없는 대학의 경우 학생 상담과 생활지도가 학생지도의 모든 부분을 차지하게 되는데, 문제는 이 부분이 가장 정량화하기 힘이 든다는 것이다. 따라서 다양한 형태의 항목들에 대하여 정량화기법을 단계적으로 개발하여야 할 것이다. 즉, 현재까지 평가영역별 점수배점을 제대로 구축하지 못한 대학들은 위의 지표들을 토대로 하더라도 각 대학들의 현재의 사정에 맞는 변용이 필요하다는 의미이다.

　그러므로 교원업적평가의 배점이나 가중치는 미국에서 이루어진 많은 연구 결과나 선행 대학들의 사례들을 무조건적으로 모방하기보다는 그들의 장단점을 궁구하여 각 대학의 사정에 맞도록 교원들의 합의를 도출해서 하는 것이 단기적으로는 바람직하다. 나아가 대학의 장기적·전략적 목표를 설정하고 발전단계에 따라 가중치를 높여 가고 항상 목표와 현실의 괴리 여부를 판별하여 보다 질적인 발전차원으로 이전해 갈 필요가 있다.

3. 교원 평가의 기구 및 구체적 시행과정

교수들의 업적평가를 담당하는 기구는 대학의 규모에 따라 다르겠지만 대학교 전체의 교수업적평가 위원회와 각 평가 단위에서의 평가위원회를 두는 형태가 바람직하다.[48] 교원평가의 주체는 ① 대학 내부의 교내인사를 중심으로 하는 방법, ② 외부인사를 중심으로 구성하는 방법, ③ 내부인사와 외부인사를 적절히 배분하는 방법 등으로 크게 나눌 수 있다.

교원평가의 주체에 무관하게 실무적인 평가업무는 결국 각 대학 관련 행정부서가 맡아야 한다.[49] 해당 학과나 외부기관에서는 해당 교원의 연구실적에 대해 확인만 하고, 실질적 평가는 대학단위로 계량화작업을 실시하여 교무과에서 이를 관리하고, 매년 이 제도를 시행함으로써 승진 및 재임용의 자료로

---

48) 대학본부의 교수업적 평가위원회는 평가제도의 수립 및 운영에 관한 기본방침을 설정하고 평가 단위별로 마련하는 세부사항의 타당성을 검토하여 필요한 경우 종합 조정하는 역할을 담당하며 평가결과를 최종적으로 확인하는 기능도 수행해야 한다. 대학본부의 교수업적 평가위원회는 부총장 또는 교무처장을 위원장으로 하는 상설위원회로 구성하고 회의 자료의 준비 등 실무적인 작업은 교무처에서 담당하되 연구처 또는 기획연구실, 사무국(처) 등 관련부서의 장을 당연직위원으로 하여 유기적인 협조관계가 유지되도록 해야 할 것이다(교육부 공청회 자료, 1999). 그러나 소규모대학들이나 신설대학들은 학교의 사정에 맞게 행하면 될 것이다.
49) 연구업적과는 달리 수업평가는 학생과 직원의 역할이 중요하다. 수업평가서는 가령 다음과 같은 내용들이 들어간다면 평가의 객관성을 제고할 수 있을 것이다. 즉, 교수가 수업 중에 가능한 한 학생들의 참여를 유도했는가, 수업중 교수가 질문을 용이하게 받을 수 있는 상태였는가, 교수가 학생들에게 평가한 것들은 과연 정당했는가, 강의중에 사용된 교재 또는 부교재는 적절했는가, 학생들 스스로는 학습준비를 철저히 했는가, 기타의 학습자료에 대한 학생들의 준비상태는 어떠하였는가, 교수의 교수방법 중에 개선할 점을 써 보라, 기타 강의 전반에 개선할 점은 없었는가 하는 등이다.

삼는다. 평가된 부분에 대해서는 이의신청이 가능하며, 재심사를 할 수도 있는데, 이러한 제도가 본격적으로 시행됨으로써 기존의 교원들의 체질개선에 커다란 영향을 미칠 수 있다.[50]

교원업적평가의 시행에 앞서서 전산시스템, 행정직원 연수 등 사전준비사항들을 철저히 점검[51]하여야 한다. 평가절차는 평가자료를 학부장, 교무처(혹은 대학에 따라서는 기획처, 연구처)를 경유하여 교원업적 평가위원회에서 평가를 받게 된다. 이 때 평가 기간은 대개 30일 정도로 하면 된다. 이것이 총장의 결제를 받고 해당 교원들에게 넘겨진다. 만약 해당 교원들이 이의 사항이 있으면 다시 교무처에 이의신청을 하게 되고 이 과정을 다시 거치게 된다.

연구업적평가에서 평가기관은 평가대상이 되는 교원들의 임용일을 정확히 구분하거나 동일한 비교 대상이 되도록 하여야 한다. 교원들이 자신의 연구실적물들을 제출하면 교무처는 이를 업적평가 전산시스템에 전산입력을 한다. 대학의 규모에 따라 다르겠지만 통상적으로 ① 자료입력 및 실적물제출(14일), ② 자료정리 및 분류(7일), ③ 업적확인 및 배점(7일) 정도로 하여 전체적

---

50) 한 가지 유념할 사안은 이미 여러 번 지적되었지만 평가단위별로 평가의 항목과 배점 등 평가 기준을 작성하는 단계에서는 소속교수들의 의견을 충분히 수렴하고 세부적인 사항들까지 미리 구체화하여 예고 내지 공개하여야 한다는 것이다. 그리고 본인들이 해당 연도 말까지 데이터베이스에 개별적으로 입력하고 교육과 관련된 업적 및 강의평가 결과는 교무처 또는 해당 평가단위의 행정부서에서 작성하여 평가 실무위원회에 제출해야 한다. 평가 실무위원회에서는 기록된 업적목록과 증거자료를 대조·확인하고 미리 공표된 평가기준에 따라 교수개인별 업적을 평가하여 그 결과를 당사자인 교수개인들에게 통보하고 평가결과에 이의가 있는 교수는 소명자료를 첨부하여 평가실무위원회에 재검토를 요청할 수 있도록 해야 하며 재검토결과를 포함한 최종평가 결과는 교수본인과 대학본부의 교수업적평가위원회에 통보·제출해야 할 것이다(교육부 공청회 자료, 1999).

51) 사전준비작업을 구체적으로 예시해 보면 ① 업적평가 전산시스템 개발 및 사용자안 내서, ② 업적평가 시행안내(기간, 절차, 평가기준) 및 업적평가 전산시스템 사용자안 내서 배포, ③ 교무처 인사팀원 교육(업적규정, 평가절차 등), ④ 1차자료 입력자/확인 자로 선정된 교육단위부서(학부, 각 대학원) 또는 본부(예: 학생처) 담당직원의 교육, ⑤ 각종 자료 취합양식(예: 이의 신청양식을 업적영역 또는 평가항목별로 제공하고 그 양식에 이의 내용을 기입 후 제출) 준비 및 배부 등의 과정이다(안봉근, 1999).

으로 30일 정도 하면 이 모든 과정들이 종결될 수 있다. 1차 평가결과는 LAN 망을 통하여 개별적으로 통보되지만 교원들은 개별적으로 수정이 불가능하고 이의가 있는 경우는 정상적인 절차를 통하여 이의신청을 하면 된다. 이의 사항에 대하여 재심사 후 즉시 전산으로 수정하여 결과를 열람할 수 있다.

1차 평가완료 후 접수된 이의 신청에 대한 조정 후 최종 업적 점수를 산정하고 업적의 상대평가 결과를 개별교수에게 통보하는데 그 내용은 각 영역별 평가점수, 영역별 학문계열의 평균점수, 상대평가등급 등이다. 여기서의 평가결과는 ① 절대평가 점수는 승진, 재임용심사, 우수교원 선정 등에 사용하고, ② 상대평가점수는 연봉제의 근거가 될 수 있다.

외부인사를 중심으로 평가할 경우 상당한 정도의 객관성을 보장할 수 있다는 점에서 매력적이다. 외부인사를 주축으로 교원평가를 할 경우에는 '평가단'을 먼저 구성해야 한다. 즉, 교원업적을 객관적이고 공정하게 평가하기 위해   총장은 외부인사들을 중심으로 교원업적평가단을 구성하는데, 100인의 교수가 있을 경우를 예시하면   ① 평가단은 평가단장을 포함하여 5인으로 구성하고, ② 평가단장을 포함한 모든 평가단원들은 총장이 선임하며 평가단의 4명 이상은 타대학이나 평가 관련 외부기관에 속한 사람들로 구성하는 형식을 띠는 것이 좋다. 이들 평가단은, ① 개개의 교원업적들을 평가하여 상대등급 서열 확정, ② 평가 결과의 이의신청에 대한 심사 등의 기능을 가진다. 그리고 평가단은, ① 평가 대상자가 제출한 평가자료와 관련부서가 제공한 관련자료를 토대로 별표의 교원업적 평가기준에 의하여 평가하고 그 결과를 총장에게 지체없이 보고한 후 해당 교원들에게 통보하고, ② 교원들에게 통지한 후 평가단은 평가관련자료를 실무부서에 송부해야 하고 평가관련 실무부서는 교원업적평가의 결과와 그 관련자료를 관리하는 식으로 운영하면 된다.

4. 교원평가의 보상 및 지원과정

교원평가가 지속성을 유지하기 위해서는 그 평가에 대한 보상 및 지원방안이 확고하여야 한다. 구체적으로 말하면 교원평가의 결과가 연봉제나 교수 재임용 또는 승진에 반드시 영향을 미쳐야만 교원평가는 의미를 가질 수 있다(교육부 공청회 자료, 1999). 일단 평가에 대해서는 처음에는 명예보상[52]을 실시하다가 점진적으로 연구비 지원 또는 연봉조정 등의 재정적 보상으로 나아가는 것이 좋지만 소규모나 신설대학의 경우에는 연봉제로 그대로 연계시키는 것이 전략적으로 유리하다. 왜냐하면 신설대학의 경우에는 변화에 빠르게 적응해야 할 뿐만 아니라 대학의 안정을 위한 기초를 다져야하므로 교원들의 적극적인 참여가 필요한데, 연봉제는 교원들의 인센티브를 극대화하는 이상적인 형태로 작용할 수도 있기 때문이다.

객관적인 교원평가가 제대로 이루어지기까지는 교원이나 대학측 모두가 피해자일 수도 있고 가해자일 수도 있다. 왜냐하면 교원업적평가가 강화될 경우 대학이 교원임용에서 '임의성'을 남용할 수 있으며, 업적평가가 없을 경우에는 교원의 '나태함'으로 인한 '교육생산성' 저하를 초래하게 되고 그것은 결국 학생과 사회가 떠맡게 되기 때문이다. 종래 대학교수의 승진이란 단지 시간만 지나면,[53] 저절로 이루어지는 것에 불과했던 점을 고려한다면, 교원

---

52) 대개의 교수들이 강의를 기피하는 현상이 강하므로 책임수업시수를 줄여 연구에 더욱 몰두하게 하는 것도 좋은 보상책이라고 할 수 있다.

53) 교원평가가 본격적으로 대두되기 전까지 한국의 경우 교원은 일단 임용이 되고 난 후, 전임강사 → 조교수 → 부교수 → 교수 등으로 승진을 하게 되고 이러한 승진과정에서 주로 승진심사를 하는 것이 주종이며, 이 같은 재임용의 과정에서 탈락되는 경우는 거의 없었으며 승진 또한 재직시간이 문제였다. 미국의 경우, 교원들은 계약제로 들어와서 조교수로 임용이 된다(전임강사는 없음). 미국에서 테뉴어없이 교수생활한 경력이 있다고 말하는 한국인들은 대부분 이 조교수의 경험을 가진 것인데, 개방적인 미국 대학에서는 학위를 마치고 소정의 능력을 갖추면 누구든지 강의를 맡을 수 있기 때문이다. 그러나 5년이 경과하면, 처음이자 마지막으로 '정년보장 심사(Tenure Inspection)'를 받게 되는데, 이것은 박사학위를 따는 것보다도 더 어려운 과정이다. 대개 10인 가운데 2~3인이 통과하는데, 여기에서 탈락한 사람은 그 대학을 떠나야 한다. 일단 Tenure를 획득하게 되면, 대학은 그를 결코 해임할 수가 없으며, 이들을 Tenure를 받은 교수 또는 부교수라고 부른다. Tenure를 받은 사람들이 향후에 한 번도 심사를 거치지 않는데, Tenure를 가진 사람들은 이미 '학문적 인간'이 되어 있기 때문에 교수의 나태화라는 문제는 제기될 수 없다는 것이 일반적 시각이다. 미국 교수들에 게서 가장 중요한 것은 연구업적이다. 자기 자신의 연구뿐만이 아니라 외부 연구과제의 수령도 대단히 중요한 것이다. 그리고 그들은 주당 강의과목이 평균 1.5과목에 불

평가는 대학교육의 질을 유지하기 위한 불가피한 선택일 수밖에 없는 것이
현실이다.

　따라서 교원평가는 ① 승진, 재임용, 정년보장 심사 등 인사에 반영, ② 연
구비 등 차등 지원에 반영[54], ③ 성과(업적)급 지급에 반영[55], ④ 다음해 연
봉에 반영 등의 형태가 되어야만 의미를 가질 수 있다. 구체적으로 교원평가
는 인사분야로서 교원의 영역별 최저 업적점수와 최저 종합점수를 정하여 승
진 및 재임용심사와 정년보장 심사의 기준으로 삼을 수 있고 연구비 및 급여
의 기준이 되어야 한다. 그런데 업적평가란 실적이 어느 정도 누적되어야 하
며 학문계열별(인문사회・이공・예체능), 교수 특성별(연구중심・교육중심・
봉사중심)로 가중치를 차등적용해야 하기 때문에 실시시기를 조정할 필요가
있다. 교수들 스스로도 업적평가제가 통제와 관리가 아니라 대학교육의 질향
상에 있음을 유념하여야 한다.

　따라서 평가의 활용방안도 개별교수들에게 자기개발동기를 부여하여 양질
의 교육을 제공하는 데 기여하도록 모색되어야 한다. 결국, 교원업적평가제는
평가개발, 평가조직, 활용지원의 3체계가 유기적이고 합리적으로 연계되어
정착될 때 교수 개인은 물론 대학 전체의 경쟁력향상에 순기능을 할 수 있다.

과하므로 강의에 대한 부담이 없어 명강의가 될 수 있을 뿐만 아니라, 교재도 매년 교
체할 수 있는 여유도 있다. 이에 반하여 한국은 대개 3~4과목을 강의해야 하는데 교
재가 바뀔 수밖에 없는 이공계의 경우에는 큰 부담이 될 수밖에 없다. 이러한 상태에
서 한국의 교수들이 연구를 미국의 교수들처럼 수행하기는 어렵다. 따라서 교원평가
제도는 한국 교수들에게 엄청난 부담을 줄 수밖에 없다.

54) 교수들의 교육・연구활동 진작을 위한 자극을 제공한다는 의미에서는 최고의 강의교
　수(best teacher), 최고의 연구교수(best researcher)를 평가단위별로 선정하여 포상하거
　나 특별연구비 또는 특별교재개발비 등을 지급하는 방안도 바람직하다(교육부 공청회
　자료, 1999).

55) 현재 대부분의 대학교에서 채택하고 있는 경력연수에 따른 자동 승급방식은 무사안
　일 풍조를 조장하고 형평에 어긋난다는 비판을 받고 있기 때문이다. 첫째는 기존의 보
　수체계를 그대로 유지하면서 평가결과를 몇 등급으로 구분하여 보너스 형태의 업적급
　을 차등지급하는 방안이다. 둘째, 기존 보수체계를 토대로 개인별 급여인상률을 차등
　화하는 방안이다. 셋째는 교수개인별로 업적평가결과를 토대로 매년 봉급총액을 차등
　화하여 계약을 맺는 연봉제를 채택하는 방안이다(교육부 공청회 자료, 1999).

또한 서구식 모형의 단순한 모방이 아니라 한국적이고 각 대학의 특성에 적합한 독자적 모형의 개발이 업적평가제 승패의 관건이 된다(고현욱, 1999:41).

그러나 현실적으로 교원평가가 제대로 활용되고 있지는 못한 것이 한국 대학의 현주소이다. 교육부에 따르면 1999년 전국 186개 대학 중 104곳이 교수업적평가를 실시해 그 중 50%에 불과한 94개 대학은 평가결과를 승진·재임용심사에[56], 62개 대학은 연구비 차등지급에 활용하고 있다.[57] 업적평가로 연봉제를 실시하는 대학은 11개 대학뿐이고(그나마도 '연봉제'라고 부르기도 어려운 경우가 대부분이다), 대부분이 평가결과를 단순히 참고하거나 최소기준자료로 활용하는 정도이다. 85개 대학이 학생의 교수강의평가제를 시행하고 있지만 서울대를 포함한 상당수 대학은 단지 강의 개선을 위한 참고자료로만 활용하는 수준이다.[58] 이것이 ① 단순히 과도기에 나타나는 일시적인 현상이나 ② 이른바 '무정부 상태의 조직이 가진 의사결정 쓰레기통 모형(garbage can model)'인지[59] 아니면 ③ 공무원 사회에서 볼 수 있는[60] 한국

---

56) 교수업적평가 결과는 승진과 재임용 및 정년보장 등 교수 인사관리에 반영하고 있는 대학들이 94개 있지만 그 중에는 교수업적평가 결과를 총점으로 환산하여 일정 점수 이상이 되어야만 승진·재임용 또는 정년보장을 승인하는 방식으로 엄격하게 운영하는 대학들이 있는가 하면 교수업적평가 내용 중에서 연구업적 위주로 승진 심사나 재임용 또는 정년보장 심사를 별도로 하여 이원화시키고 있는 대학들도 있다.

57) 거의 대부분 국·공립대학들은 국고에서 지급하는 연구보조비를 차등지급하는 데 교수업적평가결과를 반영하고 있고, 사립대학들은 연구업적이 우수한 교수들에게 연구보조비 또는 연구장려금을 추가로 지급하거나 대학 자체 연구비를 배정하는 데 교수업적평가결과를 반영하기도 한다.

58) 1998년 삼성경제연구소가 교육부 용역으로 서울대를 제외한 경북대·전남대 등 9개 국립대의 인력·조직관리실태를 실사한 결과, 9곳 모두 연구성과급을 연공서열로 배분·지급하고 있었다. 승진심사에서도 세계적으로 인정받는 과학논문 인용색인(SCI)등록 건수와 교내 학술지 게재논문수에 같은 배점을 수여하고 있었다. 대교협이 1991년부터 대학의 교육여건을 판정하는 인증제를 시행하고 있지만, 지난 해까지 평가받은 120개 대학 중 불합격한 곳은 한 군데도 없다. 평가가 허술하기는 강의실 내에서도 마찬가지이다. 규정을 어기고 수업을 자주 빠지는 학생에게 학점을 줬다가 교육부 감사에서 적발된 교수들이 아직도 많다. 빈약한 평가문화는 우리 대학의 국제적 지명도를 높이는 데 걸림돌이 되고 있다(『중앙일보』, 1999. 6. 8.).

사회가 가진 고질적인 기득권 세력들의 저항과정인지는 분명하지 않다.

5. 교원평가, 보상 및 지원현황

현재 진행되고 있는 우리 나라 대학의 교원업적평가는 다양함에도 불구하고 평가항목이 매우 획일적이고 평가기준이 너무 계량적이어서 질적인 평가가 어렵다는 문제를 가지고 있는데, 이 점은 당분간 해소되기가 매우 어려울 것으로 보인다. 상당수의 대학들이 현실적 문제들을 고려하지 않고 몇몇의 명문대학의 교원업적 평가방식을 무조건 모방하는 경우도 있어 우려할 만하다. 연구중심 지향대학의 교원들은 연구논문 발표를 중시해야 하고, 직업지향의 교육중심대학의 교수들은 수업효율과 교재개발에 노력해야 하는 현실을 무시하고 연구일변도로 간다는 것은 비현실적이다. 특히 교육정책에서 소외된 상당수의 비대도시권 지방대학들이 대학존립의 위기에 처해 있기 때문에 이 대학들의 교원은 연구에만 몰두할 수 있는 환경이 아니다. 비대도시권 지방대학들의 교원들은 학교발전을 위한 각종 위원회, 프로젝트에 참여하고 학교홍보 등에 내몰리고 있는데, 이것은 현실적으로 불가피한 일일 수밖에 없다. 왜냐하면 '대학이 있어야 교수도 있기' 때문이다.

그리고 대부분의 대학에서 교원평가가 실시되고 있지만, 그것이 제대로 교원인사나 연봉제로 연결되는 것은 아니다. 여기에는 ① 교원평가 도입 자체가 최근의 일이고, ② 시행될 수 있는 원칙이나 방향 및 구체적인 작업들이 부족하고, ③ 교원 기득권 층의 극심한 반발, ④ 교원평가와 연봉제의 연계가 능성에 문제가 많고 연봉제를 단지 플러스 섬(Plus-sum)적으로 만들 가능성이 높아지고 있다는 점[61], ⑤ 대학들의 비특성화로 일관성 있는 평가기준의 마

---

59) 주요 관련사항 해설 ☞ 조직화된 무질서.
60) 주요 관련사항 해설 ☞ 혈세낭비로 끝난 정부조직 개편.
61) 플러스섬일 경우에는 기존의 보수체계는 그대로 두고 교원 인건비만 증가하는 것인데 이것은 대학경영상의 합리화나 구조조정의 방향과는 반대로 움직이게 된다. 따라서 그럴 경우에는 오히려 인건비 부담만 늘어나는 결과를 초래하여 장기적으로 경영

련이 어렵다는 점 등 많은 이유가 있지만 가장 큰 장애요소는 바로 교원부문
이다. 즉, 교수들의 반발로 인해서 교원평가가 제대로 시행되기 어렵다는 것
인데, 재단의 입지가 약한 대학은 대동소이하다. 역으로 대기업을 재단으로
두고 있는 대학들이나 설립 초기 대학으로 재단의 입지가 강한 경우에는 교
원평가와 그에 따른 인사 및 연봉제가 강력하게 시행할 채비를 하고 있다.

　일반적으로 교원평가를 담당하고 있는 부서는 교무처인데 실제로 조사해
본 결과 매우 다양한 형태로 나타났다. 부서별로는 교무처가 가장 많았지만
연구지원팀이나 교원인사팀이 따로 있는 경우도 있었고, 교무처 내에 인사담
당을 내정하기도 하였고, 기획처에서 설계하는 경우도 있었고, 드문 경우이기
는 하지만 총무처에서 관리하기도 하였다. 그러나 장기적으로 보았을 때 교
원업적평가나 교원인사 및 연봉제는 대학운영의 가장 핵심적인 요소이기도
하므로 교원업적평가기관을 독립적으로 운영할 필요가 있다. 사실상 교원평
가와 그에 연계된 연봉제나 인사는 워낙 전문성을 요하는 일이기 때문에 대
학경영의 중추와 바로 연계될 수 있도록 하는 것이 변혁기에 유리할 것이다.
　만약 인력의 충원이 모자라 시행하기 어려우면, 기획처나 연구처 또는 교
무처의 핵심 인력으로 운영을 하면 되겠지만, 장기적으로는 기획·연구·교
무·경리부처의 각 전문가 1인씩 차출하여 항구적인 독립기관화하는 것이 바
람직하다. 이 교원업적 평가기관은 기획처, 교무처, 연구처와는 당연히 상호
인적 교류가 필요하고 인사이동도 가능하게 유지하여야 하고 직원 평가도 함
께 하는 것이 효율적이다. 그러나 업무적으로는 독립성을 유지해야 하고 총
장 직속기관으로 두는 것이 좋다. 만약 인력 사정이 원활하지 못할 때는 각
대학경영의 중추기능을 하는 부처를 확대하여 그 산하에 교직원 업적평가기
관을 두는 것도 가능하다. 예를들면 기획부처가 대학경영의 중추기능을 담당
한다면 연구·경리·교무계의 전문가 1인씩 영입하여[62] 기획처 산하에 교직

부담만 가중된다.

62) 우리 대학들의 경우에는 기획처가 매우 다양하게 구성되어 있다. 그 구성양식을 보
　　면, ① 기획 + 예산, ② 기획 + 홍보, ③ 기획 + 연구, ④ 기획 + 총무 등이 있다.
　　이것은 대학마다 경영자의 '마인드'가 다르기 때문이기도 하고 대학의 현실적인 토대

원평가기구를 두면 된다.

본절에서는 우리 나라 주요 대학들의 교원업적평가 현황을 전반적으로 살펴보고자 한다. 모든 연구가 그러하지만 이 부분은 한국 대학들의 현실과 나아가 교원업적평가의 궁극적인 목표가 달성될 수 있을지 여부를 보는 시금석이기도 하기 때문이다. 현황분석에는 고등교육 관련기관의 자료들과 각 학교의 교원업적평가 담당자들과의 전화 인터뷰를 통해서 이루어졌다.

[표 II-⑨] 주요 국립대학교 업적평가현황

대학	설립 연수	사회적 인지도	주무 부처	평가항목별 비율			교원평가 연계	
				연구	교육	봉사	인사	연봉제
A대	50	상	교무	특별한 지침 없음				2002
B대	13	중	교수부	30~45	30~45	10~25	곧 시행	
C대	48	중	교무	항목에 따라 다름				
D대	46	중	연구	5	4	1	×	
E대	47	중	교무	특별한 지침 없음			×	
F대	48	중	연구	무제한			×	
G대	20	하	기획	4	5	1	×	
H대	20	하	교무	3	6*	1	×	

주1) 설립연수는 2년제 이상 또는 대학으로 인가받고 실제적으로 학교를 운영한 횟수.
주2) 사회적 인지도는 평균적인 입학성적에 기준으로 판별.
주3) 주무부서의 경우 국립대는 연구지원 담당관실이 많고, 사립대는 교원인사팀이 많았음.
주4) 연봉제는 2002년부터 정부의 시안에 따라 시행될 것이라는 답변이 많았음.
주5) 대학원의 경우는 국립대와 사립명문대를 강으로 표현.
주6) 6*은 결과적으로 6이지만 그 비율의 제한이나 상한선이 없음.
주7) 대학의 선별은 일류 대학교 및 인지도가 높은 대학들을 총망라하고 있음.
주8) 관련문헌 검토 및 담당자들과의 전화인터뷰 조사(1999. 7. 1~1999. 7. 30).

첫째, 주요 국립대학교원업적평가의 현황과 특성 및 문제점들을 살펴보도록 하자. [표 II-⑨]는 주요 국립대학교 업적평가현황을 나타내는 표이다. 국

가 다르기 때문이기도 하다. 평가와 관련해서 보면 ③ (기획 + 연구)이 기획처 산하로 포괄하기가 쉬운 형태이다.

립대학교는 대부분의 경우 대학원이 일찍 설립되었고 국고지원을 받고 있어 연구장비 및 시설·설비상태가 사립대학들과 비교할 수 없을 정도로 양호하기 때문에 연구환경이 상대적으로 매우 우수한 편이다. 그리고 등록금이 싸기 때문에 우수한 학생들을 유치하기 쉽고 교원들이 연구업적을 내기에 매우 유리하다. 단점으로는 지역별로 배치되어 있으므로 '지방대학'으로서의 한계를 가질 수밖에 없고 시대변화에 능동적으로 대처해 가기 힘들다. 특히 교원이나 직원 모두가 공무원 신분이고 고위 행정보직자들과 교원출신의 처장 및 총장과의 갈등도 만만치 않기 때문에 업무 처리에 많은 시간이 걸리기도 한다. 바로 이 점이 대규모의 국립대학들이 사립대학들의 약진에 따라가지 못하는 요인이 되고 있다.

이 같은 국립대학들의 속성이 위의 표에서 그대로 나타나고 있다. 즉, 국립대학들의 경우에는 위에서 보는 바와 같이 교원평가와 인사 및 연봉제는 독자적으로 시행하는 경우도 없고 인사규정도 사실상 형식적으로 적용하는 수준임을 알 수 있다. 시대적 변화나 21세기 사회변화 등에 대한 긴장감이 전혀 느껴지지 않는다. 이들 국립대학들의 교원평가특성은 보면 ① 상위 교육기관의 정책 결정에 수동적이고, ② 봉사비중이 매우 낮다는 점, ③ 대체로 구체적인 시행지침이 불분명하다는 점 등을 지적할 수 있다. 이 같은 현상이 가속화될 경우 '생산성'이나 '효율성'이라는 측면에서 국립대학들은 생존하기가 어려울 수 있다. 그러나 국립대의 장점을 살려 기초 학문 육성의 방향을 견지하고 연구역량을 강화하는 것도 하나의 생존전략이 될 수 있다. 위의 예 가운데서 F대의 경우처럼 항목별로 제한은 없지만 교원평가의 결과를 자체적으로 분석해 본 결과, 연구 : 교육 : 봉사가 대체로 20.7 : 54 : 4.8 정도로 나타난 경우도 있다. 그러나 전체적으로 연구가 상대적으로 높게 나타나고 있다.

경우가 다르지만 포항공대의 경우 교원업적평가는 일찌감치 캘리포니아 주립대의 모델을 원용하여 사용하고 있으므로 별다른 지침을 마련할 필요가 없는데, 이것은 ① 공과대학으로 특성화되어 있다는 점, ② 재단의 튼튼한 지원, ③ 세계적인 연구시설 및 설비, ④ 우수한 교수진과 대학원생 보유 등의 강점을 가지고 있기 때문이기도 하다. 포항공대 교원들의 경우, 연구수탁비

가운데서 개인 연봉의 25% 정도는 교수 개인의 수입으로 되어 있고, 교원평가는 주로 승진임용시에 이루어지는데, 국제적인 기준만을 적용하고 있다.[63]

[표 II-⑩] 주요 수도권 상위권 사립대학교 업적평가현황

대학	설립연수	주무부처	평가항목별 비율			교원평가 연계	
			연구	교육	봉사	인사	연봉제
A대	51	교무	*2	*2	*1	×	준비중
B대	46	교학	*70	*25	*10	○	○
C대	39	연구	*5	*3	*2	○	○
D대	54	교무	min1	min1	min1	○	×
E대	26	기획	무제한	일정	상한	○	○
F대	53	교무	16	16		승진임용	×
G대	53	교무	계 획 중			○	신규 임용만
H대	39	교무	영역별 군으로 분류 원하는 군에 속함				
I 대	45	교무	내년부터 예정			×	×
J대	51	교무	*5	*4	*1	○	2000 예정
K대	46	교무	무제한	3	3	○	99신규임용만

주1) 설립연수는 2년제 이상 또는 대학으로 인가 받고 학교를 운영한 횟수.
주2) *2는 원칙적으로 무제한적인데 실제 결과는 2 정도의 비율이라는 의미.
주3) min 1은 '최소한 1 정도'라는 의미로 사용.
주4) 학교의 선별은 입학성적 및 사회적 인지도가 높은 대학들을 모두 포함.
주5) 관련문헌 검토 및 담당자들과의 전화인터뷰 조사(1999. 7. 1~1999. 7. 30).

둘째, 수도권 주요 상위권 사립대학교의 교원업적평가의 현황과 특성 및 문제점들을 살펴보면 다음과 같다. 위의 표에 나타난 대학들은 일반적으로 세칭 우리 나라의 10대 사립대학들이다. 위의 대학들 가운데서도 대기업을

---

63) 1998년 4월 1일 이후, 포항공대의 경우 부교수의 승진시에는 국제학술지에 4편, 교수 승진 시에는 8편을 필요로 하는데, 이것은 다른 대학의 기준으로 보면 2.5~3배 이상에 해당하는 수치이다(그 이전에는 각각 2편 5편). 봉사는 전혀 고려되고 있지 않으며, 승진 평가시에도 5~7인의 외국 석학에게 자신들의 연구업적을 보내어 국제적으로 검정을 받아야만 한다. 물론 이 과정에서 50% 이상은 교원 자신의 지인(知人)이 아닌 사람을 선정해야 한다. 따라서 승진을 못하면 부교수에서 정년퇴직을 할 수도 있다. 그러나 일부 교양학부는 일반적인 기준에 따르고 있다.

재단으로 두고 있는 대학들에서는 매우 적극적으로 교원평가와 인사 및 연봉제가 진행되고 있음을 보여 주고 있다. 전혀 진행이 안 되어 있는 대학도 있는데, 이 대학은 그 동안 재단관련 분규가 심하였기 때문이다. 이들은 서울대와 포항공대, 과기대 등을 이겨 나가야 하는 부담감과 중하위권 대학들의 맹추격을 받고 있는 상태이기 때문에 여러 가지 부문에서도 적극적으로 시대흐름을 주도하고 있는 경우가 많다. 가령 연봉제, 사이버 대학을 주도하는 대학들이 대부분 여기에 속하고 있으며, 교육개혁 우수대학들도 상당 부분을 이들이 차지하고 있고, 서울대를 제외한 국제전문인력 양성프로그램을 주도하는 대학들도 이들이다. 지금까지의 상황으로 판단해 보건대 이 대학들은 교육개혁과 구조조정에 매우 적극적이기 때문에 이들의 주도권 싸움은 더욱 격렬해지고 그만큼 이 대학들의 성장은 괄목할 것으로 보여 중상위권 국립대학들과의 격차도 더욱 벌어질 것으로 보인다. 그러나 이 대학들에서도 교원평가에 대한 명확한 비중설정이나 전략적 기획의 시행형태가 없는 것이 문제로 남아 있다.

구체적으로 이 수도권 상위권 주요 사립대학교 업적평가의 특징들을 살펴보면 ① 대부분 대학들은 평가항목별 비율이 없는 경우가 많고, 연구는 무제한, 교육은 대체로 일정, 봉사는 상한선규제 등의 특징을 가지고 있고, ② 평가항목별 비율보다도 '재임용'과 '승진임용'에만 절대적인 점수기준을 정하여 시행하는 경우가 대부분이고,[64] ③ 평가항목 특히 연구업적의 경우 매우

---

64) J대의 경우 세 가지 영역의 비율은 의미가 없고 위에 나타난 비율은 결과적으로 나타나는 것이다. A대의 경우 역시 항목별 비율구분은 없고 영역만 3부분으로 나누어 세분화시켰다. 인사활용에서는 절대치를 사용하는데, 위의 표에 나타난 것은 배점결과가 통상적으로 나타난 수치라는 것이 관계자의 설명이다. C대의 경우도 대학마다 다르게 하여 문제가 나타나지 않는다. 이 대학관계자들은 일률적일 때가 더욱 문제가 많다고 강조한다. 따라서 위의 수치도 결과론적이고 통상적인 의미에 불과하다. 성균관대의 경우 항목별 비율구분은 없고 영역만 3부분으로 나누어 절대치만으로 산정한다. 위의 수치는 결과로 나타나는 수치이고 연봉의 경우에도 아직은 호봉제를 사용하지만 현재 '총액 연봉제(성과급)'에 대한 논의를 많이 하고 있다. 급여를 본봉(50%) 및 연구비(50%)로 구성하되 교원평가를 반영하여 플러스-섬으로 운영하여 연구비폭을 최소화하는 방안을 검토하고 있는데, 이 점은 진정한 의미에서 연봉제라고 하기가 어렵다. 그런데 문제는 대부분의 대학들이 대체로 이 상태라는 것이다.

정교한 점수분류체계를 가지고 있는 데 반하여, 교육이나 봉사부분은 그렇지 못하며, ④ 시행과정들이 불명확한 경우가 많고, ⑤ 관계자들의 말에 의하면 교수들의 반발로 시행상에는 많은 어려움이 따르고 있다는 것이다. 특히 흥미로운 점은 여대의 경우 교육을 강조하고 있다는 점으로 교육과 연구의 비율이 거의 동일하게 나오고 있다.

가장 특징적인 대학은 H 대학교로 영역별로 자율화되어 있는데 이 제도는 현재 여건을 최대한 활용한다는 점에서는 장점도 있으나 교육 개혁을 성공적으로 수행하기에는 많은 무리가 있기도 하다.[65] 왜냐하면 중·상위권 대학들은 한국의 고등교육을 선도하는 입장에서 보다 세계적인 경쟁력을 획득해가야 하는데 상당수의 교원들의 연령이 많고 연구역량이 약한 경우가 많아서 신규 교원들에 연구 역량을 의존하는 경우가 많기 때문에 근본적인 변혁을 도모하기는 매우 어려운 것이 현실이다. 오히려 이 제도는 신설대학에 유리한 제도이며 실제로 몇몇 대학들은 이 대학의 평가방식을 그대로 모방하여 사용하고 있다. 신설대학은 전략적 기획의 차원에서도 교원들이 자신의 역량을 극대화할 수 있도록 '자율화'된 그룹군에 자율적인 판단에 의해 소속됨으로써 교육 생산성을 극대화할 수 있기 때문이다.

이와 같이 상위권 사립대학들의 교원평가의 두드러진 특징인 평가항목에 일정한 비율이 없다는 점은 한편으로는 대학의 자율성을 극대화한다는 점에서는 바람직하나 엄밀하게 살펴보면 교수들 사이에 극심한 논쟁과 이해로 말미암아 협의가 제대로 되지 않았음을 의미하며 기득권 교수 층들을 옹호하고 기존의 여건의 개선을 불가능하게 할 수도 있다. 왜냐하면 교수의 책무는 연구, 교육, 봉사인데 대학 서열화가 심각하게 진행되어 있고 '연구 교수'가 거의 없는 우리 대학의 실정에서는 상위권 대학들은 연구 강도를 높혀가야만

---

65) 평가 단위를 자율적으로 정한다는 것은, 각 학문 분야별로 평가 기준도 다르기 때문에 교원들은 자신이 원하는 대로 연구 그룹군, 교육 그룹군, 봉사 그룹군 등으로 나누어서 어느 한 군데로 들어가고 자신의 역량을 최대화한다는 것이다. 그리고 그 점수도 경우에 따라서 절대평가와 상대평가가 적용된다. 이것은 한편으로는 유연하지만 다른 한편으로는 교원들 간에 매우 심각한 갈등이 있었다는 것을 나타낼 수도 있다는 점에서 상위권 대학들이 참고로 할 만하지는 않다.

원래의 목적인 대학의 국제경쟁력 강화를 달성할 수 있음에도 불구하고 교수사회가 너무 기득권 유지에 몰두하고 있기 때문이다. 그리고 대부분의 대학들이 연봉제의 시행도 신규 교원임용에서부터 적용하고 있는데 이것은 하나의 시행절차상의 예비 단계이면 몰라도 고정화되면 오히려 대학발전의 심각한 장애요소가 될 수밖에 없다. 왜냐하면 오늘날 한국 대학들이 경쟁력이 상실한 원인들은 신규교원들 때문이 아니라 기존 교수들의 나태함과 방만함이 그 결과였기 때문에 신규 교원들만을 희생양으로 만드는 것은 우수교원만 도태시키는 엉뚱한 결과를 초래할 수도 있기 때문이다.

그러므로 상위대학들은 교원관리를 보다 철저히 하여 대학교육의 질을 유지하고 해당 기준을 충족하지 못한 교원들을 가차없이 탈락시켜 진입장벽을 없앰으로써 항상 우수교원들의 풀(pool)을 확보하여야 할 것이다. 그리고 탈락되는 교원들은 중하위권 대학으로 가서 다시 연구와 교육을 강화하고 그 성과에 따라 다시 상위권 대학으로 진입하는 과정들이 원활히 진행될 수 있는 사회적 여건을 조성해야 한다. 나아가 중하위권의 대학에서도 연구역량이 탁월한 교원들의 상위권 대학진입이 원활하게 이루어지도록 교원노동시장의 유연성을 강화시켜 나가야 한다. 그것이 이 분야의 교육개혁이 추구하는 목표이며, 이 길만이 고등교육 국제경쟁력 강화의 지름길이 된다.

셋째, 중하위권 사립대학교의 교원업적평가 현황과 특성 및 문제점들을 살펴보면 다음과 같다. 다음의 표에 나타난 대학들은 중하위권 대학들로서 수도권뿐만 아니라 전국적으로 비슷한 비율로 선정하여 조사한 결과 표이다. 지방대학들은 구조조정이나 교원평가사업이 대학의 장기적인 발전에서 매우 중요한 의미를 가지고 있다. 이 대학들은 상위권 대학들의 모형을 적극적으로 따르는 경우도 있지만, 일부 대학들은 오히려 독자적 평가방식을 선도적으로 추진하는 경우도 다수 발견되고 있다. 그러나 주목할 만한 것은 상위권으로 도약하려는 대학들은 하나같이 연구영역의 비중을 많이 높이고 있다는 점이다. 이 대학들은 현재의 교원업적평가사업을 상위권 대학으로 진입하는 '교두보'로 간주하고 있음이 분명하다.

이 중하위권 사립대학교 업적평가현황을 살펴보면 대체로 일정한 비율이 나타나고 있음을 알 수 있다. 그러나 연봉제를 시행하는 경우는 거의 없는데,

[표 II-⑪] 중하위권 사립대학교 업적평가현황

대학	설립 연수	주무 부처	평가항목별 비율			교원평가 연계	
			연구	교육	봉사	인사	연봉제
A대	19	교무	6	2	2	○	×
B대	40	교무	7(10)	10		○	×
C대	21	교무	6	4		○	2001
D대	46	교무	6*	3*	2	2000	계획중
E여	39	교무	4	4	1	○	×
F대	16	연구	최저점수만 규정			계획중	×
G대	19	기획	35	50	15	예정	2001~2
H대	36	교무	1	2	보충용	계획중	
I대	30	연구	2	2	1	×	×
J대	17	교무	4	4	2	○	×
K대	40	연구	비율없음, 승진시 취득점수만				×
L대	40	교무	2	2	1	○	×
M대	45	기획	9	6	6	○	○
N대	17	교무	최저점수만 규정			△	신임교원만
O대	46	교무	7.5	15	5	○	×
P대	53	교무	준비중				신임교원만
Q대	52	교무	최저점수만 규정			○	×
R대	53	연구	16(9)	9(10)	(1)	○	계획중
S대	52	교무	4	4	2	×	계획중
T대	20	교무	1	1	1	○	계획중

주1) 설립연수는 2년제 이상 또는 대학으로 인가받고 실제적으로 학교를 운영한 횟수.
주2) 6*란 원칙적으로 무제한적인데 실제의 결과는 6 정도의 비율이 나왔다는 의미.
주3) △란 형식적으로 적용이 된다는 의미.
주4) 숫자가 둘 있는 경우, 앞의 수치는 재임용의 경우, 즉 전임강사 → 조교수의 최
  저평점, ( )는 승진임용기준 최저평점임.
주5) 관련문헌 검토 및 담당자들과의 전화인터뷰 조사(1999. 7. 1~1999. 7. 30).

교육부의 방침이 2002년을 기점으로 한 것이 가장 큰 이유일 것이다. 이 대
학들의 교원업적평가특성은, ① 상대적으로 교육항목의 비율이 높다는 점, ②
항목들의 평점비율이 다양하다는 점, ③ 봉사영역이 상대적으로 크게 나타나
고 있다는 점, ④ 연구시설이 미진하고 대학원이 약한 일부 대학에서 연구항

목을 과도하게 책정하고 있다는 점, ⑤ 연봉제의 실시는 이전의 경우와 마찬가지로 신임교원들에게 우선적으로 적용하고 있다는 점, ⑥ 진행과정이 타 대학의 모델을 원용하는 경우도 다수 있는 등 수동적인 양태를 보이고 있다는 점 등을 지적할 수 있다. 따라서 중하위권 사립대학교 업적평가 현황은 상위권 대학들이나 국립대학들과는 달리 교육의 중요성이 부각되고 있는 것이 확실히 관측되고 있다는 점에서 매우 중요한 변화를 읽을 수 있다. 그러나 연구시설이 미진하고 대학원이 약한 일부 대학에서 비현실적으로 연구 항목을 과도하게 책정하고 있다는 점이 관측되고 있기도 하다.

넷째, 신설 사립대학교의 교원업적평가를 현황과 특성 및 문제점들을 살펴보면 다음과 같다. 먼저 신설 사립대학교들은 많은 점에서 핸디캡을 가지고

[표 II-⑫] 신설 사립대학교 업적평가현황(10년 이하)

대학	설립 연수	주무 부처	평가항목별 비율			교원평가 연계		비 고
			연구	교육	봉사	인사	연봉제	
A대	3	교무	1	3	3	○	×	
B대	3	교무	준 비 중			×	×	
C대	4	교무	30	60	10	×	×	검토예정
D대	4	연구	45	45	10	○	×	시안 마련중
E대	4	평가단	4	4	2	○	○	
F대	4	교무	4	4	2	○	○	2000년 전면 실시
G대	5	평가실	최저하한선만 규정			○	○	
H대	5	기획	최저하한선만 규정			○	×	
I대	6	교무	미 정			×	×	
J대	6	평가단	미정	20*	15*	○	×	
K대	8	교무	4	3	2 : 1	○	○	99신임교원부터
L대	9	교무	4	4	2	○	○	신임교원만 적용
M대	9	교무	6	2	2	○	×	

주1) 설립연수는 2년제 이상 또는 대학으로 인가받고 실제적으로 학교를 운영한 횟수.
주2) 대학들은 지역적 안배를 고려하여 선별했음.
주3) 특별한 경우를 제외하고는 대부분의 신설대학들의 사회적 인지도는 매우 낮다.
주4) 관련문헌 검토 및 담당자들과의 전화인터뷰 조사(1999. 7. 1~1999. 7. 30).
주5) 20*는 원칙적으로 무제한적인데 실제의 결과는 20 정도의 비율이 나왔다는 의미.

있다. 재정, 시설, 설비, 투자, 연구역량, 교육역량, 정치력, 홍보능력 등 모든 면에서 열위상태에 있기 때문에 대학경영진들은 무엇보다도 기획력 강화를 최우선 과제로 삼지 않으면 안 된다. 우리 나라의 경우 대부분의 전문대학을 가진 재단들이 대학교를 설립한 경우가 많은 것이 현실이다보니 이른바 '전문대적'인 '경영마인드'가 극복이 안 되는 경우가 많은 점도 신설대학들의 향후 진로를 어렵게 하고 있다. 그리고 우수교원들도 신설대학에 대해서 '신분보장'의 안정성을 우려하기 때문에 신설 사립대학들이 우수교원들을 영입하기가 어렵다. 그럼에도 불구하고 신설대학들은 성공적인 전략기획을 추구하면 오히려 기존 대학들보다 더 빨리 '경영합리화'나 '교육생산성' 제고에 성공할 수도 있다.

현실적으로 신설 사립대학교들은 상대적으로 교원업적평가나 연봉제의 연계가 매우 용이한 여건을 가지고 있음에도 불구하고, 연봉제를 과감하게 도입하는 경우는 거의 없다. 그것은 대학경영의 경험이 일천하고 전문가들이 부족하기 때문이기도 하다. 시기별로 봐서는 설립연수가 6년이 넘어갈수록 보다 적극적인 자세를 보이고 있다는 것이다. 신설 사립대학교 업적평가현황의 특징을 살펴보면, ① 상대적으로 교육항목의 비율이 높고 경우에 따라서는 교육과 봉사가 연구보다도 월등히 높은 경우도 있다는 점, ② 평점비율들이 대체로 미정(未定)이거나 설계중인 경우가 많고, ③ 봉사영역이 상대적으로 크게 나타나고 있다는 점, ④ 연구시설이 빈약하고 대학원이 약한 일부 대학에서 연구항목을 과도하게 책정하고 있다는 점, ⑤ 연봉제의 실시는 이전의 경우와 마찬가지로 신임교원들에게 우선적으로 적용하고 있다는 점, ⑥ 수동적으로 다른 대학들의 모델을 준용(遵用)하는 경우가 대부분이라는 점 등을 지적할 수 있다. 그런데 신설 사립대학교들의 교원업적평가의 현황을 살펴보면 앞서 지적한 대로 평가항목별의 비율이 대학의 현실에 따라 결정적으로 변화할 수 있음을 알 수 있다. 5년 이하의 건설기 대학들은 교육개혁의 진행과정 자체도 따라가기 힘든 상황이라는 점을 위의 표를 보고서도 알 수 있다.

그러므로 교원평가는 전략기획의 개념을 토대로 하여 대학의 발전단계에 따른 평가항목의 비율을 조정할 필요가 있고 또 그 비율은 장기발전계획이나 전략적인 기획 목표에 따라 달라질 수 있다는 점들을 우리는 이 긴 논의를 통하여 본 것이다. 이제 교원평가는 단순한 제도적인 평가라기보다는 전략기획이라는 측면에서 다시 태어나야 하고 그것은 21세기 대학들의 생존에 불가결한 요소이다.

Ⅲ

교원평가와 교원인사규정

1. 인사제도 일반과 교원인사

　전통적 인사체제는 주로 기능적·과정적 접근방법을 선택한 데 반하여, 근대적 인사체제는 인적 자원관리시스템적 접근방법을 택하고 있다. 인사관리체계는 크게 연공형 인사관리체계와 직무형 인사관리체계로 대별되고 그 기준은 속인(동양), 속직(영미), 집단, 개별 등을 토대로 한다. 그리고 한국의 인사제도는 연공서열제도, 미국은 직무중심 관리제도를 취하고 있다. 각국의 인사관리체계를 보면 한국은 직급형 인사관리체계로 속인적·연공적·집단적 성격이 강하고 일본은 직능형 인사관리체계로 속인적·능력적·개별적 성격을 띠는 데 반하여, 미국은 직무형 인사관리체계로 속직적·능력적·개별적 성격이 강하다.[1]

　따라서 한국의 기업풍토는 인간관계가 핵심이 되므로 효율성이나 경쟁력 강화 및 생산성 향상보다는 오히려 정치집단화될 가능성이 높을 수밖에 없다. 승진 제일주의와 인간관계를 중시하는 그 자체가 나쁘다기보다는 집단주의적 성향을 가진 한국의 문화풍토를 감안해 볼 때 기업이 정치장화되기 쉽다. 우리 나라 대학의 인사제도를 기업의 분석토대와 동일선상에 두기는 어

---

[1] 인사체계에 대한 일반적이고 보다 구체적인 내용 ☞ 부록 Ⅰ.

렵지만, 그와 유사한 특성이 전반적으로 나타나 경쟁력 저하의 원인이 되고 있어 이에 대한 보다 근본적 처방이 필요하다.

대학의 교원(교수)은 고도의 전문적인 직무와 역할을 수행하는 대표적인 전문직[2](profession)이고(Liebman, 1956 ; Benveniste, 1987), 대개 교원의 직위는 교수, 부교수, 조교수, 전임강사로 분류된다.[3] 교수는 연구실적 연수 및 교육경력 연수에 대한 일정한 자격 요건을 요구하기 때문에 이에 대한 구체적인 규정이 대학마다 요구되는데 그것이 '교원인사규정'이다. '교원인사규정'은 한 마디로 교원의 임용(신규, 승진, 재임용), 자격, 승급, 보수, 해임, 징계 등에 관한 기준을 말하는 것으로 특별한 경우를 제외하고는 교원업적평가와 직접적인 연관을 가지고 있다. 본 장에서는 교원평가와 교원인사규정의 연계성을 살펴보기로 한다.

교원인사는 크게 ① 신규임용, ② 재임용, ③ 승진임용 등의 세 가지의 항목으로 구성되어 있다. 본장에서는 신규임용은 교원평가와 직접적인 관련이 있기는 해도 대학의 내부적 작용들의 피드백(feed back) 또는 리사이클링(recycling) 과정과는 다소 거리가 있기 때문에 임용과정만을 가볍게 살펴보고 재임용과 승진임용을 분석하는데 주력할 것이다. 왜냐하면 교원평가와 교원인사규정의 연계성을 보는 데에 가장 중요한 분석대상은 재임용과 승진임용이기 때문이다.

일반적으로 신규로 교원들을 임용하는 과정은 교원업적평가와 직접적으로 관련이 있는 것은 아니지만 결국은 교원평가의 기법을 그대로 준용해야 하는 점에서 많은 공통점들이 있고, 교무행정에서 가장 말썽이 많은 사안으로 대학비리의 가장 큰 범주의 하나로 되어 있다. 또 이것이 특정 대학들 출신만을 우선적으로 뽑거나 자기대학 출신들을 일반적으로 뽑는 문제와 이에 따르는 동종교배문제, 신규임용과정에 따르는 금품수수관행에 의한 우수교원들의 도태 등 한국 대학 경쟁력 약화의 주요 원인이기도 하다. 이것은 그동안 초과공

---

2) 주요 관련사항 해설 ☞ 전문직의 특성과 교원.
3) 경우에 따라 다를 수도 있지만, 일반적으로 교원들을 분류해 보면, 교원은 계약제 전임교원, 일반전임교원과 외국인 겸임교원, 외국인 방문연구교원 및 외국인 계약제 전임강사, 겸임교원, 객원교원 등으로 구분할 수 있다.

급상태의 교원시장과 초과수요상태의 대학입시시장 등으로 인하여 '대학만 세워 놓으면 경영은 절로 되던 사회적 환경'을 토대로 성립되었던 현상이지만, 이제 고등교육인구의 감소 및 대학경영을 어렵게 만드는 여러 가지의 상황이 대두함에 따라 대학은 생존을 위해 우수교원을 영입해야만 하는 시대에 돌입해 있다. 대학은 우수교원들을 영입함으로써 연구역량을 강화할 수 있을 뿐만 아니라 우수한 졸업생을 배출하여 대학의 위상을 높일 수 있다.

교원들의 신규임용과정은 대학들마다 비슷한데 본절에서는 그 대체적인 과정을 구체적인 사례로 간단히 살펴본다.

[표Ⅲ-①] 신임교수 임용절차(A대학교)

순서	임용절차	내　　용
①	교수채용 계획수립	· 각 학부(학과)에서 충원요청 → 교육과정, 개설과목, 교수담당시수, · 수강학생수 현황, 연구특성화분야 등에 대한 검토 · 확정
②	신임교수 초빙공고	· 공고기한은 최소한 임용일 3개월 전(접수기간은 1개월 이상) · 전공분야, 지원자격, 제출서류 등 명시 · 국내 · 외(미주신문) 일간지, 교수신문, 해당 학술지 및 본교 홈페이지 등에 게재
③	지원서류 접수	· 간소화한 지원서류(이력서, 연구실적목록)를 교무처에서 접수 · 인터넷 접수를 위한 전산화완료
④	외부 심사	· 응모자 인적 사항을 비밀로 하고 심사의뢰(분야별 전문가 2~3명) · 심사위원은 비공개로 보안유지
⑤	제1차 신임 교원 심사 위원회심의	· 총장(위원장), 대학원장 또는 대학장, 소속학부장, 교무처장 · 지원자 제출서류 서면심사 · 외부심사 결과활용 [심사목적: 자질부족 지원자 제외]
⑥	제2차 신임 교원심사위 원회 심의	· 학부장 또는 대학원장(위원장), 해당 전공의 전임교수 전원 · 전공분야 위주로 심사 [임용 예정 인원의 3배수 무순위 추천] · 연구실적 심사, 면접, 논문발표회, 시범강의 또는 토론회 실시
⑦	신임교원 선발위원회	· 총장(위원장), 교무처장, 3명 이내의 전임교수(심사당일 위촉) · 대학 전체 차원에서 포괄적 심사 [3배수 후보 중 최종 후보선정] · 적격후보자가 없을 경우 해당 학부(전공)에 통보 · 학부(전공)에서는 서면 이의제기로 재심요청
⑧	교원인사위원회 심의: 최종 후보자의 임용 여부에 관하여 심의	
⑨	이사회 동의　→ 신규임용 인사발령	

주; 교원 신규임용규칙, 교원인사규칙, 사립학교 교원인사관리지침 및 학교법인 정관에 의거.
자료: 안재환(1999, 28).

위의 사례를 보면 ④ 교원 신규임용 심사시 일정비율 이상 외부심사위원의 위촉과정이 있음을 알 수 있다. 이것은 앞서 말한 신규임용에 따른 비리(非理)를 없애기 위한 것인데 교육부도 이 점을 특히 강조하고 있다. 교육부는 "창조적 지식기반 국가건설을 위한 교육발전 5개년계획"에서 개방적이고 공정한 대학교원임용 제도 정착을 위해 제시하고 있는 사업은 다음과 같다. ① 교원 신규임용심사시 일정비율 이상 외부심사위원의 위촉 및 심사절차표준화 ② 대학교원임용시 특정 대학출신이 일정비율을 넘지 않도록 제한 ③ 대학교원 정년보장제도를 개선 및 교수업적과 교원인사, 성과급, 연구비차등지급, 포상 등을 연계하는 합리적 제도의 확립을 통해 교수 계약제 임용실시기반을 구축하고 2002년부터 임용기간, 근무조건, 연봉 등을 계약으로 정하여 대학교원을 임용할 수 있는 계약제 임용제도를 도입한다(강치원, 1999 : 28~29).[4] 그리고 그 추진일정은 1999년부터 교수업적평가제를, 또 2000년부터 연봉제와 정년보장 제도 개선을 실시하고 교수계약제는 2002년부터 도입하여 2003년까지 완료하겠다는 것이다.

현재의 임용추세를 알게 해 주는 교원임용에 대한 하나의 예로 1999년 2학기 중앙대의 경우 교원임용은 전임교원, 연구전담교수, 겸임교수 등으로 대별하여 채용하고 있는데, 이들 모두는 2년간 계약제이고 겸임교수는 연임이 가능하나 연구 전담교수는 1회에 한해 계약연장이 가능하다. 전임교원은 2년 후 재심사를 받아야 하고, 연구 전담교수는 반드시 대학원에서 1학기 강의를 해야 하며, 계약기간의 연구실적은 전임교원의 재임용승진에 요구되는 연구실적의 2배 이상이어야 한다(『조선일보』, 1999. 7. 22. 광고). 이밖에도 강의전담교수, 초빙교수라는 것도 있는데, 강의전담교수는 해당분야의 석사학위 이상 소지자로서 책임시수가 일반적인 전임교원(주 9시간)보다 1.5배~2배

---

4) 보다 구체적으로 '교수임용제도 개선을 위한 교육공무원법 개정법률안 입법예고'에서는 "교원의 임용기간이 종료되는 경우 그 종료일 3개월 전에 다시 대학의 교원으로 임용할 것인지의 여부를 심사하여 임용기간 종료 2개월 전까지 당사자에게 통보하여야 한다. 또 다시 임용할 것인지의 여부를 심사한 결과에 대하여 당해 교원이 불복하는 경우 당해 교원은 재심을 청구할 수 있고 재심을 심사하기 위하여 대학의 장 소속하에 교원임용 재심위원회를 둔다"는 등의 내용이 들어 있다.

가량 많은 형태이고 초빙교수는 학사학위 이상을 원칙으로 학위에 특별한 구
애사항은 없으며 국가기관, 정부투자(출연)기관, 연구기관, 공공단체 또는 산
업체 등에서 5~10년 이상의 경력을 가진 사람으로서 대학은 이들을 통해 실
무적인 지식과 대외적인 교섭력 확대라는 이익을 얻게 된다. 따라서 대학들
은 교원임용에서 이상의 다섯 가지 형태를 더욱 응용하고 활용하여 교원임용
의 과정조차도 전략적인 기획차원에서 파악할 필요가 있다.

다른 한편으로는 교원들의 임용에서 '특정분야에서 실질적인 전문가'의 영
입은 매우 자율적으로 진행되어 가고 있다. 교육부는 "연예인, 문화예술인,
무형문화제, 성공한 기업인 등 각 분야의 전문가들이 대학을 안 나와도 교수
가 될 수 있도록" 대학을 졸업하지 않은 특정분야 전문가에 대한 교수자격
심사권을 대학측에 넘기기로 하였다.[5]. 또한 교육부는 교수 신규채용에 따른
전공적부 평가시 학부과정의 전공학과와 일치하거나 유사한 석·박사학위 및
실적·경력만 인정하도록한 조항도 완전삭제했다. 따라서 모집 전공분야가
학부 전공학과와 일치하지 않더라도 석·박사학위 및 연구업적만 충족하면
교수채용과정에서 불이익을 받지 않게 되었다(『한국대학신문』, 2000. 5. 1.).

앞장의 마지막 부분에서 본 대로 교원평가는 연봉제와는 달리 교원인사에
반영하기가 쉽기 때문에 대부분의 대학들에서 교원평가에 반영이 되고 있다.
교원평가가 가장 크게 실질적으로 교원인사에 반영되는 것은 재임용과 승진
임용의 과정이다. 교원평가기준을 통해 산정되는 점수를 토대로 하여 승진의

---

5) 교육부는 2000년 4월 이 같은 내용을 골자로 한 「교수자격기준 등에 관한 규정(대통
령령)」 개정안을 마련, 차관회의를 거친 후 국무회의에서 의결되는 대로 시행할 계획
이라고 밝혔다. 이에 따르면 대학교육을 받지 않았지만, 자기 분야에서 탁월한 연구업
적을 쌓은 전문가를 대학 전임교수로 임용하려면 그 동안 교육부 산하에 설치된 교수
자격심사위원회 심의를 거쳐 인정을 받아야 했으나 앞으로는 대학별 인사위원회 등에
심사기능이 이관돼 필요한 인원을 때맞춰 채용할 수 있게 되었다. 교육부는 1955~
1999년 대학 미졸업자 1,135명의 교수자격 심사를 신청받아 이 중 559명에게 교수자
격을 줬다. 그러나 대학교육이 일반화되면서 신청 자체가 감소, 1996년부터 지난해까
지는 심사대상자가 7명에 그쳤고 이 가운데 이장호(영화·중부대), 이두호(만화·세종
대), 김덕수(사물놀이·한국예술종합학교), 신승남(골프·서일대), 김신자(성악·이화여
대), 서영기(도자공예·경기대) 등 6명이 되었다.

최소한 점수를 정한다거나 영역별 상한선을 정하면 교원인사는 간단히 이루어지기 때문이다. 따라서 본 장에서는 교원평가의 교원인사에의 적용과정을 여러 대학들의 사례를 통하여 살펴보도록 한다.

2. 교수임용체계의 변화: 정년보장 임용제도의 세계적 추세

1991년 1월에 「교육공무원법」 제11조 제3항에 규정한 대학교원의 기간제 임용근거는 2002. 1. 1자로 폐지되고 동법 제11조의 2가 신설됨으로써 대학교원은 대통령령이 정하는 바에 의하여 근무기간·급여·근무 조건, 업적 및 성과 약정 등 계약조건을 정하여 임용할 수 있게 되었다. 이 밖에도 동법 제11조 4~6항이 신설되어 1999. 9. 1부터 시행하도록 되었는데 이 3개항[6] 가운데 주의할 점은 교수 임용 과정에서의 외부인사의 참여부분이다.[7] 그리고 그 동안 우리 나라는 사실상 종신고용의 형태를 띠고 있었으나, 이제는 '기간제 임용'이 보편화된 교원임용의 방법론으로 대두하고 있다. 연봉제도 사실상 기간제 임용[8]의 한 부분이다.

---

6) ④ 대학의 교원을 신규채용함에는 특정 대학에서 학사학위를 취득한 자가 편중되지 아니하도록 하여야 하되, 그 구체적인 채용비율은 대통령령으로 정한다. ⑤ 대학의 교원을 신규채용하고자 할 때에는 심사위원을 임명 또는 위촉하여 객관적이고 공정한 심사를 거쳐야 한다. ⑥ 제5항의 규정에 의한 심사위원의 임명 또는 위촉방법, 심사단계·심사방법 기타 심사에 관하여 필요한 사항은 대통령령으로 정한다.

7) 주요 관련사항 해설 ☞ 교육부 외부심사 방침.

8) 「교육공무원임용령」 제5조의 제2항은 대학교원의 임용에서 교수 및 부교수는 정년까지 임용하도록 규정하고 있다. 다만 현재 신규로 임용되는 교수 또는 부교수에 대해서는 3년의 범위 내에서 1차에 한하여 당해 대학의 장이 기간을 정하여 임용할 수 있으며, 부교수에 대하여는 6~10년의 범위 내에서 당해 대학의 장이 정하는 바에 따라 기간을 정하여 임용할 수 있다. 정년을 보장받지 않은 전임강사, 조교수는 각각 2년 이내, 4년 이내로 임용기간이 정해져 있다. 사립대도 사립학교법 제 55조의 2항에 학교법인의 정관이 정하는 바에 따라 기간을 정하여 교원을 임면하되 국·공립 대학의 교원에게 적용되는 임용기간에 관한 규정을 준용하도록 되어 있다. 따라서 부교수 직급 이상의 교원은 연구 및 교수업적에만 근거한 정년보장 심사를 통과하게 되면 정년까지 임용이 보장된다(교육부, 공청회 자료, 1999).

　'정년보장 임용제도(tenure)'는 일정한 교육·연구역량을 갖춘 대학교수들의 정년을 보장하는 임용제도로서 전세계적으로 광범위하게 시행되고 있다. 지금까지 우리 나라의 경우 형식적으로는 정년보장과 기간임용을 혼합한 형태를 띠지만 실제적으로는 사실상 '종신고용제'였다.9) 미국에서 대학교원은 조교수, 부교수, 정교수, 명예교수, 연구교수, 교환교수나 시간강사 등으로 나뉜다. 일반적으로 신규로 임용된 조교수는 7년간의 수습기간을 거쳐 부교수로 승진하면서 정년보장을 받든가 고용계약을 해지해야 하고,10) 기간제 임용 역시 상한선이 있어 지속적으로 계약을 갱신하는 것은 불가능하다.11) 영국의 경우에는 대학교원의 계급에 따른 명칭은 미국과 달라 교수(professor)의 지위에 있는 교원은 소수이지만, 대부분의 교원들이 정년을 보장받고 있다. 교수는 종신직이며, University Lecturer는 초기 임용 후 5년이 지나면 재임용심사를 받게 되는데, 이 때 재임용되면 정년을 보장받게 된다(주은희, 1999: 238~247). 독일의 경우, 모든 교수는 모두 공무원(Beamte)신분으로 정년이 보장되고,12) 그 임용과 승진절차는 대학마다 동일하다.13) 독일도 현재 '교원평

---

9) 하나의 예로 현재 국립대학의 교수임용방식은 교수, 부교수의 경우 교육부 장관발령이며 원칙적으로 정년임기(tenure)가 보장된다. 다만 교수 및 부교수로 신규임용되는 경우에는 기간을 정하여 임용할 수 있다. 조교수와 전임강사는 총장발령으로서 각각 4년, 2년의 기간을 정하여 임용된다. 그러나 현실적으로 일단 임용된 후에는 최소 요건만 갖추면 임용기간만료 후 대부분 승진임용되었고 1999년 7월 21일 교육부는 교원임용의 권한을 각 국립대학의 총장에 위임할 것이라고 발표하였다.

10) 따라서 대부분의 강사와 조교수는 기간제로 임용되며, 부교수는 기간제로 임용될 수 있고 정년보장을 받을 수도 있고 정교수는 정년보장을 받은 교원에 한한다. 일반적으로 정년보장이 안 된 상태에서 기간제 임용을 계속하는 경우 임용의 누적기간을 10년, 특별한 경우 3년을 연장하여 13년으로 상한을 정해 놓고 있다. 따라서 정년보장을 하지 않으면서 계속적으로 기간제 임용을 갱신하는 것은 불가능하다.

11) 주요 관련사항 해설 ☞ 미국의 테뉴어 제도.

12) 경우에 따라 계약직으로 연구와 강의를 담당하는 Wissenschaftliche Mitarbeiter(연구조교)가 있지만, 이들은 비정년보장의 계약을 전제로 채용되며, 1회에 3년간 근무하여 2회까지 재계약을 함으로 최장 6년간만 근무하게 되어 있다. 독일의 경우 석사나 디플롬을 마치는 데에 5~6년, 박사학위를 3년 정도, 교수자격시험(Habilitation)을 마치는 데에 5~10년 정도 소요되어 40세 정도가 된다. 교수자격시험을 마치고 바로 교수로 초빙되는 경우도 있지만 교수자격시험을 준비하면서 전공분야에서 두각을 나타내야

가'를 도입하려고 하고 있다(정영근, 1999 : 316~318). 그리고 일본과 우리 나라의 경우 교원임용제도는 거의 비슷하다.[14]

교원평가에 대해 일각에서는 자질이 검증된 교수들에게는 신분을 안정시켜 근무의욕을 높이고 장기적이고 일관성있게 연구에 몰두 할 수 있도록 정년보장제가 실시되어야 하고, 정년보장 이후 나태함이 우려되기도 하나, 그것은 연봉제를 적용함으로써 방지할 수 있다는 견해(김신복, 1999)도 있다. 그러나 우리 나라의 경우와 선진외국들의 경우와는 많이 다르다. 선진국의 경우는 우리 나라와 같은 학력인플레이션이나 정치적인 목적으로 자행된 대학정원의 급속한 확대로 인한 마구잡이 교수채용[15] 또는 임용비리[16]와 이에 따른 길항작용으로서의 '종신고용제'와는 근본적으로 다르다. 물론 종신고용제의 폐지는 무시할 수 없는 '선행조건'들이 있음을 간과할 수는 없을 것이다.[17]

현대와 같은 변혁기에서는 미국 대학에서조차 종신교수비율 줄고 비종신

한다. 연구조교는 강의경력을 쌓기 위한 과정에 불과할 뿐 이 기간을 마치면 다른 학교로 옮겨야 한다(정영근, 1999 : 316~318 ; 강치원, 1999).

13) 주요 관련사항 해설 ☞ 독일의 교수임용 과정.

14) 주요 관련사항 해설 ☞ 일본의 교수임용.

15) 1981년 정부는 대학입학정원을 2배로 대폭 늘린 졸업정원제를 도입했지만 이른바 '졸업정원제'는 지켜지지 않았고 한국 대학들의 양적 팽창이 급속히 시작되었다. 이에 관련한 기사를 그대로 인용하면 다음과 같다. "입학정원 20~30%의 의무탈락방침은 유야무야되어 엄청난 대졸자가 쏟아져 나왔고, 그에 비례해 대학원 진학의 폭증현상을 낳았다. 이 때 '대목'을 맞은 이는 70년대 말~80년대 초 대학원을 막 졸업한 70년대 학번들. 늘어난 신입생을 가르칠 교수 인력이 모자라 전임강사 모셔 가기 전쟁이 벌어졌고. 이들은 지금 견고한 대학강단의 축을 형성하고 있다. 따라서 80년대 대학을 다닌 교수요원들이 1970년대 학번에 비해 교수되기가 어렵지만 경쟁이 치열해진 만큼 교수 자질 향상이라는 긍정적인 측면도 기대할 수 있다. 그러나 외환 위기 이후 대학마다 교수충원을 꺼리고, 그나마 '겸임교수', '강의전임'이라는 편법 고용으로 교수 시장을 더욱 벼랑으로 몰고 있다"(『조선일보』, 1999. 3. 30.).

16) 주요 관련사항 해설 ☞ 불공정 교수임용

17) 일반적으로 지적되는 문제들 가운데 가장 큰 이슈는 ① 교수평가가 공정하고 객관적이며 이의와 소송을 제기할 수 있는 법적 절차가 마련되어 있을 것, ② 임용권자와 교수가 대등한 관계에서 합리적으로 계약을 맺을 수 있도록 선진국처럼 교수노조를 결성할 것 등이다.

전임교수임용이 늘고 있다.[18] 한번 임용되면 학문과 연구에만 몰두하는 대신 평생 임용이 보장되던 기존의 교수임용체계에 큰 변화가 나타나고 있다.[19] 연단위의 계약직 고용으로 이루어진 비종신전임교수의 증가는, ① 대학의 고용 유동성 확보와 재정 부담 축소, ② 대학이 대학행정을 주도하겠다는 목적에 불과하다는 비난도 있다. 나아가 종신제 폐지의 경향이 강화되려면 비종신 전임 교수에 대한 처우 개선이 필요하다는 점도 해결의 과제로 대두된다.

우리 나라의 경우 문민정부 말기에 '테뉴어제도(종신 고용제)'에 대한 지침이 마련되었고, 국민정부에서는 한발 더 나아가 '테뉴어제도'를 '계약제'로 전환하라는 지침이 내려져 대부분 대학에서는 고심중에 있는 실정이다. 테뉴어의 적용 방식으로 기존의 것은 그대로 두면서 신규임용 시에 '테뉴어'를 폐지하는 경우도 있고, 신설대학의 경우에는 그대로 '테뉴어'를 폐지하기도

---

18) 미국의 경우 테뉴어제도가 서서히 무너지고 있다. 특히 메릴랜드州를 필두로 캔자스 등으로 확대되고 있으며 종신 고용의 비율도 점진적으로 하향하는 추세에 있는 반면 비종신 전임 교수의 비율이 늘고 있다. 미국의 종신 교수의 비율은 52.3%(1975), 52%(1989), 50.9%(1991), 51.7%(1993), 51.7%(1995)으로 다소 줄고 있으며, 非종신 교수는 18.6%(1975), 26.5%(1989), 27.4%(1991), 27.3%(1993), 28.3%(1995)으로 증가 추세를 보이고 있다(『한국대학신문』 1999. 4. 12.).

19) 제이 크로니스터(버지니아대 교수)와 로저 볼드윈(일리암앤메리 컬리지 교수)은 최근 이 같은 내용의 연구 결과를 발표하면서 비종신 전임 교수를 임용하는 게 미국 대학의 오랜 관행이자 트렌드가 될 것으로 예상했다. 이 연구는 종신 교수 과정을 밟지 않고 있는 전임 교수 집단을 대상으로 이뤄진 최초의 광범위한 연구로, 종전에는 주로 시간제 교수에 초점이 맞춰져 있었다. 88개 4년제 고등교육 기관에 대한 설문 조사와 3백85명의 교원을 대상으로 이뤄진 면접 조사, 미 교육부 자료를 바탕으로 한 이 연구는 2000년에 존 홉킨스대에서 단행본으로 출간될 예정. 조사 결과 지난 75년부터 95년까지 계약직 전임 교수의 비율은 19%에서 28%로 증가한 반면 종신 교수 과정을 밟고 있는 교수는 29%에서 20%로 떨어진 것으로 나타났다. 또 조사 대상 대학의 37%는 올 2,000년에는 종신 교수를 밟지 않는 교원의 비율이 더욱 증가할 것으로 전망했다. 심지어 조사 대상 대학의 51%는 그 비율이 50%선까지 육박할 것으로 내다봤다. 일부 대학에서는 종신 교원보다 비종신교원이 더 급여를 많이 받는 등 긍정적 측면도 강하다. 특히 종신 교수나 과정에 있는 교수들이 맡기를 꺼리는 학부생 과목의 교육적 기능이 강화되는 효과가 있다는 것. 실제로 몇몇 비종신 전임 교수들은 학부생 교육 부문에서 상당한 두각을 나타내고 있다고 이 연구는 밝혔다(『한국대학신문』, 1999. 4. 12.).

하고 있다. 최근 교육부가 발표한 교육 발전 5개년 계획 시안에 의하면 대학 교원 정년보장 임용 제도의 개선 방안으로 업적이 탁월한 일부 교수에 대해서만 정년을 보장할 계획이다.[20]

3. 교원업적평가와 교원인사규정

최근에 들어 대학평가인정제의 시행, 대학경쟁력 제고방안 등으로 교수업적평가제도가 도입·시행되고 있으나, 승진임용에는 크게 영향을 주지 못하고 있다. 8개 대학(경기대, 조선대, 한국외대, 계명대, 동아대, 순천대, 목포대)의 최근 3년간 교수승진율을 표본조사한 결과 두 개 대학교를 제외한 6개 대학이 90% 내외의 높은 승진율을 보이고 있었다(『디지털 조선일보』 1999. 3. 4.).

교수 업적평가에 앞서 몇 가지 점들을 지적한다면 ① 교원평가는 일반적인 기준에 맞추지만 반드시 대학의 실정에 따라 시행해야 한다는 점, ② 대학측에서 시행지침을 마련하기보다는 교수들과의 합의가 우선적으로 될 수 있어야 한다는 점, ③ 대학마다 사정이 다르듯이 교수들마다 전공에 따라 사정이 다르므로 교수들을 동일한 기준으로만 평가하는 것도 위험하다는 점, ④ 현재 한국의 교수임용은 계약제로 전환되고 있는 과도기이므로 이 시기에 오히려 교수부문도 특화가 필요하다는 점 예를 들면, 연구중심교수, 강의중심교수, 봉사중심교수, 행정중심교수 등으로 분류하여 교원평가작업을 하는 것이 오히려 바람직할 수도 있다는 것이다. 즉, 미국의 경우, 연구, 교육, 봉사, 행정 등을 종합하여 annual report를 만들어 시행하는데, 현재 한국은 오직 연구

---

20) 「교육공무원임용령」 제5조의 4에 명시된 바와 같이 정년보장 심사위원회에서 대학 인사위원회의 동의에 앞서 정년까지 임용할 교원을 1회성으로 심사하고, 정년까지 임용되는 교원의 정수를 당해 대학교원정원의 범위 내에서 당해 대학의 장이 정하도록 되어 있다. 따라서 우리 나라의 경우, 심사대상교수에게 특별한 과오가 없는 한 정년을 보장하는 것이 관례화되어 있다. 정년보장 부교수나 교수의 비율이 높은 우리 나라 현실에서는 교수들에게 지속적인 자기개발과 교육·연구의 업적을 높이는데는 한계가 있다.

에만 초점을 맞추어 평가하는 것은 개선할 필요가 있다는 것이다.[21]

일반적으로 교원은 전임강사 2년(또는 3년), 조교수 4년, 부교수 5년을 거쳐 '교수'로 임용이 된다. 물론 교원들은 해외연구기관 또는 고등교육기관에서의 연수, 강의기간은 승진소요연수에 산입할 수도 있다. 일반적으로 교원승진의 요건은 연구, 교육, 봉사업적을 위주로 하여 일정한 기준으로 점수를 정하고 그 점수에 따라 승진하는 것이 일반적으로 이루어지는 업적평가방법이다. 교원업적평가는 이미 보았으므로 보다 구체적으로 교원업적평가와 교원인사가 구체적으로 재임용과 승진에 어떻게 적용되는지 살펴보자.

(1) 연구실적과 교원인사규정

ISI(Institute for Scientific Information)가 제작한 SCI(Science Citation Index)에 따르면 1998년 전세계적으로 발표된 논문수는 92만 4,337편으로 1997년에 비해 1% 감소하였다. 미국(29만 7,795편), 영국(8만 3,550편), 일본(7만 5,997편)이 전체 순위의 1~3위를 차지하였다. 1998년 우리 나라 과학자들이 저명 국제학술지에 게재한 논문수는 1만 1,114편으로 1997년의 발표편수에 비해 13.2% 증가한 것으로 나타났다. 이로써 국가별 논문게재 순위도 16위

---

21) 교수평가의 주요 내용은 교육, 연구, 봉사업적 등인데 이것은 대학마다 비율이 다를 수 있다. 대개는 ① 교육 : 연구 : 봉사의 비율이 각각 1 : 1.5 : 1 정도로 평가되고 있으며 ② 평가군별 분류하면 ⓐ 직급별로는 전임강사, 조교수, 부교수로, ⓑ 연령별로는 41세 이하 그룹군, 50 ~ 57세 그룹군, 58세 이상 그룹군, ⓒ 계열별로는 인문·사회, 자연·공학, 예술계열, 의학계열 등으로 나뉜다. ③ 평가결과는 ▷ 신규임용, 승진임용, ▷ 연구비지급, ▷ 연구연교원 선정 ▷ 정년보장 실시 ▷ 급여산정 등에 활용이 된다. 교원들의 진급과 관련하여 참고로 말한다면, 서울대의 경우 1999년 2학기 서울대 교수승진 심사에서 대상자의 40% 정도가 무더기 탈락했다. 서울대 강광하 기획실장은 4일 "인사위원회에서 조교수, 부교수, 정교수로의 승진 대상자 112명 중 44명을 탈락시키는 인사안을 마련, 교육부에 승인을 요청했다"고 밝혔다. 직급별로는 정교수 승진대상자 60명 중 20명, 부교수 승진 대상 42명 중 23명, 조교수 승진 대상 10명 중 1명이 각각 탈락했다. 단과대별로는 국제학술지 논문게재건수 심사를 강화한 자연대, 약대, 공대 등 이공계에서 탈락자가 많았다. 지난해는 승진심사 대상자 110명 중 48명이 탈락했다(『디지털 조선일보』, 1999. 3. 4.).

로 1997년의 17위에 비해 한 단계 상승하였다. 그러나 우리 나라는 절대규모 면에서 미국의 26분의 1, 영국 및 일본의 7분의 1, 독일의 6분의 1 수준에 불과하다(『한국대학신문』, 1999. 7. 19). 물론 우리 나라의 여건과 미국, 영국, 일본이 연구여건이 같을 수도 없을 것이고 우리 나라 교원들의 논문 발표도 국제적 학술지를 이끌고 있는 학술단체들에 의해서도 다소 제한될 수도 있을 것이다.

우리 나라의 경우 연구 여건이 선진국들에 비해 많이 불리하지만 우리 나라 내부에서도 선발 대학들과 후발대학, 상위권 대학 하위권 대학 등의 격차는 심각한 것이 현실이다. 일반적으로 연구업적에서 중하위권 대학은 매우 불리한데 이것은 이 대학들의 교원들이 수업부담이 많고, 연구에 필요한 도서 및 설비의 부족 등 '연구역량 외적 요소'가 영향을 미치기 때문이다(Somit & Tanenhaus, 1964). 교원들의 연구평가를 위해서는 연구업적의 양, 중요도, 영향 및 '질(quality)'에 대한 측정(Johnes, 1988 : 56~63)이 요구될 뿐만 아니라 연구 결과의 인용된 '빈도(frequency)'와 경우에 따라서는 동료교원들의 평가(Folger, Astin & Bayer, 1987)도 중요한 변수가 될 수 있지만 한국에서는 비현실적이다.

교원평가는 양적 평가와 질적 평가로 대별되고 양적 평가는 다시 균등가중치접근과 차등가중치접근으로 나뉜다. 균등가중치접근은 연구업적이 가치가 균등하다는 전제하에 단순히 수량 계산에 의해 업적을 평가하는 방법이고 차등가중치는 저서나 논문과 같은 연구물22)의 유형과 연구수에 따라 가중치를

---

22) 보다 구체적으로 연구실적의 평가에서 연구실적물의 인정범위는 논문은 대학 또는 교수자격을 인정받은 전공분야에 관한 것으로 형식과 내용이 논문으로서의 체제를 갖춘 것이어야 하며, 분량은 200자 원고지 100매(단, 자연과학계는 예외) 이상을 원칙으로 한다.그리고 여기서 말하는 논문은 저자의 이론을 정리·체계화한 전공분야의 학술서적(출판된 것에 한함)이나 전국규모 또는 국제적인 전문 학술지 또는 기타 정기적으로 발간되는 전문학술지(단, 학술대회 발표논문집, 심포지엄 논문집, 회갑(정년 퇴임)기념 논문집, 보고서 등은 제외함)에 게재되어야 하고 일간지 및 교내 신문에 발표된 것은 인정하지 않는다. 일반적으로 박사 학위를 임용 이후에 취득한 경우 그 박사학위논문은 취득 당시 직위에서 차상위직 승진의 연구실적으로만 인정하고, 그 인정도 1회에 한한다.

다르게 하는 방식이다(권기욱, 1993 : 109). 차등가중치접근은 일반적으로 적용되는 방식으로 사회과학저서들을 분석했던 Manis(1951)는 저서 한 권이 18개 장으로 구성되었으므로 저서 한 권은 학술지 논문의 18편에 해당한다고 했고, 정치학, 심리학, 생물학을 조사했던 Crane(1965)은 4편, 정치학을 조사했던 Cartter(1966)는 6편, 사회학 분야를 조사한 Straus와 Radel(1967) 그리고 Lightfield(1971) 역시 6편으로 간주하였다. Lightfield(1971)는 논문 한 편에 1점의 가중치를 줄 때, 편저는 1편당 1점, 학술저서는 100쪽에 1점을 부여해야 한다고 하였고(Lightfield, 1971 : 128~133), 또 다른 분석에 의하면 연구논문과 단행본을 1편당 30점이라고 하면 교재용 저서와 번역서는 15점, 편저는 10점, 그 이외에 발표된 것은 4~10점의 점수를 받을 수 있다고 한다(Glenn & Villemez, 1978 : 244~251). 그러나 이상의 논의는 미국을 중심으로 한 이론적 문제이고 우리의 경우에는 현실적으로 적용되고 있지 않다. 우리 나라 주요 대학들의 경우를 살펴보면 다음과 같다.

[표Ⅲ-②] 국내대학 연구업적평가 배점표

대학	논문(국제저명)			저서(국제저명)			논문(국내저명)			저서(국내저명)		
	인문	사회	이공	인문	사회	이공	인문	사회	이공	인문	사회	이공
A대	150	180	150	200	220	200	100	120	100	150	180	150
B대	80	100	100	80	100	100	40	40	40	100	80	80
C대	40	40	40	40	40	40	30	30	30	30	30	30
D대	150			200			120			150		
E대	200			200			100			100		
F대	5			5			4			3		
G대	70			100			50			·		
H대	150			200			100			150		
I대	200			200			100			150		
J대	200	200	200	200	200	200	150	150	150	150	150	150
K대	250	250	200	300			150	130	100	200		
L대	150			200			100			100		
M대	30			30			20			30		
N대	300			150			125			150		
O대	20			40			10			20		
P대	200	200	200	600	400	300	100			500	300	150
Q대	200		200	200		250	100		150	150		150
R대	300			150			160	140	140	80		

위의 표에서 P대학교를 제외하고는 앞에서 논의한 이론적인 '저서와 논문의 비중'의 근거를 고려한 흔적은 보이지 않는다. 즉, 주먹구구식으로 적당히 버무려 두었다는 말이다. 물론 제Ⅱ장에서 지적한 대로 대부분의 대학들이 영역별 점수분포나 계량적인 방법을 사용하고 있음에도 불구하고 지금까지 많은 연구자들에 의해 논의된 것들은 한국의 실정에 맞지 않는 것도 사실이다. 과연 우리 나라에서 Crane, Cartter, Lightfield의 지적같이 저서 1편이 논문 4~6편으로 간주할 수 있을까 ? 위의 표를 보면 P대는 교육학적 기반하에서 점수배정을 했음을 알 수 있지만, 이것이 과연 타당할 것인가도 의문이다. 왜냐하면 국내 저서 1편이 국제적인 유명학술지에 논문발표한 것의 2.5배가 되는 것은 아무래도 현실감이 없기 때문이다. 그렇지만 논문에 대한 저서의 비중은 최소한 2~2.5배는 되어야 하고 국제논문(저서)이 국내의 그것들의 최소 2배는 넘어야 보다 타당한 것이다. 왜냐하면 논문과 저서의 분량의 차이는 적게는 2배 많게는 8배 이상 차이가 나는 것도 많으며 순수 교과서적인 이론서가 아닌 경우에는 저서가 가진 독창성이 분명히 있기 때문이다.23) 그러므로 장기적으로는 논문과 저서의 가중치 비율을 2~2.5배 또는 그 이상으로 하되 단기적으로는 지금까지의 관행대로 교수들의 의견 접근을 통해 만들어 가면 될 것이다.

연구업적평가 배점기준이 설정이 되면 전임강사에서 조교수, 조교수에서 부교수, 부교수에서 교수의 승진에서 각각의 배점을 정하면 교원승진에 관한 인사규정이 되게 된다. 즉, 이 기준을 넘은 교원이면, 승진의 대상이 되고, 승진의 대상이 된 교원은 학교사정에 따라 승진하게 되는 것이다. 이상이 대체적으로 적용되는 연구실적과 교원인사규정과의 관계이다. 그리고 부가적으로 현재의 한국의 사정 하에서는 새롭게 대두되는 분야에 박사 소지자들은 귀한

---

23) 논문의 경우에는 한두 가지의 이론적인 독창성을 기반으로 그것을 증명하는 데 초점을 맞추고 있고, 그것의 증명이 바로 그 논문의 대강을 형성하고 있는 반면에 저서는 교과서류의 저술을 제외하고는 자신의 학적인 연구성과의 총체를 종합하는 과정이므로 저서와 논문은 차이가 있다. 이론적으로 제시되고 있는 저서와 논문의 비중은 보다 임상적(empirical) 조사결과이기 때문에 무시할 수 없다. 그러나 '학문의 수입국'인 우리의 현실과 독창적인 논문이나 저서보다는 "교과서를 즐겨 쓰는 우리 나라의 풍토"를 감안하면, 논문과 저서를 거의 동일시하는 경우가 많다.

반면 기존의 많은 분야에서 박사학위 소지자가 과다하기 때문에 교육법상으로 교원임용 요건 가운데 박사 소지자로의 제한규정은 없지만 경우에 따라 부교수에서 교수로 승진함에는 박사 학위소지를 원칙으로 하되, 해당 직급에 요구되는 교육업적 및 봉사업적의 승진요건을 충족하고 승진예정일을 기준하여 최근 5년 이내에 연구실적의 소정의 기준에 합당하면 심사대상이 될 수 있을 것이다.

그런데 여기서 문제가 되는 부문은 ① 대학원이 활성화되어 있는 대학의 경우와 그렇지 않는 경우, ② 인문·사회계의 경우와 자연·공학의 경우, ③ 설립된 지 5년 이하 대학인 경우, 10년 이하 대학, 10년 이상 대학인 경우, ④ 신생분야와 기존 분야 등에 따라서 연구업적은 실로 많은 차이를 보이게 된다. 현실적으로 우리 나라에서는 대학원생들을 교원 개인연구로 동원하고 있기 때문에 세칭 명문대일수록 교원들의 연구업적이 그 개인의 연구역량과는 상관없이 우수해질 수밖에 없다. 이공계의 연구업적이 인문·사회계의 연구보다도 더욱 어려운 것도 사실이며 간학문적인 경향이 어느 때보다 증대하고 있는데도 불구하고, '학문적 배타성'이 극심한 우리의 현실에서 간학문적 논문이나 저서는 연구업적으로 인정받기가 매우 어렵다. 뿐만아니라 설립된 지 5~10년 이하의 대학들의 교원들의 연구업적이 10~20년 이상된 대학과 비교하는 것도 불가능하다. 이 같은 점들을 고려해 볼 때 연구여건이 부실한 대부분의 중하위권 대학들의 교원들이 BK21 계획에 대해서 극심히 반발하는 것은 당연한 일이다. 그러나 그것이 교원업적평가 및 연봉제, 계약제의 폐지와 연결된다는 것[24]은 잘못된 발상이다.

---

24) 두뇌한국 21(BK21)은 주요 관련사항 해설 참조. 조속한 시일 안에 국제 수준의 경쟁력을 갖추도록 연구여건이 조성된 대학부터 집중하겠다는 취지로 추진된 Brain Korea 21 계획은 대학교수들의 광범위한 반발을 불러 일으켰고, 최대의 수혜자로 거론되던 서울대 교수들 조차도 전면 재검토를 요청하였다. 정부는 여전히 이 사업의 골격은 유효하다고 강조하고 있다. 이 사업이 현실적으로 그대로 시행되기는 어려울 것으로 보이지만 그대로 진행되고 있는 상황이다. 그런데 문제는 Brain Korea 21 계획의 또 다른 축이었던 '교수개혁'은 기대하기 어렵다는 시각이 보편적으로 대두하고 있다는 점이다. 즉, Brain Korea 21 사업의 참여 자격에서 교수 연구업적평가, 연봉제, 계약제 등 신분과 관련된 전제조건을 삭제하기로 했기 때문이다(『조선일보』, 1999. 7. 8.).

    교원의 연구업적에 대한 심사절차는 ① 교원임용 및 승진은 소속 학부장이 총장에게 상신하고 ② 총장은 소속 학부장의 의견을 들어 각 실적의 평가위원을 결정하여 심사를 위촉한다. ③ 총장은 심사결과를 검토한 후 인사위원회의 심의를 거쳐 승진 여부를 결정하는 형식으로 진행이 되면 된다. 경우에 따라서 연구실적 중 일정 점수 이상에 대한 평가는 총장이 위촉한 해당 전공분야의 3인(타교 2명)의 위원이 담당하되 위원은 심사대상자보다 상위직 교원을 원칙으로 한다. 물론 해당 위원회에 당해 본인은 참여하지 못한다.

(2) 교육 및 봉사업적과 교원인사규정

    교육업적과 봉사업적의 평가기준은 각 학교의 현실에 맞게 이루어지겠지만 교육업적은 담당교과내용의 충실성, 강의 및 학생지도에서의 열의, 교육효과의 고양 등의 분야로 나누어 평가하고 그 세부적인 것은 학교사정에 따라 할 수 있을 것이다. 봉사업적은 해당 학교의 정관규정에 따라 교원의 인격과 자질, 그 대학교교육 목적에의 적응성, 그 대학발전에 대한 기여도, 국가사회에 대한 기여도 등 광범위한 분야에 걸쳐 평가하되 보다 객관적인 기준을 확보해야 한다. 왜냐하면 이 부분의 악용소지가 매우 넓기 때문이다. 그럼에도 불구하고 승진규정에서 정한 승진요건을 갖춘 교원이라도 상당한 이유가 있다고[25] 총장이 인정할 때에는 승진임용유보도 가능한 조항이 필요할 수도 있다. 나아가 주어진 기간 내에 승진하지 못한 교원에 대하여는 승진할 때까지 호봉승급을 정지하며, 연구년 교원대상에서 제외하는 등의 일정한 조치가 있는 것이 교원평가제도를 활성화하는 데 도움이 될 것이다.[26]

---

25) 오늘날 대학에서 학생지도문제로 대학경영측과 교원측 사이에 마찰을 빚는 경우가 많이 나타나는데 특히 신생대학이나 취업이 부진한 대학의 경우가 많다. 물론 교원들의 입장에서 보면 학생지도는 교원들에 대한 책임추궁의 꼬투리에 불과할 수도 있지만 향후 만성적인 불황과 더불어 이 부분은 더욱 심화될 것이다. 학생지도는 주로 ① 취업 및 진로지도, ② 학생생활관리, ③ 학생상벌 관련 사항, ④ 동아리활동에 관한 사항, ⑤ 학생상벌에 관한 사항 등으로 매우 다양해지고 있다.

26) 교수에 대해서도 어떤 기준이 필요하다. 가령 교수로 승진 후 5년이 경과한 시점부터 연구실적을 심사하되 심사일을 기준으로 최근 5년 이내의 연구실적이 250점 이상인

우리 대학들의 교육 및 봉사에 대한 배점기준들은 매우 다양하다. 학생의 입장에서 교육이 중시되는 것은 학력이 취업과 직접적인 연계가 되어 있기 때문이다. 다케우치(竹內, 1985)는 이것을 Berg(1970)와 Squires(1979)의 견해를 토대로 '인지적 특성설'과 '비인지적 특성설'로 설명하고 있다.[27] 경제위기를 거치고 만성적인 경기침체의 국면에 접어들수록 교육영역에 대한, 학생들이나 중하위권 대학경영진들의 관심들이 각별할 수밖에 없는 것은 당연하다. 그리고 봉사영역과 학생지도영역은 각 대학들의 발전 방향과도 밀접한 관련을 가지고 있음이 관측되고 있다. 우리 나라 주요 대학들의 경우를 살펴보면 [표Ⅲ-③]과 같다.

[표Ⅲ-③]에서 주목할 점은 매우 많다. 학생지도의 측면을 보면, B대, J대, P대, N대, M대의 경우는 그 비중이 매우 크다는 것을 알 수 있다. 그리고 강의평가의 경우는 A대, B대, G대, H대, M대, N대, O대 등에서 매우 높게 나타나고 있다. 즉, 학생들에 의한 교원평가를 매우 중시하겠다는 의미이다. 이와 대조적으로 학생들의 강의평가를 거의 고려하지 않겠다는 대학들은 E대, D대, P대, F대 등이 있는데 '학생소비자중심주의'에 역행하고 있다는 점에서 관찰해볼 필요가 있다. 그리고 보직에 의한 봉사의 경우를 보면 A대, F대, G대, J대, I대가 높게 나타나고 있다. 다시 말해 행정보직에 전념할 수 있는 환경을 만들어 준다는 것인데 역으로 말하면 변화기의 대학에서 대학경영에 전

경우에는 기성회 연구수당을 4%(교수승진시의 기본수당의) 증액하고 연구실적 심사 통과일을 기준으로 하여 5년마다 재심사를 하는 방안이라든가 연구실적이 250점 미만인 교수의 경우에는 매학기 심사일을 기준하여 최근 5년 이내의 연구실적을 재심사하고 심사에 통과할 때까지 호봉 승급을 정지하며 연구년 교원대상에서 제외한다든가 하는 여러 가지 방안이 있을 것이다.

27) 다케우치(竹內)는 Berg(1970), Squires(1979) 등의 논의를 토대로 기업이 학력을 채용 기준으로 삼는 이유로 인지적 특성(전문적 능력설, 훈련가능설)과 비인지적 특성(인성 특성설, 위신설)로 나누어 설명하였다. 전문능력설은 학교 교육이 직업에 필요한 전문 기능을 습득시킨다는 것이고 훈련가능설은 "경영자들은 가장 훈련비용이 적게 드는 사람(the least expensive to train)을 채용하려고 한다는 것이며, 인성특성설은 고용주가 대졸자들을 원하는 것은 전문능력뿐만 아니라 대학교육을 통해 얻어지는 자신감, 대인 관계 때문이라는 설명이고, 위신설이란 대졸자가 그 회사에 많은 만큼 그 기업의 사회적 위신이 증가한다는 것이다(竹內, 1985: 236~239).

넘해야 할 필요가 크거나 대학경영이 서서히 전문화되고 있음을 보여주고 있
다. 따라서 대학들은 이 같은 점들을 고려하여 가중치를 정할 필요가 있다.

[표Ⅲ-③] 국내대학교육 및 봉사업적평가 배점표

대학	교 육			봉 사	
	수업	강의평가	학생지도	교내	교외
A대	48	60	5	70	20
B대	27	20	80	40	100
C대	40	·	·	10	10
D대	42	1	3	50	50
E대	24	7	200	100	100
F대	15	2	3	40	20
G대	30	20	10	40	10
H대	25	20	·	50	50
I대	23	0.1	0.2	12	5
J대	120	20	60	36	12
K대	90	20	10	40	50
L대	77	10	4	20	15
M대	20	20	10	6	5
N대	25	100	200	100	100
O대	12	10	·	·	·
P대	80	·	65	20	20
Q대	36	·	14	30	20
R대	122	·	·	20	30

주 1) 교내봉사는 처장급 이상이고 교외는 주요 국가기관 임원 이상 및 주요 학회장 정
도의 수준을 말한다.
주 2) 수업은 주로 교육과정의 운영 및 개발실적(논문지도 제외).

4. 교원평가와 재임용 및 승진임용

　　Turner(1963)는 사회적 상승이동을 '비호이동(sponsored mobility)' '경쟁이
동(contest mobility)'의 두 유형으로 나누었는데,[28] 이것은 조직 내에서의 승

진을 설명하는 데 유용하고 특히 교원들의 승진 관행과 추세의 변화를 설명하는데도 적절하다. 그 동안 우리 나라 교원들의 승진은 '비호이동'의 범주에 속하였다. 교원들의 신분은 법적·사회적으로 보장되었으며 극소수의 예외를 제외하고는 자동적인 승급 과정을 밟았다. 그러나 교원평가가 서서히 시작되면서 이 같은 관행은 서서히 '경쟁이동'의 유형으로 변모하게 되었다.

교원업적평가는 교원인사에 반영하기가 쉽기 때문에 대부분의 대학들에서 교원평가에 반영되고 있으며 교원평가가 가장 크게 교원인사에 반영되는 것은 재임용과 승진임용과정이다. 교원평가기준을 통해서 산정되는 점수를 토대로 하여 승진의 최소한 점수를 정한다거나, 영역별 상한선을 정하면 교원인사는 간단히 이루어지기 때문이다. 즉, 교원의 재임용에서도 필요한 분야별 최소 점수를 정하고 그에 따라 심사할 수 있다. 심사 절차는 ① 재임용에 필요한 심사 평정표는 재임용 4개월 전에 교무처장(교무과)의 통보에 따라 본인이 작성하여 학과장의 확인을 받은 후 학장에게 제출하고, ② 학장은 각 평정항목을 평가하여 평정점수를 기재한 뒤 해당란에 날인하여 교무처장(교무과)에게 제출하고 교무과는 수합된 평정표 중 연구업적 심사 평정표는 학술위원회에, 교육업적 심사평정표 및 봉사업적 심사평정표는 학사위원회에 송부한다. 그리고 해당 심사위원회는 관련자료에 근거하여 각 평정 항목을 심사하고 위원회의 의결을 거쳐 총장에게 제출하면 ③ 총장은 심사 결과를 검토한 후 인사위원회 심의를 거쳐 재임용 여부를 결정한다.

연구업적평가는 일반적으로 소속대학장이 담당하며, 심사대상자가 학장본인일 때는 연구처장이 평가자가 되면 된다. 교육업적의 평가점수[29]와 봉사점

---

28) '비호이동'은 문자 그대로 엘리트 후보가 특별한 엘리트 코스를 밟으면서 기존 엘리트의 비호 아래 엘리트로 다시 양성되는 사회이동의 형식이며, '경쟁이동'은 전원이 동일한 조건하에서 공정하게 경쟁하여 순위가 최종적으로 결정되는 사회이동의 양식이다(竹內, 1985 : 242~243).

29) 구체적으로 하나의 예를 만들어 보면 다음과 같다. 즉, ① 강의 계획서의 평가 : 본인이 선택한 1개 강좌에 대하여 작성된 강의 계획서가 강좌의 성격과 강좌 개설의 목적에 부합되는지의 여부 등에 따라서 평가한다. ② 강의 보조 자료의 개발 : 본인이 선택한 1개 강좌에 대하여 효과적인 수업을 위한 교수법이 어느 정도 개발되었는지, 교육 기자재가 어떻게 활용되었는지의 여부 등에 따라서 평가한다. ③ 수업의 이행 상태

수는 각각의 해당 기준에 따라 매학기 합산하고, 이를 현임용기간에 걸쳐 누계하여 산출한다.[30] 이제 실제적으로 이루어지는 구체적인 대학의 사례를 통해 문제점과 바람직한 방향을 살펴보도록 하자.

교원업적평가는 교원의 재임용, 승진임용, 정년보장심사, 우수교원 선정 및 장려금지급 등의 기초자료로 활용할 수 있다. [표 Ⅲ-④]는 임용기간이 경과한 교원이 재임용에 필요한 최소한의 업적평점과 승진이 필요한 기간이 만료된 교원승진임용에 필요한 최소한의 업적평점의 예시이다. 물론 대학들마다 구체적인 내용은 다르겠지만, 그 시행과정은 포항공대를 제외하고는 다음의 경우와 크게 다르지 않을 것이다.

: 공무 외의 사유로 인한 휴강 또는 결강이 없으면 A, 1회이면 B, 2회 이상이면 C로 평가한다. ④ 성적 평가 분포의 적정선 : 교무처로부터 지적 받은 과목이 없으면 A, 1개 과목이면 B, 2 과목 이상이면 C로 평가한다. ⑤ 성적 정정 빈도 : 성적 정정이 없으면 A, 1회이면 B, 2회 이상이면 C로 평가한다. ⑥ 학생지도에 대한 열의 : 교내 외의 학생지도에 대한 관심 및 참여도에 대한 실적과, 상담 시간 배정 및 상담실적 등에 따라 평가한다. ⑦ 학사 행정의 준수 : 각종 서류 제출 등 제반 학사 행정 준수 등에 대하여 평가한다. ⑧ 강좌 평가의 결과 : 본인이 선택한 1개 강좌에 대한 강좌 평가 설문의 결과를 산출하여 그 점수가 40점 이상이면 A, 20점 이상이면 B, 20점 미만이면 C로 평가한다.

30) 봉사업적의 평가점수는 현임용기간에 걸쳐 다음과 같은 기준으로 누계하면 된다. 아래는 그 예시이다. 즉, ① 국제학회 또는 단체임원 : 회장단이면 A, 임원이면 B, 기타는 C로 평가, ② 전국학회 또는 단체임원, ③ 산학협동 또는 사회봉사활동 : 산학협동의 활동, 사회적 행사의 운영심사심판, 사회봉사단체 및 각종사회기관의 임원 및 위원, 사회교육 및 봉사활동에의 참여, 언론활동 등을 중심으로 평가, ④ 교내 행정보직 수행 : 부장급 이상의 직무를 2학기 이상 수행한 경력이 있으면 A, 학과장급 이상의 직무를 2학기 이상 수행한 경력이 있으면 B, 기타는 C로 평가, ⑤ 교내 각종 전문위원 : 1년 이상 그 직무를 수행한 경력이 있으면 A, 1년 미만이면 B, 기타는 C로 평가, ⑥ 교수회의(전체, 단대, 학과) 참석률 : 90% 이상 참석시 A, 60% 이상 참석시 B, 60% 미만은 C로 평가, ⑦ 수상 및 공훈 : 국가 수여상 또는 국제학회 및 단체상은 A, 학술단체상은 B, 기타는 C로 평가, ⑧ 특허 : 국제 특허를 받은 경우는 A, 국내 특허는 B, 기타는 C로 평가, ⑨ 기타 봉사, ⑩ 장계 및 서면 경고 : 정직은 1월에 -30, 2월에 -35, 3월에 -40점을 누가하며, 감봉은 1월에 -15, 2월에 -20, 3월에 -25점을 각각 누가하고, 견책은 -10점, 서면 경고는 -5점을 누가한다.

[표Ⅲ-④] 재임용과 승진임용의 예

(Ⅰ) 주요 항목별 평가배점표(발췌하여 재구성)

학술지등급·연구	배 점			봉사구분	배점	교육구분	배점
	인문	자연	예체				
저명 국제학술지	300	300	300	정부 민간	10~20	수업시수	8~10
일반 국제학술지	160	140	140	강연기고	5~10	강의계획서	3~8
저명 국내학술지	160	140	140	학술활동	10~20	강의계획서실행	5~7
일반 국내학술지	100	80	80	주요 보직	15~20	교수방법	3~5
국내 지방학회지	40	40	40	기 타	10	휴강여부·학생지도	20
국내 지부학술지	40	40	40			상대평가	10
대학논문집	40	40	40	개략적 총점	50~80	개략적 총점	60
비 고	저서는 생략			주요 부분만 발췌		시행할 경우를 중심으로	

(Ⅱ-1) 재임용   (Ⅱ-2) 승진임용

직위	평가 기간	영역별 최저평점			최저종합 평점	평가 기간	영역별 최저평점			최저종합 평점
		연구	교육	봉사			연구	교육	봉사	
전임강사	2년	100	180	20	300	2년	100	220	30	350
조교수	3년	150	270	30	450	4년	200	440	60	700
부교수	6년	300	540	60	900	5년	250	550	75	875

| 주 |

여기서 승진임용의 경우 전임강사에서 조교수로 승진할 경우가 2년, 조교수에서 부교수의 승진이 4년, 부교수에서 교수 승진이 5년이란 의미이다.

위의 표를 보면 교육과 봉사의 경우는 학기당(6개월)으로 수행된 것으로 사실상 고정적으로 교원들이 점수를 받고 있는 상태라고 봐도 무방할 것이다. 즉 이 대학의 어느 교원이라도 책임시수인 9시간을 채우고 정상적인 교육 및 봉사활동에 종사하면 1년 동안에는 150~250점 정도를 받고 있으며, 2년이면 300~500점을 획득할 수 있으므로 재임용이나 승진임용에 별다른 무리가 없음을 알 수 있다. 문제는 연구업적인데 만약에 영역별 하한선이 없다면 이 대학의 교원들은 굳이 힘들게 연구 작업을 행하지 않을 가능성이 높다. 위의 표와 같이 연구배점이(Ⅱ-1)(Ⅱ-2)과 같이 정해져 있을 경우에는 전임강사의 경우에는 2년 내에 국내 일반학술지에 논문 한 편을 내거나 대학 논문

집에 2~3편의 논문만 게재하면 된다. 그리고 교원인사규정내에 예외규정
이[31) 있을 때에는 현실적으로 교원들에게 승진이 힘들지 않을 수도 있다. 그
러나 그 배점을 상향조정할 경우 교원들에게는 매우 힘든 상황이 될 것이다.
각 대학들은 위의 사례와 표현방식을 기초로 각자에 맞는 인사규정을 만들면
될 것이다.

다시 위의 표로 돌아가 보면, 위의 기준표는 모 대학의 구체적인 사례인데
이것은 연구중심대학이 되려한다거나 국가 전체의 경쟁력을 강화하기에는
그 배점기준이 달라져야 한다. 그리고 여기서 주의할 점은 재임용기준과 승
진임용의 기준을 다르게 할 것인지 여부에 따라 매우 다양한 조합이 나타날
수 있다는 점이다. 위의 구체적인 사례의 경우에서는 재임용기준과 승진임용
의 기준을 다르게 하였지만(승진을 훨씬 어렵게) 그 경우에는 오히려 복잡성
을 가중시킬 가능성도 있기 때문에 아래의 분석은 재임용기준과 승진임용의
기준을 같은 것으로 가정하였다. 따라서 각 대학들은 각자의 사정에 따라 적
용시키면 된다.

이제 대학을 몇 가지로 나누어서 연구중심대학의 경우, 교육중심대학의 경
우 및 신설대학으로 나누어 고찰해보기로 하자.

---

31) 가령 교원인사규정 내에 "교수로서 상당한 자질을 가졌거나 학교의 발전을 위하여
교육 또는 봉사에 큰 업적을 남겼을 경우 총장이 인정하는 자는 특별승진 대상이 된
다"는 규정을 설치해 두는 경우를 상정해 볼 수도 있다. 물론 이 경우에도 그 구체적
인 내용을 제시하여야 한다.

[표Ⅲ-⑤] 연구중심대학의 재임용과 승진임용의 예

(Ⅰ) 주요 항목별 평가배점표(발췌하여 재구성)

학술지등급 · 연구	배점	봉사구분	배점	교 육 구 분	배점
저명 국제학술지	100	정부 · 민간	·	최소수업(3시간)	10
일반 국제학술지	50	강연기고	·	강의계획서	·
저명 국내학술지	40	대외활동	·	강의계획서 실행	·
일반 국내학술지	30	주요 보직	·	교수방법	·
국제 전문학술저서	130		·	학생지도	5~10
국내 전문학술저서	100	·	·	학술활동	10~20
전문번역서(초판)	70	·	·	논문지도	10~20
총 점	520	·	·		35~50

| 주 |

　　교육과 봉사의 평가기간은 1년임, 즉 교육의 경우 1년 동안 학기당 3시간 강의를 했을 경우 모두 6시간이 되므로 이 6시간의 배점이 10점이라는 뜻.

(Ⅱ-1) 재임용　　　　　　　　　　　　(Ⅱ-2) 승진임용

직위	평가기간	영역별 평점			최저종합평점	평가기간	영역별 평점			최저종합평점
		연구	교육	봉사			연구	교육	봉사	
전임강사	2년	200	20	20	240	2년	200	20	20	240
조교수	3년	300	30	30	360	4년	400	40	40	480
부교수	6년	600	60	60	720	5년	800	50	50	900

| 주 |

　　(1) 교육과 봉사의 평점은 최고 상한선인 데 반하여, 연구업적은 최저평점이라는 것이 중요하다(연구실적의 상한선은 없다).
　　(2) 여기서 승진임용의 경우 전임강사에서 조교수로 승진할 경우가 2년, 조교수에서 부교수의 승진이 4년, 부교수에서 교수 승진이 5년이란 의미이다.
　　(3) 승진임용의 배점기준은 1년에 국제학술지에 논문을 1편 발표하는 것을 기준으로 작성되었고, 교육 및 봉사는 1년에 10점으로 계산함.

　　위의 표(Ⅱ-1)과 (Ⅱ-2)는 포항공대의 기준을 원용하여 단순화하여 작성한 것인데 대학마다 사정이 다르기 때문에 다소의 조정도 가능할 것이다. 연구에는 상한선이 없는 대신 교육과 봉사는 실질적으로 고려대상이 되지 못하기 때문에 교원들은 오직 연구에만 전념하지 않으면 안 된다. 우리의 현실로 봐

서 위의 기준은 매우 어렵기 때문에 업적 성취에 따르는 시간적 제약을 두지 않는 것이 바람직하다. 교원들은 조교수에서 부교수로 승진하기 위해서는 최소한 4편, 부교수에서 교수로 승진하기 위해서는 최소한 8편을 국제전문 학술지에 실어야 하고 주어진 기간은 4년 또는 5년으로 되어 있지만, 기간상의 제약은 실제로 없고 언제든지 달성한 시점을 기준으로 하면 된다. 경우에 따라 전임강사가 조교수가 되는 데 10년이 걸릴 수도 있는 상황이다. 전체적으로 교원업적평가에서 연구가 차지하는 비중이 85% 이상을 차지하고, 그 상한선도 없다. 그리고 이것을 국내학술지 점수로 환산하면, 교원들이 4년 간 최소 10편의 논문을 국내 저명학술지에 실어야 하는데, 한 학기에 한 편씩 논문을 써야 하는 정도로 매우 힘든 작업이다. 만약 위의 사례가 포항공대의 경우라면 국내에서도 이들은 해당 분야의 서울대, 과기대 등의 교원들과 극심한 경쟁을 치러야 한다.[32]

다음으로는 교육중심대학의 경우를 예시하면 다음과 같다.

---

32) 참고로 고려대는 교수업적평가 개선안을 마련하여 2001년 3월부터 적용할 예정인데, 시안(始案)에 따르면, 승진 및 재임용, 정년보장임용 심사에 필요한 최소업적평가를 상향조정하고, 교육과 연구업적은 각각 업적평가점수의 40% 이상을 취득해야 하는 반면, 봉사업적은 20%까지만 인정하기로 하였다. 이에 따르면 전임강사에서 조교수로 승진하는 경우 2년간 종전 160점에서 200점을, 조교수에서 부교수는 4년간 400점을, 부교수에서 교수는 5년간 500점을 각각 취득하여야 한다. 연구업적평가도 강화되어 학술논문은 국내저명 학술지의 경우 30~40점인 데 반해, 국제저명 학술지는 50~80점으로 상향조정하였다(『한국대학신문』, 2000. 4 .24.).

[표Ⅲ-⑥] 교육중심대학의 재임용과 승진임용의 예

(Ⅰ) 주요 항목별 평가배점표(발췌하여 재구성)

학술지등급·연구	배점	봉사구분	배점	교 육 구분	배점
저명 국제학술지	100	정부·민간	2	수업(9시간이상)	20~40
일반 국제학술지	50	강연기고	2	강의계획서	10
저명 국내학술지	40	학술활동	10	강의계획서 실행	10
일반 국내학술지	30	주요 보직	5	교수방법	20~40
국제 전문학술저서	130	대외봉사	5	휴강 여부	10
국내 전문학술저서	100			상대평가	10
전문번역서(초판)	70			학생지도	20
총 점	520		25		100~140

| 주 |

교육과 봉사의 평가기간은 1년임 즉 교육의 경우 1년 동안 학기당 3시간 강의를 했을 경우 모두 6시간.

<table>
<tr><td rowspan="2">직위</td><td rowspan="2">평가
기간</td><td colspan="3">영역별 평점</td><td rowspan="2">최저종합
평점</td><td rowspan="2">평가
기간</td><td colspan="3">영역별 평점</td><td rowspan="2">최저종합
평점</td></tr>
<tr><td>연구</td><td>교육</td><td>봉사</td><td>연구</td><td>교육</td><td>봉사</td></tr>
<tr><td>전임강사</td><td>2년</td><td>60</td><td>240</td><td>10</td><td>310</td><td>2년</td><td>60</td><td>240</td><td>10</td><td>310</td></tr>
<tr><td>조교수</td><td>3년</td><td>100</td><td>360</td><td>15</td><td>475</td><td>4년</td><td>120</td><td>480</td><td>20</td><td>620</td></tr>
<tr><td>부교수</td><td>6년</td><td>180</td><td>720</td><td>30</td><td>930</td><td>5년</td><td>150</td><td>600</td><td>25</td><td>775</td></tr>
</table>

(Ⅱ-1) 재임용 　　　　　　　　(Ⅱ-2) 승진임용

| 주 |

(1) 연구평점은 상한선인 데 반하여, 교육업적은 최저평점이라는 것이 중요(교육중심대학의 경우, 교육실적의 상한선은 없다), 그러나 연구만을 전념할 교원들에게는 연구업적의 상한 규정은 없다는 예외규정이 반드시 필요.

(2) 여기서 승진임용의 경우 전임강사에서 조교수로 승진할 경우가 2년, 조교수에서 부교수의 승진이 4년, 부교수에서 교수 승진이 5년이란 의미이다.

(3) 교육배점은 100~140의 평균인 120점을 기준으로 하였음(1년 기준임). 따라서 전임강사가 조교수가 되려면 2년이 필요하므로 2년간 최소 240점의 교육영역 점수가 필요하다는 의미.

(4) 봉사영역은 5점으로 연구영역은 1년에 30점으로 계산하였다. 이것은 국내 일반학술지에 논문 1편을 발표하는 것에 해당한다.

위의 예에서 보는 바와 같이 교육중심대학의 경우는 교육의 배점기준이 높고 이에 대한 상한선이 없는데에 반하여 봉사점수는 거의 미미한 수준이라는 것이다. 그리고 연구업적에 대해서도 상한선으로 규정하고 있는 점에서 연구중심대학과는 근본적으로 다르다. 그런데 유의할 점은 연구중심대학에서 사용하는 연구업적배점을 그대로 사용하고 있다는 점이다. 이것은 교원의 책무 가운데서도 연구가 매우 중요한 요소이므로 연구만을 통해서도 얼마든지 재임용이나 승진임용을 할 수 있다는 것이고 다만 교육중심학교의 특성상 교육배점을 강화한다는 특성을 지니고 있다. 이것은 대학을 '연구'에 기반한 교육과 봉사라는 원칙적 개념에 바탕을 두고 있기 때문이다. 위의 예를 보면 교원들은 기준시수의 강의와 학생지도 및 평가에 주력하면 77% 이상의 승진요건을 충족하기 때문에 약간의 봉사와 연구업적을 남기면 된다. 그리고 여기에서 말하는 연구는 전공분야에의 연구뿐만 아니라 교육방법의 개량도 포함한다는 것이 중요하다. 따라서 교원들은 교육에 전념하고 교육매체 개발이나 교육방법의 개발에 연구 역량을 집중할 수 있는 일거양득의 효과를 보게 되고 이것은 '사이버'대학으로 발전하기에 용이한 구조를 가지고 있다. 물론 위의 표도 하나의 예시에 불과하므로 각 대학들은 자신의 토양에 맞도록 선택 및 조정하면 된다. 다음으로는 학교 기반시설이 정비되어 있지 못하거나 신설된 지 10년 이하의 대학의 경우를 살펴보자.

[표III-⑦] 신설대학의 재임용과 승진임용의 예(설립연수 10년 이하)

(Ⅰ) 주요 항목별 평가배점표(발췌하여 재구성)

학술지등급·연구	배점	봉사구분	배점	교 육 구분	배 점
저명 국제학술지	100	정부·민간	5	수업(9시간 이상)	20~40
일반 국제학술지	50	위원회활동	40	강의계획서	10
저명 국내학술지	40	학술활동	5	강의계획서 실행	10
일반 국내학술지	30	주요보직	40	교수방법	20~40
국제 전문학술저서	130	학교발전	40	휴강 여부	10
국내 전문학술저서	100	기 타	10	상대평가	10
전문번역서(초판)	70			학생지도	20
개 략 총 점	520		140		110

| 주 |

교육과 봉사의 평가기간은 1년임, 즉 교육의 경우 1년 동안 학기당 3시간 강의를 했을 경우 모두 6시간, 그리고 보직과 위원회활동이 중복될 경우에는 배점이 높은 것으로 계산함.

(Ⅱ-1) 재임용　　　　　　　　　　(Ⅱ-2) 승진임용

직위	평가기간	영역별 평점			최저종합 평점	평가기간	영역별 평점			최저종합 평점
		연구	교육	봉사			연구	교육	봉사	
전임강사	2년	60	120	140	320	2년	60	120	140	320
조교수	3년	120	180	210	510	4년	120	240	280	640
부교수	6년	180	360	420	960	5년	150	300	350	800

| 주 |

(1) 연구평점은 최저 상한선인 데 반하여 봉사업적은 최저평점이라는 것이 중요.

(2) 여기서 승진임용의 경우 전임강사에서 조교수로 승진할 경우가 2년, 조교수에서 부교수의 승진이 4년, 부교수에서 교수 승진이 5년이란 의미이다.

(3) 배점의 산정은 봉사영역은 70점을, 교육은 60점으로, 연구영역은 1년에 30점으로 계산하였다. 이것은 신설대학 교원들의 경우 연구를 하기 힘들므로 국내 일반학술지에 논문 1편을 발표하는 것으로 계산한 것이다.

대개 신설되거나 설립된 지 10년 이하의 대학들은 교육기반의 정비가 매우 시급한 과제이다. 그러나 그런 상황에서도 교육기반의 정비 못지않게 중요한 것은 '교육'이다. 이 점이 신설대학들의 상황을 매우 어렵게 만드는 요인이기도 하다. 왜냐하면 신설대학들은 부족한 시설에도 불구하고 교육에 총력을 기울여야 우수한 졸업생을 배출할 수 있고, 이 졸업생들을 바탕으로 학교가 뿌리를 내릴 수 있기 때문에 '교육'이 중요한 요소일 수밖에 없다. 따라서 위의 배점표시의 예에서는 교육과 봉사가 거의 비슷한 비율로 나타나 있고, 봉사는 전체의 45% 정도, 교육은 37~40% 정도로 이둘을 합하면 90~95%를 차지하게 된다. 특히 주요 항목별 평가배점표에서는 '학교발전'이라는 항목이 추가되어 있는 점도 유의할 필요가 있다. 경우에 따라서는 위의 배점기준이 교육부에서나 사회일반의 요구와 다르다고 할지는 몰라도 현실적으로 대학의 경영진들은 '학교발전'이라는 고려 없이 교원임용을 하는 곳은 거의 없을 것이다.

그러나 신설대학의 경우에도 연구강화를 무시해서는 안 된다. 가능하다면 신설대학들은 교육 및 봉사전문화 그룹군, 연구전문화 그룹군으로 각각 분리하고, 교원들은 자율적으로 자신의 역량을 극대화할 수 있는 그룹에 참여하여 학교발전에 매진해야 한다. 따라서 위에서 예시된 것처럼 봉사를 통해 '학교 발전'에 참여하지 않는 교원들은 철저히 교육과 연구에 몰두할 수 있게 항목들이 구성되어야 한다. 뿐만 아니라 교육 역시 중요한 과제이기 때문에 교육중심대학의 점수 배점의 연장선상에 있다. 결국 신설대학의 경우에는 전략적 기획의 토대하에 연구중심대학의 특성인 연구 무상한선, 교육중심대학의 교육강화와 더불어 신설대학의 원초적 필요에 따른 봉사영역의 강화라는 '보다 종합적인 특성'을 동시에 가져야 한다.

Ⅳ

교원업적평가와 연봉제

1. 인사·임금관리의 최근동향과 연봉제

임금이란 노동급부의 대가로 받는 것이고 임금관리란 기업이 근로자에게 지급해야할 임금의 금액과 제도를 합리적으로 계획·조직하고 그 성과를 통제하고 개선하여 인사관리의 목적을 달성하려는 행위를 말한다. 임금의 범위는 기본급에서 통상임금, 정액급여, 평균임금, 총액임금 등 매우 복잡하고 혼란한 상태이다. 임금항목은 월정임금(정기급여)과 월외임금(특별급여)으로 분류한다. 월정임금(정기급여)은 ① 기본급, ② 제수당[1]을 합친 것이고, 월외임금(특별급여)는 ③ 상여금과 부과금, 퇴직금을 합한 것을 말한다. 기본급의 구성비는 우리 나라는 75~77% 정도(박준성, 1992 : 121)로 일본에 비해 7~8%정도 낮다. 임금의 결정은 '속인적 요소'와 '직무적 요소'에 의해 결정이 되고 임금은 임금지급의 원칙에 따라 이루어진다.[2]

---

1) 제수당이란 임금항목 가운데서 기본급에서 처리할 수 없는 부분을 충당하기 위한 것인데 직무관련수당, 근무관련수당, 생산장려수당, 생활보조수당, 조정수당 및 법률수당 등이 있다.

2) 임금지급의 원칙으로 통상적으로 제시되는 것은 ① 노동의 양과 질, 노력 및 생산성에 따라 지급, ② 기업의 지불능력 내에서 지급, ③ 근로자 생계비를 보장할 것 등이 있다. 이상에 대한 구체적인 내용 ☞ 부록Ⅰ.

임금관리는 ① 임금수준관리, ② 임금체계관리, ③ 임금형태관리 등으로 나누어 진다. 임금수준(wage level)은 기업이 근로자에 지급하는 임금의 평균 수준으로 근로자 전체에 대한 임금지불액을 그 전체수로 나누어 산출한다. 임금수준의 변동요인으로는 동종의 타기업에서 지불되는 임금, 재무상태, 법적 규제 등이 있다. 임금체계 관리는 임금의 복합적 구성형태를 관리하는 것으로 '최대한 간단해야 하며 임금원칙에 준하여 지급'되어야 한다. 기본급 임금체계의 유형은 연공급, 직무급, 직능급이 있다.[3] 우리 나라 대부분의 기업들은 노사 간의 협약에 의해 임금인상액의 대부분을 결정하고 나머지 정기승급부분도 대체로 비고과 자동승급 형태를 띠고 있어(박준성, 1992 : 136) 임금인상에서 직무특성, 개인의 능력, 경영성과 등이 반영될 수가 없다.

임금형태관리(wage payment method)란 임금정산방식을 관리하는 행위로 그 유형은 ⓐ 고정급(시간급)과 ⓑ 성과급(업적급)으로 분류된다. 고정급에는 시간급, 일급, 주급, 월급, 연봉 등이 있고 그 선정방법에 따라 연공급, 생활급, 종합결정급, 직무급, 직능급, 자격급 등이 있고, 성과급은 그 기준의 각도에서는 내용상으로는 '실적기준성과급'과 '시간기준성과급'이 있으며 형식상으로는 고과급, 유인급(상여금)으로 분류된다. 즉, 월정급여의 차등급여(고과급)와 월외의 차등급여(상여금)를 합하여 성과급이라고 하는 것이다. 고정급 내의 연봉제는 주로 미국에서 보편적으로 실시되는 것으로 이해가 되어 있으나, 생산직 근로자들은 시간급형태, 사무직은 월급제가 일반적이고 직무분석과 능력평가가 필요한 전문직이나 관리직에만 시행되는 것이 일반적이다.[4]

위의 내용을 토대로 보면 연봉제란 임금형태 가운데서도 시간급의 한 형태로 나타나지만, 요즈음 사용되는 연봉제는 성과급을 말하는 것이다. 최근 우리 나라에서 사용되는 연봉제는 개념상의 혼란이 심하지만, 우리 나라에서는 연봉제가 주로 시행되는 곳이 미국이고 직무급 중심이므로 이 둘을 결합한

---

3) 연공급[屬人給]은 고용을 안정시키고 귀속의식을 강화하나 기술혁신기의 전문인력 확보가 어렵고 소극적이고 무사안일한 특성을 가진다. 이에 비하여 직무급은 능력위주이므로 전문인력 확보가 용이하다. 직능급은 연공과 직무급의 절충형이다. 이상에 대한 구체적인 내용 ☞ 부록Ⅰ.
4) 이상에 대한 구체적인 내용 ☞ 부록Ⅰ.

형태, 즉 '미국식 직무급'이 일반적으로 '연봉제'로 이해되고 있다. 결국 연봉제는 개개인의 능력과 실적, 공헌도를 평가하여 연간 임금액이 결정되는 전형적인 능력중시형 임금체계라고 할 수 있고, 임금의 구성항목들을 모두 통합한 연봉액을 계약에 의해 결정하므로 우리 나라 임금체계에 일반화되어 있는 기본급, 제수당, 상여금의 구분이 없는 것이 특징이다. 연봉제는 호봉 없이 고과승급과 상여금(incentive)을 지급하는 형태이며, 지급시한은 문자적 의미에서 연 1회 지급하는 것이 아니라, 통상적으로 연봉을 12로 나누어 매월 지급한다.5) 우리 나라는 삼성과 LG가 주도적으로 실시하였는데, 경총의 조사에 따르면 연봉제를 도입한 기업들은 1994년 4.1%였던 것이 7.8%(1996), 15.3%(1998)로 늘어났으며 1999년에는 70% 이상의 기업이 연봉제를 검토하고 있는 등 실제 50% 가까운 기업들이 연봉제를 실시할 것으로 전망되고 있다. 특히 공무원의 경우도 1999년 4월 이후 중앙부처 3급 이상 전원, 정부투자기관 부장급(1급) 이상, 지방공무원 1~3급 443명에 대해 연봉제를 실시하고 있다(경총, 1999: 28). 뿐만 아니라 외교부 인사개혁안에 따르면 '공무원의 계급파괴'6)도 진행될 조짐도 있다(『조선일보』 2000. 7. 8).

현대의 기업들은 조직의 효율성(efficiency)을 달성하기 위해 규모, 역할명료성, 전문화, 통제보다는 속도(rapidity), 유연성(flexibility), 통합(integration), 혁신(innovation)을 보다 중요하게 인식한다. 그리고 이 '혁신'의 핵심은 생산에서 인적 자원의 역할을 가장 중요하게 보고 이를 극대화하기 위해 관리방식과 조직을 전면적으로 수정해 나간다는 데 있다. IMF위기로 인해 우리 나라의 기업들도 인적 자원관리분야에 커다란 변화가 일어나 팀제, 다운사이징,

---

5) 이에 비하여 호봉이 있는 상태에서 고과승급과 상여금(incentive)이 있는 방식을 '능력급'이라고 하는데, 연공급이 호봉이 연공에 따라 자동승급하는 데 반하여, 능력급은 호봉이 차등 승급하는 점에서 매우 다르다. 따라서 쉽게 이해하자면 연공급에서 차등 승급이 되면 '능력급'이 되고 능력급이 된 상태에서 호봉을 폐지하면 우리가 일반적으로 말하는 '연봉제'가 되는 것이다. 호봉을 폐지할 경우, 예를 들면 고과(考課)를 시행하여 다음 해의 연봉을 결정할 때는 수·우·미·양·가 로 나누고 수(秀)일 경우는 월15만 원 인상, 우(優)일 경우는 월10만 원 인상, 미(美)일 경우는 동일하고, 양(良)일 경우는 월5만 원 감봉 가(可)일 경우는 월10만 원 감봉하는 식으로 설계가 가능하다.

6) 주요관련사항해설 ☞ 공무원 계급파괴.

아웃소싱, 리스트럭처어링 등의 조직의 변화와 신인사제도, 연봉제, 근로시간 및 근로형태 변화, 다양한 고용조정 방식의 도입 등의 인적 자원관리의 변화가 광범위하게 나타나고 있다.[7]

　기업들은 비대하고 복잡했던 조직을 간소하고 유연하게 바꾸고 광범위한 신인사제도를 실시하고 있다. 신인사제도는 인적 자원관리의 합리화를 통한 장기적인 종합인사시스템을 확립하려는 시도로서 인적 자원관리와 관계된 모든 새로운 제도의 총칭하기도 하고, 직능자격제도를 중심으로 한 승진체제, 평가체제, 육성체제, 임금체계 등이 유기적으로 결합된 종합 인사시스템을 의미하기도 하지만 일반적으로 능력주의·업적주의 인사제도를 총칭하는 의미로 사용하고 있다. 고용형태의 변화도 두드러져서 정규직이 크게 줄고 임시직과 계약직, 파견직 등 비정규인력을 활용하는 현상이 확산되고 있으며, 정보기술의 급속한 발달로 근로형태도 크게 변화하여 재택근무, Mobile　office 제도 등이 늘어나고 근로시간 관련제도의 경우는 선택적 근로시간제, 집중근무시간제 등이 나타나고 있다.[8] 신인사제도에서의 임금체계란 주로 연봉제를 거론하는 것인데, 연봉제의 경우 기업에서 '목표관리 업적평가제도'와 연계를 맺는 경우가 많다.[9]

---

7) 이상에 대한 구체적인 내용 ☞ 부록Ⅰ.

8) 이상에 대한 구체적인 내용 ☞ 부록Ⅰ.

9) 목표관리 업적평가제도의 경우, 기업에서 관리자의 평가기준은 크게 목표항목과 정성항목으로 나눌 수 있다. 가령 올해 매출 목표를 ○○%를 달성하면, S, A, B, C, D 등급에 속하게 되고 이것은 바로 연봉인상에 연결이 된다는 것이다. 이것을 대학경영과 관련하여 말한다면 외형적으로 목표관리가 대학경영에 다르게 보이지만 그 실제내용은 적용할 수도 있다. 한국과 일본 기업들의 보다 구체적인 목표관리 업적평가제도는 한국인사관리협회, 연봉제 사례집(서울: 1999)를 참고.

2. 교원연봉제 개요

(1) 연봉제의 개요 및 전제조건

연봉제는 원래는 임금형태 관리상의 용어로 주로 미국에서 상위직 근로자들의 일반적인 임금형태였던 것이 일본식 연봉제, 미국식 연봉제, 능력급 등으로 의미가 확장되었으며 사용자마다 쓰는 용어의 개념이 불분명하여 혼란이 심하다. 그러나 현재 연봉제는 개개인의 능력과 실적을 평가하여 연간 임금액이 결정되는 전형적인 능력중시형 임금체계라고 할 수 있고, 호봉없이 임금의 구성항목들을 모두 통합한 연봉액을 계약에 의해 결정되는 것으로 이해되고 있으며, 그 같은 개념으로 정착하고 있다. 일반적으로 연봉제란 '근로자 개인의 직무의 종류와 난이도, 성과를 평가하여 고용주와 근로자 간의 계약에 의해 연간 보수총액이 결정되는 보수지급체계'로 보수를 연(年)단위로 결정하여 이를 대개는 12분할하여 지급하는 것으로 획일적인 방식에서 개인별 계약에 의한 차등방식의 보수체계이며 성과와 능력 중심의 임금체계라는 점에서 직무 및 성과중시형의 보수결정방식이다.[10] 이러한 정의에 의하면 연봉제는 직무급형 연봉제와 성과급형 연봉제 또는 양자의 혼합형 연봉제형태로 설계하고 시행할 수 있다.

범위를 좁혀 대학교수의 연봉제는 '대학교수의 가장 기본적인 책무인 연구, 교육, 사회 봉사의 성과(업적)에 대한 평가를 토대로 다음 연도의 연간보수총액을 결정하고 그것을 월단위로 분할지급하는 성과급형 보수체계'를 의미한다. 교원사회에서 연봉제가 가지는 의미는 ① 복잡한 교원의 급여체계를 하나의 연봉 항목으로 통합한다는 점, ② 자신의 업적과 성과에 따른 보수체

---

10) 연봉제란 임금항목과 무관하게 호봉제를 폐지하고 능력과 성과에 따라 임금보상(인상)을 선별적으로 하는 업적승급(merit pay)과 차등상여제 등과 같은 인센티브(incentive pay)항목이 있는 임금체계라고 할 수 있다. 실제 연봉제를 도입하였다고 발표한 공기업이나 대학 가운데는 호봉제를 유지하면서 차등 상여제만 도입한 경우가 많은데 이런 경우는 사실상 능력급을 도입한 것이다. 즉, 연봉제를 능력급을 포함한 광의로 해석한 탓이다(박준성, 『대학지성』, 1999).

계의 확립, ③ 개인별 계약에 의한 차등방식의 보수체계라는 점에서 찾을 수 있다.

미국의 경우나 스포츠 스타들에게 적용되는 전형적인 '연봉제'와는 다소 구별이 되지만 현재 거론되는 '연봉제'는 개인별 직무의 종류, 난이도, 성과 등을 토대로 보수를 산정하려는 것이므로 임금체계상 직무급형 연봉제와 임금형태상 성과급형 연봉제의 혼합형[11]이라고 할 수 있다. 그런데 이 연봉제는 일반기업에서는 적용할 때 관리직, 전문직 영업직부터 시행하여야만 부작용을 극소화할 수 있다. 왜냐하면 일반기업에서는 한 부서 내에서 업무협조가 이루어지지 않으면 생산성이 오히려 떨어질 가능성이 많아 관리단위의 책임자들을 중심으로 먼저 시행해야만 실효를 거둘 수 있기 때문이다. 다시 말해 연봉제는 보다 독립적이고 전문적인 부문에서부터 시행해야 효과가 크다는 것이다. 바로 이러한 점에서 교원들의 업적평가와 그에 연계된 연봉제가 전면적으로 대학에 도입되어야 한다는 주장은 매우 설득력이 있다. 왜냐하면 교수의 직책이 고도의 자율성을 가지고 있기 때문에 연봉제를 적용하기에 매우 유리한 조건을 가지고 있으며, 연봉제의 도입을 통하여 대학의 발전과 국제적인 경쟁력을 가질 수 있다는 점에서 일거양득의 효과가 있기 때문이다. 특히 연공(근무연한)에 따라 지속적으로 보수가 증가하는 현재의 대학교수 보수체계는 국제적 기준의 대학의 질적 성장이 절실한 현재의 사정을 볼 때 바람직하지 않다.

그러나 국내대학이 연봉제를 적용한 사례는 거의 없는데,[12] 이것은 상위직

---

11) 이 부분에 대한 구체적인 내용 ☞ 부록 I.

12) 아주대학교는 1996년부터 연봉제를 적용한다고 발표한 바 있다. 아주대학의 사례(1998년 기준)를 보면 기존의 임금항목은 본봉, 학생지도비, 직급별 연구비, 연구비, 기타 연구비, 상여, 가족수당, 시간강사료, 급량비, 특별보직수당 등으로 구성되어 있었으나 연봉제를 적용한 이후 학생지도비, 직급별 연구비, 연구비, 기타 연구비, 상여를 통합하여 본봉 연구비로 재구성하여 지급하고 있다. 연봉인상은 A급(단과 대별 10%), B급(단과 대별 80%), C급(단과 대별 10%)으로 평가하여 첫해는 A등급 14% 인상, B 등급 8% 인상, C등급 동결 식의 정액 방식을 적용한 바 있다(박준성, 대학교육 : 1999). 그러나 이것도 엄밀한 의미에서 연봉제라기보다는 능력급에 불과하다. 우리가 연봉제를 판별하는 기준은 호봉의 존재여부라고 보아야 하기 때문이다.

임금체계에서 연봉제가 일반화되어 있는 미국의 경우와 우리 대학과는 많이 다르고 문화적·사회경제적 인식의 차이 때문이다. 따라서 연봉제가 교원임금체계로서 정착되는 데는 상당한 기간이 소요될 것으로 보인다. 가령 한국의 대학들이 시장임금가치를 임금체계에 반영하고 있는 미국의 기준을 따를 경우 교원사회의 엄청난 반발을 불러올 위험성도 있다.[13)]

기업에서 일반적으로 연봉제 도입을 위한 조건 또는 여건조성으로 ① 능력주의 기업문화의 정착 및 성과위주의 조직 분위기 조성, ② 열린경영, 열린사고에 의한 기업경영, ③ 업무의 명확성과 독립성의 유지, ④ 경영자들의 강력한 의지와 리더십, ⑤ 신인사제도와의 연계구축 등이 지적되는데(부태완 외, 1999 : 22~23), 이것은 대학에서도 대체로 적용시킬 수 있다. 즉, 대학에서 연봉제 도입을 위한 전제조건들은 ① 정밀하고 객관적이며 공정한 교수업적평가의 실시, ② 업적평가결과 및 연봉액 산정내용을 해당 교원에게 공개, ③ 신규임용교수 연봉액산정의 기본원칙설정[14)] 등을 지적할 수 있다. 이 같은

---

13) 대부분의 미국 대학들은 매년 개별적으로 교수업적평가(faculty performance evaluation) 성적에 따라 업적승급(merit increase)을 실시하고 있다. 미국 대학의 연봉제가 우리 나라 대학의 연봉제와 본질적으로 다른 점은 전공분야에 따라 직무의 시장임금가치를 반영하고 있다는 점이다 쉽게 말해서 수요가 많은 학문의 교수는 그렇지 않은 교수들에게 비해 훨씬 더 많은 연봉을 받는다는 것이다. 뿐만 아니라 직무급은 해당 교수의 직무 가치에 따라 동일 직급이라도 학과별, 동일 학과 내에서도 전공에 따라 다르고, 직무급 수준은 대학·지역마다 다르다. 즉, 직무급에 기초를 둔 미국 대학의 직무급 수준은 그 대학에서 어느 전공분야의 인력을 필요로 하느냐(채용상의 필요), 어느 전공분야가 노동시장에서 어느 정도의 가치를 지니고 있느냐(해당 전공의 직무 가치), 해당 교수의 인력가치가 어느 정도이냐(해당 교수의 역량 가치)에 따라 달라진다. 철저하게 시장임금가치가 반영되는 것이다. 그러나 우리 나라의 대학은 학과와 전공구분 없이 동일직급, 동일호봉이면 급여수준(연봉)이 동일하기 때문에 미국식의 연봉과 같은 형태, 같은 운영방법을 적용하는 것은 많은 무리가 따른다(박준성, 『대학지성』, 1999).

14) 가령 교육부가 공청회에서 제시한 예를 들어보면 다음과 같다. 첫째, 직급별로 동일한 기본급을 적용할 경우에는 해당 직급 전체 교수의 연봉 평균액을, 직급별로 호봉제를 일부 인정하여 같은 직급 내에서 기본급에 대한 호봉제를 도입하는 경우 동일 직급 동일 호봉에 해당하는 교수의 연봉 평균액을 신규 임용자의 연봉액으로 계약하도록 한다. 둘째, 재단에 비해 상대적으로 약자인 신임 교수들이 불평등 계약이 이루어

원칙들을 설정한 후 조직체 내의 구성원들에게 충분히 숙지시키고 그들의 동
의를 받고 마치 고위 공무원들부터 연봉제가 적용되듯이 조직의 성과에 직접
적 영향을 미치는 상위조직이나 핵심계층, 즉 대학의 경우에는 교원들부터
적용하는 것이 바람직하다. 여기서 말하는 교원이란 전체 교수들을 말하는
것이지 특정의 집단을 말하는 것은 아니다. 왜냐하면 교수라는 직책 자체가
직무의 특성과 난이도가 동질적(homogeneous)이기 때문이다. 물론 연봉제 도
입은 교수업적 평가제를 제대로 구축하고 난 뒤에 하여야 하며, 교원들의 보
수삭감이나 시간강사 의존율을 높이는 등15) 대학의 재정난 타개를 위한 수단
으로 활용되어서는 안 된다. 이것은 도덕적 당위의 문제라기보다는 현실적으
로 미국이나16) 우리 나라 대학교원들의 임금이 다른 부문에 비해 높은 것이

지지 않도록 하기 위해 대학 또는 재단이 신규임용자를 대상으로 보수액의 차별화를
시도하는 개별 계약을 용인해서는 안 된다. 교수 요원의 질이 개인마다 차이가 있지
만, 신규 임용시에는 그것을 입증할 만한 성과(업적)평가(performance appraisal)도 이루
어지지 않고 있기 때문이다. 그러나 이미 업적과 성과가 대외적으로 인정된 학자에 대
한 스카우트 형식의 공개적이고 개방적인 임용 제도가 정착되고 그들 각각에 대한 보
수의 계약이 개별적으로 이루어지도록 하기 위해서는 임용 예정자들의 선정과 직급
부여, 보수액의 결정까지도 해당 학교 관련 전공분야 교수들과 대학 집행부의 공동 관
여 체제가 확립되어 있어야 한다(교육부 공청회 자료, 1999).

15) 1998년 36개 대학교를 평가한 결과에 의하면 시간강사 의존 현황이 20.0% 미만인
　　대학은 36개교 중의 1개, 20.0%~25.0%는 3개교, 25.0%~30.0%는 10개교 30.0%~
　　35.0%는 8개교 35.0 % 이상은 14개교로서 시간강사 의존율이 30.0%가 넘는 대학교
　　가 61.1%를 점하고 있다(대교협, 1998b : 83). 주요관련사항해설 ☞ 시간강사.

16) 경기호조로 최근 미국 대학교수들의 임금상승폭이 물가상승률의 두 배에 이르는 등
　　90년대 이후 최고수준을 보이고 있으나 미국 내 다른 직종에 비해서는 여전히 낮은
　　것으로 분석됐다. 미대학교수회(AAUP)는 최근 자체 발행하는『업스앤다운스』연차보
　　고서에서 "교원급여가 지난해 물가상승률인 1.6%보다 훨씬 높은 3.6%의 상승률을 보
　　였다. 급여로만 보면 98~99년도는 교원들에게 좋은 시기가 될 것"이라고 밝혔다. 그
　　러나 한편에서는 올해 발표된 수치가 교원급여에 대한 일종의 비상신호로 볼 수 있다
　　는 견해도 있다. 교원지위로 보면 전임교수는 연평균 7만2,721달러로 4.0% 포인트의
　　임금상승률을 보였으며, 이중 공립대 전임교수는 4.1% 포인트, 급여 총액이 더 많은
　　사립대 전임교수는 3.7%의 상승률을 보였다. 반면 전임강사는 2.8% 상승에 그쳤다.
　　최근 유럽연합(EU)의 회의에서 발표된 한 보고서에 따르면 국제화추세에도 불구하고
　　유럽대학 역시 국가에 따라 교원의 급여에 큰 차이가 있는 것으로 나타났다. 이 보고

아니기 때문이기도 하다. 그러나 다른 한편으로는 대학경영의 가장 큰 변수가 인건비라고 볼 때 교원들의 임금에 대한 효과적 관리는 매우 중요한 요소임을 부인할 수는 없다. 일반적으로 대학설립 초기에는 인건비가 전체 운영비의 30% 정도이나 시간이 지남에 따라 50%를 상회하게 된다. 결국 대학의 운영과 유지에서 가장 중요한 변수가 '교원 및 직원의 인건비'가 될 수밖에 없다.

(2) 대학재정운용과 교원부문

외환위기 이후 대학도 재정의 어려움이 극심해지고 있다. 교육부의 예산은 1997년도에 비하여 1998년도에는 1조 원이 감소되었고, 교육에 투자되는 공재원은 GNP 대비 0.4%에 불과할 뿐만 아니라 학교법인들의 수익규모는 전출 규모의 20%에 불과하고 사립대학 재정도 1조 241억원의 부채를 지고 있는 것(김재규, 1998 : 39~43)이 현실이다. 1997년 현재 정부의 사립대학 지원은 사립대 예산의 2.9%에 불과한데 이는 일본(22.5%), 영국(60.1%), 프랑스(90.2%), 미국(18.4%)에 훨씬 못 미치고 있다. 이 같은 재정위기 속에서 대학들은 '생존을 위해서' 재정운용에 만전을 기하지 않으면 안 되는 시점이다.

이제 대학은 예산을 절약해야 할 뿐만 아니라, 경영합리화, 대학구조조정, 임금 및 고용조정 등을 통하여 위기에 대응해야 하는데(이종훈, 1999 : 55), 이것은 전술적인 측면에서 합리적인 량관리(reasonable quantity management)를 통한 전략적 대학 질경영(UQM: university quality management) 체제의 구축을 의미하는 것이다 그러나 아무리 질경영체제라고 해서 대학의 재정운용은 교육·연구를 목적으로 하는 비영리의 영구적인 조직체이기 때문에 기업처럼 재무보고서의 흑자 상태는 무조건 좋은 것이라고 해석하기 어렵다.

대학의 재무상태를 보여주는 재무보고서만을 가지고 대학경영의 전반적인 상태를 파악하기는 어렵지만[17] 대학의 경영을 분석하는 기초는 될 수 있다.

서를 발표한 독일 카셀대의 엔더스 교수는 핀랜드, 노르웨이, 스웨덴, 영국 등에서 교원들의 급여에 대한 불만이 가장 높았으며 네덜란드 스웨덴, 영국 등에서는 종신교수제가 실질적으로 없어진 상태라고 분석했다(『한국대학신문』, 1999. 5. 3.).

대학경영 전략을 크게 분류해 보면 학사 프로그램, 마케팅, 경영통제, 그리고 재무라는 네 가지 측면으로 나뉜다.[18] 여기서 말하는 재무부문은 수익전략, 자원조달전략, 지출전략, 위기관리 등을 말한다. 대학 재정에서 가장 중요한 것은 장단기 수지 균형이고 대학의 재무상태는 재무기본구조와 외부환경이라는 두 가지 요인에 의해 직접적으로 좌우된다(이동규, 1995 : 47). 이제 대학도 기업처럼 경영 평가를 엄격히 시행하지 않으면 안 되는 시대[19]에 와 있다는 점을 감안하면 재무자원분석은 매우 중요하다.

재무자원분석에서는 총세입액에서 차지하는 학생의 등록금비중, 등록예상 학생수 대비 학생의 등록비율, 학생 1인당 교육원가에 대한 인플레이션의 영향, 수업료, 기성회비 등에 대한 인플레이션의 영향, 총세입액에서 차지하는 기부금의 비중 등을 분석한다. 이 중에서 가장 중요한 항목은 대학 총세입액에서 차지하는 학생등록금 의존비율이라고 할 수 있다. 그리고 적립금은 영리조직이나 대학을 막론하고 중요하다. 재무적립금이 클수록 대학에게 투자

---

17) 주요관련 사항 해설 ☞ 대학재무 보고서와 경영분석

18) 학사부문이란 교무 및 학생부문 전체를 포괄하는 개념으로 이해하면 되고 경영통제 영역은 구매, 인사, 현금관리, 투자, 전문성개발, 재산관리 등의 부문을, 마케팅이란 자금모금, 공중관계, 미디어전략, 동창회관계, 취업전략, 신입생 모집전략 등을 포괄한다고 보면 된다(이동규, 1995: 46).

19) 대학에도 학내행정 결과를 전문적으로 평가하는 조직이 생겼다. 한양대는 최근 기계공학과 오재웅 교수를 실장으로 하고 자체평가업무를 담당하는 교육경영평가실을 설치하고 활동에 들어갔다. 교육경영 평가실은 총장을 대신해 각종 지시 및 건의사항 이행 여부를 살피고 시시비비를 가리며 학내행정결과 전문평가, 개혁추진상황 점검 등의 역할을 한다. 반대로 정책입안 전에 학내구성원들의 의견을 수집해 그 결과를 총장에게 '정보보고'하기도 한다. 또한 예산은 제대로 집행되었는지 교수업적평가는 정당했는지에 대해서도 평가한다. 사실상 학교의 학사 및 행·재정 전반을 총괄평가해 총장에게 직보하는 체제. 일종의 학내 '암행어사'인 셈이다. 특히 경영평가실은 정부, 언론 등의 대학 종합 평가에 대비해 자체적으로 개발한 평가지표를 마련, '특성화대학' 만들기에 주력할 계획이다. 이를 위해 실장을 포함한 13명의 교수들은 매주 한 차례 회의를 열어 각종 교육개혁 추진사항을 점검하고 학내구조조정 전반을 관장한다. 오 실장은 "지금까지 총장의 지시 후 그 이행 여부에 관심을 갖는 사람은 드물었다"며 "앞으로는 총장 지시사항뿐만 아니라 아래로부터의 건의사항도 꼼꼼히 챙겨 자체 경쟁력을 키워 나가겠다"고 말했다(『한국대학신문』, 1999. 4. 12).

기회를 모색하게 하고 예상하지 못한 재무적 위기에도 잘 대응할 수 있도록 하여 위기를 최소화한다. 건전한 재무상태란 적시에 각종 비용을 지급하고, 비우호적인 우발채무에도 잘 대응하며, 학생들이 부담하는 등록금 재원만 가지고는 실시할 수 없는 특별 프로그램을 실행에 옮길 수 있다는 것을 의미한다.[20] 따라서 대학은 항시 건전한 재무상태와 재무융통성을 유지해야만 한다.[21] 문제는 재무의 융통성에서 가장 중요한 두 가지 요소 중 하나가 바로 교수인건비 비율, 즉 교수인건비에 대학 자금이 어느 정도 묶여 있는가 하는 것이다. 만일 정년보장교수 비율이 다른 요소들과 더불어 증가되었다면 대학은 대학재무 적립금 적립방침에 대해 재검토해야 한다.

그러나 대학은 재정운용을 효과적으로 해야 하지만 반드시 경제논리에만 입각할 수는 없는 한계도 지니는데, 이것은 교육이 공공성도 가지고 있기 때문이다. 대학 재정에서 지출부문은 크게 ① 인건비, ② 관리운영비, ③ 연구-학생 경비, ④ 투자와 기타 자산지출, ⑤ 고정자산 매입지출과 ⑥ 부채상환 등 여섯 부문으로 나뉜다.[22] 그런데 우리 나라와 같이 재단 전입비용이 미미한 경우, 최소한의 대학유지에서 가장 중요한 수입과 지출의 흐름은 등록금과 인건비라고 할 수 있다.

인건비는 대학의 재정지출 내역 중 가장 많은 부분을 차지하는 데 그 중에서도 교원들의 인건비부분이 가장 크다. 대학의 수지균형이라는 각도에서만 본다면 교수 1인당 학생수가 많을수록 좋겠지만, 이것은 대학교육의 질(質)이

---

20) 여기에는 다음과 같은 비율들이 있다. 즉, ① 가용자금비율: 적립금비율, ② 교육비비율: 대학 총자원 중 학사프로그램에 할당되는 자원비율, ③ 시설유지비율: 제반시설의 유지에 할당된 자원비율, ④ 교수·직원에 대한 자원배분비율, ⑤ 부채상환비율, 정년보장교수비율, ⑥ 고정기부금비율, ⑦ 등록금 의존비율 등이다(이동규, 1995: 62).
21) 주요관련 사항 해설 ☞ 대학의 재무 융통성
22) 대학의 전체적인 재무상태와 관련된 핵심적인 분석치는 ① 가용자금비율, ② 합격률(acceptance rate), ③ 학사프로그램(특성 및 다양성), ④ 교수(전임교수 평균보수의 변화, 교수당 학생수), ⑤ 학생부담등록금의 추세 등이 있고, 이러한 정보를 얻을 수 있는 대학 관련 정보 원천으로는 ① 연차재무보고서 : 자금운용계산서, 운영수지계산서, 대차대조표, ② 연차학생입학지원보고서, ③ 급여조사표, ④ 연차교원통계표, ⑤ 연차입학통계표, ⑥ 연차등록통계표 등이 있다(이동규, 1995 : 64~65).

라는 측면에서는 서로 상치하므로 문제가 발생할 수밖에 없다.[23] 따라서 외환위기를 맞은 대학들은 경비절감을 이유로 신규교수 채용은 줄이고 시간강사를 늘리거나 겸임교수를 활용하는 경우가 늘게 되는 것이다.[24] 그러나 겸임교수나 시간강사가 늘어나면 보직교수가 많아지고 보직교수가 많아지면 강의시수가 비보직교수에 비해 적게 배정되어 타교수들의 강의부담을 가중시켜 결국 강의 질이 저하된다. 그리고 관리 운영비는 대학 내의 시설 관리에 소요되는 비용과 여비·차량유지비·제세공과금 등의 일반 관리비, 교직원 복리후생비와 회의비·행사비 등에 지출되는 비용을 말한다. 그러나 한국의 대학들은 한국의 기업들 만큼이나 정치적으로 오염되어 있기 때문에 많은 액수의 업무추진비를 사용하고 있는 점도 고려해야 한다.[25]

이상의 소론으로 볼 때 교원 인건비는 대학경영에서 불가결한 요소이자 매우 중요한 변수이므로 이에 대한 효율적 관리 및 이를 바탕으로한 대학경쟁력 강화는 모든 대학들의 과제라 할 것이다. 재무융통성이 미약한 대부분의 우리 대학들에서 인건비의 적절성을 유지하는 것은 효율적 대학운영에 직결된 문제이다.

---

23) 교육부에 따르면 1998년 현재 교수 1인당 학생 수는 국·공립대 28명, 사립대 35.4명이며 전체 교수 1인당 학생 수는 33.3명이다. 이 중 교수 1인이 60명 이상의 학생을 담당하는 콩나물 시루형 대학이 5개대나 되며 전체 대학의 64.8%인 85개 대학이 교수 1인당 30~50명 사이의 학생들을 담당하고 있다. 전년도와 비교했을 때 더욱 악화된 수치이다(『한국대학신문』, 1998. 12. 7.).

24) 특히 1995~1998년까지 4년 연속 교수 1인당 학생수가 40명 이상인 대학이 28개대에 달하고 이들 중 수도권에 위치한 대학은 무려 17개 대학이나 된다. 사학진흥재단에 따르면 97년 사립대 총교원 2만3,743명 중 보직교수는 7,359명으로 31%를 차지했으며, 1998년에는 이보다 1.4% 감소한 29.6%로 나타났다. 지난해에 비해 보직교수 비율이 소폭으로 줄었지만 전문가들은 보직교수비율이 10~20%까지 내려가야 한다고 입을 모으고 있다. 더구나 사립대 보직교수 1인당 평균 보직수당이 전년도 303만원에서 올해 309만원으로 오히려 증가돼 사립대 재정운용의 파행상을 그대로 보여 주고 있다(『한국대학신문』, 1998. 12. 7.).

25) 1998년 현재 대학총예산 대비 업무추진비가 3%를 넘는 대학은 한국체육대, 금오공대, 동신대, 한국기술교육대인 것으로 밝혀졌다. 일명 판공비라는 업무추진비는 일반적으로 기밀비, 접대비 등을 지칭한다(『한국대학신문』, 1998. 12. 7.).

(3) 현행 교원보수체계와 연봉제

'보수(remuneration)'란 조직에 속한 구성원이 조직의 목적달성에 공헌한 대가로 얻는 제반 소득이며 관련개념으로는 급여(wage), 봉급(salary), 보수(remuneration) 등이 있고, 급여나 임금이 금전적 급부의 척도가 되는 본봉과 수당으로 구성되지만 보수는 본봉과 수당은 물론 상여금, 연금, 퇴직금 등 후생복리까지도 포괄하는 개념이다(서정화 외, 1986: 5). 우리 나라는 '보수비밀주의'의 관행이 뿌리깊어 임금체계에 대한 연구성과가 극히 미흡하고 연구자들도 10~20인을 넘지 못하고 있는 것이 현실이다. 실제에서도 현재 대학교원의 보수에 대한 독립된 이론은 없어(곽영우 외, 1991: 15) 기존의 전통적인 경제이론에서 도출된 개념들을 준용하는 것이 현실이다.[26] 보수 수준의 결정은 외적 요인, 조직요인, 직무요인, 개인적 요인[27] 등을 포괄적으로 제시한 견해를 참고할 수 있다(Cherrington, 1983 : 340).

교원의 보수책정 원칙들은 미국 교육연합회(National Education Association)나 서정화(1989) 등의 논의들에 의존하는 바가 크지만, 그 논의들은 지나치게 교원 중심의 논의로 구성되어 있어,[28] 오늘날 교육개혁을 성취하는 데에 미

---

26) 보수에 관한 학설들은 주요 관련사항 해설 ☞ 보수에 관한 학설.

27) 외적 요인은 주로 시장요인들, 즉 노동력의 수요·공급, 작업인력 구성변화, 기술이전 및 경제적 조건 등을 말하며, 조직요인은 조직이 속한 산업, 노동조합 유무 및 자본집약적인가 노동집약적인가, 또는 조직운용의 철학 등을, 직무요인은 직무의 가치, 기술, 책임감, 노력 등이 포함된다. 마지막으로 개인적 요인이란 개인적인 능력과 취향, 선호도를 말한다.

28) 서정화는 교원보수결정의 주요 원칙을 ① 유사한 타전문직과 손색이 없을 것, ② 교원의 초임금은 유능한 젊은 인재를 유치하기에 충분할 것, ③ 교원보수의 최고봉은 초임금의 2.5배 이상은 유지될 것, ④ 최저호봉에서 최고호봉까지는 15년, 연 1회의 승급이 있을 것, ⑤ 학교급별, 교수과목에 따른 차이가 없도록 할 것, ⑥ 불공평이 없을 것, ⑦ 봉급표는 정기적으로 재검토할 것, ⑧ 상위학위취득에 따라 대우를 조정할 것, ⑨ 초과근무에는 초과수당을 지급할 것 등으로 요약하고 이에 따른 교원보수체계의 결정요인들을 ① 정부의 지불능력을 감안할 것, ② 타직종과의 균형을 감안할 것, ③ 안정성을 보장할 것, ④ 교직의 특수성을 감안할 것, ⑤ 국제 간의 비교 및 경쟁력의 감안, ⑥ 교직 내 격차요인의 고려 등으로 지적하였다(서정화, 1989: 316~318).

흡하기 때문에 현재의 변화들은 오히려 Cubberley가 제시한 9원칙의 방향[29]으로 가고 있다.

교원보수제도에서 일반적으로 사용되는 개념으로 단일보수제도[30], 업적주의보수제도[31], 총액임금제, 연봉제 등으로 대별할 수 있다. 이 가운데 단일보수제도, 총액임금제 등의 개념은 연공급에 가까운 개념으로 사용하고 있고, 업적주의 보수제도, 연봉제 등은 능력급과 관련된 개념으로 파악되고 있다. 무엇보다도 먼저 지적해야 할 것은 외견상으로는 유사해 보이는 총액임금제는 연봉제와는 큰 차이가 있다는 점이다. 연봉제는 ① 개별근로자와 사용자 사이에 ② 개별근로자의 능력이나 업적을 고려하여, ③ 연간 임금 총액을 계약하는 방식이므로 임금인상을 둘러싼 단체교섭이 필요가 없고 임금체계도

---

29) 이것들을 구체적으로 제시하면 ① 즐거운 마음으로 교직에 종사하고 싶을 것, ② 연봉가산 봉급은 등급수가 지나치게 클 필요가 없이 연한에 따르는 것이 적당하고 ③ 경험에 비례하여 봉급이 오를 것, ④ 성적이 우수한 교원은 봉급기준을 최대한도 초과하는 특별한 가산이 필요, ⑤ 보수의 결정은 교원이 담당하고 있는 임무의 성격에 기초를 둘 것, ⑥ 특수교원은 봉급을 높일 것, ⑦ 교원이 맡은 임무의 고저에 따라 보수기준도 다를 것, ⑧ 보수의 등급에 따른 승진은 그 작업 효율 및 업무에 대한 확실한 증명을 근거로 할 것, ⑨ 교원을 전문직종으로 여기고 종사한 사람의 최대한도 소득은 최소봉급의 2~2.5배가 될 것 등이다(곽영우 외, 1991: 23).

30) 일반적으로 대학교원에게 적용되는 보수 제도는 미국을 기준으로 크게 단일 보수 제도(SSS : single salary schedule)와 계약 보수 제도(contract salary schedule)가 있다. 단일 보수제도는 가장 오래된 제도로서 교육 기간과 교육경력에 의해 보수를 결정하는 제도로 교원의 효과성은 교육 기간과 교육경력에 따라 증대되고 교원들의 모든 직위는 중요도와 책임 정도가 동등하다는 가정에 기초를 두고 있다(Castetter, 1981 : 360~361). 계약 보수 제도는 광의의 업적주의 보수제도(merit pay system)이라고 볼 수 있다.

31) 업적주의 보수제도(merit pay system)는 개인이 이룩한 업적에 상응하는 보수를 지급하는 보수체계로 성과급 제도(performance-based pay), 장려금 제도(incentive pay) 등을 포함하여 여러 가지의 형태로 나타난다. 업적주의는 "우수한 교원은 보상을 받고 평범한 교원들은 자극을 받아서 개선되거나 또는 교직을 그만두는" 효과를 가지고 있으며 자유기업의 원리(the tenets of free enterprise)에도 부합하지만 ① 평가의 객관성, ② 조직의 분열, ③ 엘리트주의, ④ 불평등의 가속화, ⑤ 형식주의화, ⑥ 질보다 양을 중시하는 풍조, ⑦ 탈도덕적일 수도 있다는 비판을 받기도 한다(Dennis, 1982 : 18~21).

극히 단순한 데 반하여, 총액임금제는 임금인상이 기본적으로 단체교섭을 통해 결정되고 임금이 다양한 구성요소를 가지고 있음을 전제로 하고 있다(곽영우외, 1991: 43). 결국 연봉제는 능력에 따른 임금격차의 확대를 전제로 하는 데에 반하여, 총액임금제는 지나친 임금격차를 줄이기 위한 것으로 서로 상반된 목적을 가지고 있다. 이것을 알기 쉽게 나타낸 것이 [표 Ⅳ-①]이다.

[표 Ⅳ-①] 총액임금제와 연봉제의 비교

구 분	연 봉 제	총 액 임 금 제
계약 형태	계약기간 내 실적·능력에 따른 사전 개인별 급여 책정: 계약기간마다 고용계약 및 급여계약을 다시 체결하고, 재체결 없이는 고용계약관계 단절	원칙적으로 계속적으로 근무함을 전제로 하고 재계약체결의 형태를 취하지 않는다.
교섭 범위	연봉 외에는 원칙적으로 추가급여는 없다	변동적 급여(초과근로수당, 변동적 상여금)를 제외한 임금교섭
지급 형태	연 1회 지급 또는 총액을 1/12로 매월 지급하는 등의 지급시기마다 동일금액을 지급	변동적 급여로 인하여 지급시기마다 금액이 변동
지급 항목	원칙적으로 연봉 하나의 항목으로 지급	한번 임금을 지급할 때마다 기본급 및 고정수당, 상여금, 변동적 수당이 있음
평균임금 통상임금과 관계	초과근로수당이나 퇴직금이 지급되어야 할 근로자 계층에서는 통상임금, 평균 임금체제 유지가 곤란(∵ 사업자 부담급증)	평균임금, 통상임금 체제의 유지

자료 : 곽영우 외(1991, 44).

그리고 현재 한국의 대부분 대학에서 적용하고 있는 단일보수제도(SSS : single salary schedule)는 이른바 '공평성(equity)'과 '행정편의(ease of administration)'에 기반한 것으로 동기부여가 안 되고 경쟁력이 약화되는 결정적 결함을 가지고 있다. 그리고 임금항목이 너무 복잡하게 구성되어 있고, 상여금이 사실상 고정급으로 되어 있어서 근로동기의 유발이 미흡하고, 평균임금을 기초로 교섭하기도 어렵다. 보다 구체적으로 현재의 교육공무원 보수체계는 「공무원보수규정」과 「공무원수당규정」에 의하여 결정되고 부수적으로 「비국고회계관리규정」 등에 의해[32] 동등한 학력과 자격 및 경력을 가진 교원은 학

---

32) 사립대학의 경우는 사학 기관 재무·회계 규칙과 사학 기관 재무·회계 규칙에 대한

교 급별, 성별 등의 조건과 상관없이 동일한 보수를 지급하는 것을 원칙으로
하는 단일호봉제를 지향해 왔다.[33] 그런데 이것이 '사실상'의 종신임용보장
제도와 결합하여 오늘날과 같은 '개혁이 불가피한' 상황을 연출하게 된 것이
다.

이와 마찬가지로 현행 대학교원의 보수체계도 자격급적 성격과 경력급적
성격, 기타 생활급적 성격을 가미한 보수체계를 유지하고 있어 ① 직무의 종
류와 난이도, 성과에 관계없이 보수수준이 결정됨으로써 연구와 교육 등에서
동기부여 수단으로 작용하지 못하며, ② 자격급, 경력급, 생활급적 요소가 혼
재하여 보수 구성항목이 많고 복잡하며, ③ 경력급적 요소가 강하고 재직 교
수의 고령화가 진행된 대학일수록 재정적 압박요인으로 작용한다는 등의 문
제가 지적되고 있다(교육부 공청회 자료, 1999). 이것은 앞서 보았던 우리 기
업들의 문제와 별반 다르지 않다.

이 같은 문제들을 극복하기 위해 교육부가 제시하고 있는 커다란 원칙은
① 기간 임용제 및 정년보장제 개선,[34] ② 교수업적평가제도의 강화, ③ 업적
위주의 합리적 보상체계와 연계[35] 등이다. 보다 구체적으로는 계약임용제의
강화를 강조하고 있다. 계약임용제는「고등교육법」제14조 제2항의 대통령령
이 정하는 바에 의하여 교수, 부교수, 조교수, 전임강사를 근무기간·급여·
근무조건, 업적 및 성과약정 등 계약조건을 정하여 임용하는 제도이다. 물론
계약임용제에 의한 교수는「고등교육법」,「교육공무원법」,「사립학교법」,「교

특례 규칙이나 각 대학별 보수 규정에 의한 보수체계표 또는 급여 및 제 수당명세표
에 의해 지급이 되고 있다(곽영우外, 1991 : 52).

33) 다만 초·중등학교와 전문대학, 대학(교)에서 호봉제와 기산 호봉, 봉급 및 수당 등을
각기 다르게 정하는 삼원제 체제를 유지하고 있다. 사립대학교원의 보수체계는 직명
별로 한계호봉을 정한 경우도 있지만, 대부분의 대학은 직명과는 무관하게 단일화된
보수체계를 유지하고 있다(곽영우外 , 1991 : 45).

34) 완전한 신분 보장보다는 계약에 의해 일정 기간 동안 임용되는 방식을 현재보다 엄
격하게 적용할 필요가 있다는 의미이다. 즉, 임용기간을 정하여 임용할 뿐 아니라 근
무 조건과 보수액을 명시적으로 제시하여 명실상부한 계약제 임용이 되어야 한다.

35) 대학교수는 독립적이고 개별적으로 활동하며, 비교적 그 연구의 성과가 가시적으로
나타나기 때문에 대학교수는 성과급형 보수체계를 적용하기에 비교적 적합한 직종이
다.

수자격기준」 등에 관한 규정에 나타나 있는 대학교원의 직무·자격 및 직급과 동일하다.36) 대학교원을 임용할 때는 「교육공무원법」 제11조의 2의 규정에 의거하여37) 각 대학교에서 자율적으로 설정하여 운영한다.

교육부는 이 같은 시각하에서 2001년까지 교수업적평가제를 계속적으로 보완·정착시켜 합리적이고 신뢰받는 평가자료를 산출할 수 있는 여건이 확립된 연후에 2002년부터 계약임용제 실시를 의무화하는 것이 바람직하다고 권고하고 있다(교육부 공청회 자료, 1999). 보다 구체적으로 교육부는 교육공무원법 제11조의 2에 대학의 교원은 계약조건을 정하여 임용할 수 있다는 조항을 신설함으로써 근무성과 및 업적의 평가에 근거한 연봉을 임용계약 속에 포함시킬 수 있는 법적 근거를 마련해 놓고 있다. 이 같은 계약임용의 활성화는 전면적인 연봉제 확대실시의 예비단계로서 대학교수 사회를 근본적으로 변화시키는 동인이 될 것으로 보인다.

---

36) 계약임용제에 의해 임용된 교수라도 교수로서의 직무는 정년보장교수 사이에 차이가 있을 수 없고, 다만 대학에서 보직을 맡거나 대학인사에 관여하는 등의 활동은 계약제 교수의 경우 제한을 가할 수 있다. 직급 구분 역시 계약임용제 교수도 교수·부교수·조교수·전임강사로 구분임용할 수 있다. 국·공립대학에 계약임용제교원을 두는 경우에 신분은 ① 임용기간 교육공무원 신분을 부여하여 보수 재원도 계속 국고 또는 지방정부 예산의 봉급 재원으로 확보하거나(현행), ② 교육공무원 신분이 아니라 일정기간 계약에 의하여 총장이 임용하는 준공무원 신분을 유지하는 방안 등이다. 계약임용제에 의한 교원에게는 교육 공무원과 같은 대우, 즉 봉급과 각종 수당, 의료보험 기타 후생 복지 혜택 등 보수 측면만이 아니라 연구비, 해외연수 등 자기계발의 기회를 동등하게 보장하고 교수 임용과 관련한 경력 평정시 교육·연구경력 연수를 부교수나 교수와 차별 없이 반영하여야 한다. 계약 임용제는 신분보장의 개념을 내포하고 있지 않은 점을 고려하여 지급별로 현행의 기간 임용제보다 임용기간을 늘리는 방향으로 하되 대학별로 특성을 고려하여 정할 수 있도록 한다. 다만 신규 채용시에는 직급에 관계없이 계약 기간을 2~3년으로 하는 것이 바람직하다(교육부 공청회자료, 1999).

37) 그 내용은 다음과 같다. ① 신규 채용에서는 직급에 관계없이 3년 이내의 기간을 정하여 임용하도록 한다. ② 재임용 또는 승진임용의 경우 직급별로 임용기간을 다음과 같이 설정할 수 있게 한다. ⓐ 교수 : 정년보장 또는 6년 내지 10년 이내, ⓑ 부교수: 정년보장 또는 6~10년 이내, ⓒ 조교수 : 3~5년 이내, ⓓ 전임강사 : 3년 이내(교육부 공청회 자료, 1999). 그리고 당연한 말이지만 계약임용에 의한 교수도 예외 없이 교수업적평가제를 실시하여야 하며, 그 결과는 승진심사에는 물론 계약제 교원의 재임용과 정년보장심사에 가장 기본자료가 되어야 한다.

3. 연봉제의 설계방안

(1) 설계의 기초

연봉제가 제대로 시행되기 위해서는 시행기준이 제대로 구축되어야 한다. 이를 위하여 각 대학들은 총장의 강력한 주도하에 시행기준을 개발하고 그 과정에서 행정 절차에 익숙한 교직원을 포함시켜 시행상의 문제점을 최소화해야 한다. 그 시행절차도 행정업무절차와 병행할 수 있도록 하는 것이(특히 교육영역) 전체 시스템과의 적용가능성에서나 절차를 명확히 할 수 있다는 점에서도 효과적이다. 그리고 외부환경변화에 잘 대응할 수 있도록 부분적으로 기준변경의 유연성을 가지는 것도 좋지만 전체 시스템에 무리가 가지 않는 범위에서 가져야 한다.[38]

연봉제 시행을 위한 평가기준의 시안은 ① 효율적인 연구 위원회 운영, ② 관련자료의 수합 및 정리, ③ 평가항목의 발굴 등을 통해 진행이 된다. 평가항목은 연구영역, 교육영역, 봉사영역으로 대별하고 다음의 과정을 밟는다. ⓐ 연구영역의 평가항목은 기존 평가항목을 보완(추가)하여 활용하고, 평가항목 또는 영역 전체의 연구업적 점수 평균과 표준편차를 계열별로 조사하여 득점의 난이도를 조사한다. ⓑ 교육 및 봉사영역은 과거와는 달리[39] 평가항목에서 채택된 다양한 항목을 나열한 후, 평가척도종류(정성적, 정량적), 평가자료 취합 및 검증의 용이성[40], 평가항목의 중요성을 비교하여 선택하면 된다.

---

38) 구체적으로 계명대학교의 경우 예를 들면, ① 업적평가규정 제정, ② 업적평가 전산 시스템 개발, ③ 교원업적평가 개정안 단대별 의견수합, ④ 교원업적평가안 개정안 교무회의 의결, ⑤ 업적평가실시 등의 순서로 진행이 된다(안봉근, 1999).

39) 과거 업적평가제도에서 교육과 봉사영역은 평가항목의 설정과 측정이 어려워, 실질적인 평가가 이루어지지 못하였다.

40) 애초부터 평가항목을 설정할 때는 자료의 취합과 검증이 용이한 것을 설정하는 것이 좋다. 원래의 평가 척도는 정량적, 정성적 두 가지의 범주가 있다. 정량적인 범주에 있는 것은 객관화할 필요가 없이 그대로 사용하면 되지만, 정성적인 범주는 계량화하기가 어려운 한계를 가지고 있다. 그럼에도 불구하고 계량화가 곤란한 정성적 범주 가운데서도 중요한 항목의 경우는 정성적인 범주로 나누어 가능한 한 정량화할 필요가 있다.

교원평가시안에서는 기본 점수의 배점 및 연간 배점 한도를 설정해야 한다. 이것은 교원들의 기본 업무들을 자연스럽게 업적평가에 반영하고[41], 평가항목별 또는 항목군 별로 년간 취득 가능한 최대 점수(배점 한도)를 설정하여 교원들로 하여금 균형 있는 업적을 달성하게 하고 업적 영역 및 계열간 형평을 유지하며[42] 양질의 업적[43]을 유도하기 위한 것이다(안봉근, 1999). 기본 점수 체계는 물론 교원들에게 점수를 주기 위한 방편일 수도 있지만 규모가 큰 대학의 경우, 교원평가를 용이하게 하는 요소가 많다. 즉, 기본 배점을 설정해 두면 사실상 교원평가 전체 점수의 60~70점에 해당한다고 볼 경우 그 나머지로 교원평가 점수를 계산할 수 있기 때문이다. 이 같은 시안이 마련되면 학과별로 1~2인의 교원들을 선정하여 표본으로서 평가체계의 타당성을 분석해야 한다.[44] 이 때에는 평가위원의 입장을 떠나 피평가자의 관점에

---

41) 기본 점수를 배점하는 평가항목들의 예를 들면, 교육영역이 대표적인 것이다. 교육영역에서 책임시수 강의, 성적 제출, 강의 계획서 제출 등과 같은 교수의 기본 임무를 업적평가에 반영한다는 것이다. 봉사영역도 기본 점수를 줄 수 있도록 항목을 개발할 필요도 있다. 배점 방식은 기본 업무를 수행 시 기본 점수를 배점하고 미수행 시 감점 처리하면 되고, 정성적/서열 자료를 평가할 때는 정량적인 배점보다는 평가 등급(예: A, B, C 등)으로 판정하여 배점을 차등화하는 것이 수월하다. 차이를 정확히 계산할 수 없으나 서열화 할 수 있는 경우가 많기 때문이다.

42) 계명대의 사례를 보면 교육부문의 강의 관련 부문의 업적 년간 배점 한도는 140점, 학생지도 부문의 업적의 배점 한도는 60점으로 강의 부문의 비중이 크게 나타나 있다. 학생지도 부문에서 "논문 지도 및 심사" 평가항목의 연간 배점 한도가 10점으로 제한되어 있는 이유는 특정 학과(전공)에 대학원생이 없기 때문이다. 나아가 업적의 영역의 상대적 중요성을 반영하였는데 그 예를 들면 교육영역과 봉사영역의 연간 배점 한도를 각각 200점으로 하였으나, 연구영역의 배점은 제한을 없앴다. 이것은 임용 심사에서 연구업적이 가장 중요한 업적이기 때문이다.

43) 계명대 「연구영역 평가항목 배점한도 예」의 사례에서 본다면 양질의 업적은 배점에 한도를 두고 있지 않다. 여기서 말하는 양질의 업적이란 전문학술저서, 전국규모 이상의 학술지논문, 개인발표회, 국제규모 음악·미술발표회 또는 최정상급 단체와의 협연 등을 말한다. 그 외의 연구업적은 평가항목군별로 다음과 같이 연간 배점을 제한한다. 즉, ⓐ 전국규모가 아닌 논문집에 발표되는 논문 및 학술대회 및 연구보고서 또는 정책연구 등은 총평점은 100점을 초과하여 인정하지 않는다. ⓑ 공연·발표부문의 학생단체공연, 공인초대전, 국내 기타 미술전 및 기타 발표 등은 총평점은 50점을 초과하여 인정하지 않는다.

의거 평가항목의 적합성을 검사하고 시안의 미비점, 적용상의 문제점 등을 발견하여 평가규정의 세밀한 부문조정 및 시행세칙을 수립하여야 한다.

(2) 설계의 기본방향

연봉제를 설계할 때 가장 먼저 연봉의 구성요소들에 대한 검토가 선행되어야 한다. 주의할 점은 연봉제를 일시에 미국식으로 시행하는 것은 조직 내의 엄청난 반발을 불러올 수 있기 때문에 일본식의 과도기적 형태가 좋다. 물론 장기적으로는 미국식 연봉제로 갈 필요가 있다. 여기서 하나 지적할 것은 설립연수가 대략 5~10년 이하의 신설대학들은 전략적인 기획의 방법론으로써 '공격적'으로 미국식 연봉제를 과감히 시행할 필요도 있다. 왜냐하면 신설대학들의 경우, 고호봉의 교원들이 많지 않을 뿐만 아니라 변화기에 대학을 발전시키는 강력한 하나의 방법론이 될 수 있기 때문이다. 그리고 대부분의 대학들이 대동소이한 우리 나라 대학의 현실에서 경영혁신이 대학의 발전을 앞당기는 원동력이 될 수도 있는 점을 간과해서는 안 된다.

연봉제 설계의 핵심은 연공급체계인 기본급, 제수당, 상여금, 성과상여 등으로 복잡하게 되어 있는 임금체계를 간단한 연봉 항목으로 재구성하는 것이다. 이것을 간단히 나타내면 [표 IV-②]와 같다.

[표 IV-②] 연봉구성의 방식

연공급		연봉제			연봉제		
① 도입전		② 도입초기			③ 활성화단계		
기본급		연봉	기본연봉 (70%)		연봉	기본연봉 (60%)	
직무관련수당							
생활관련수당			업적연봉 (30%)			업적연봉 (40%)	
법정수당							
정기 상여금		법정수당			법정수당		
특별·성과상여		특별·성과상여			특별·성과상여		

---

44) 이 때의 조사내용으로는 ① 평가항목별로 평가자료의 수집·검증이 가능한가? ② 소요시간은? 기존 자료의 체제·표시방법이 필요한가? ③ 특정한 평가항목 및 이의 배점체제가 특정한 학문계열·전공의 실제업적을 공평하게 제시하는가? 등을 제기할 수 있다(안봉근, 1999).

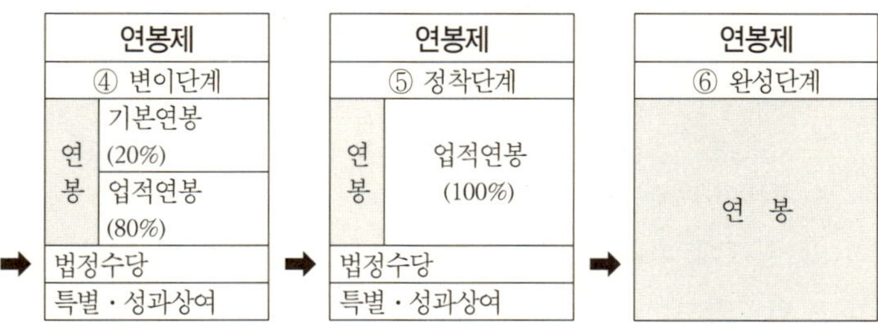

법률개정(국립대)

　물론 위 표의 ⑥과 같은 형태의 연봉제를 단기간에 기대하기에는 무리이지만 장기적으로 불가능한 것만은 아니다. 기업 입장에서 보더라도 정부가 최저임금의 하한선만 규정해주면 나머지의 복잡한 임금항목을 폐지하고 기업별로 연봉제를 시행하는 것은 어렵지 않기 때문이다. 이러한 과정을 하나의 예를 통해 살펴보도록 하자. 국내 굴지의 모 재벌기업의 경우는 임금체계를 기본연봉+업적연봉으로 대별하고 기존의 기본급과 직책 및 근속수당들을 '기초급'으로, 기타의 '제반수당'을 '직능급'으로 하여 이 '기초급'과 '직능급'을 통합하여 기본연봉으로 하였고, 나머지의 항목들을 상여금과 평가연봉으로 하여 '사실상 구분이 없이' '업적연봉'으로 통합하여 연봉제의 대상이 되는 항목으로 만들었다. 즉, 기본 연봉은 사실상 동일하고 나머지는 '업적연봉'으로 '제로섬(zero-sum)'의 형태로 실시하고 있다.[45] 이 같은 방식은 일본식 연봉제와 매우 유사한 것으로 한국과 미국의 중간형태라고 볼 수가 있고, 현실적으로 가장 모방이 가능한 모델이라고 할 수 있다.

　연봉제의 설계에서 문제가 되는 부분은 복잡한 임금항목을 어떤 방식으로 통합하는가 하는 문제이다. 쉽게 말해 호봉을 바탕으로 하는 기존 연공제의 경우에는 임금항목이 많고 다양하지만 연봉제는 하나의 항목인데, 기존의 연공제로부터 연봉제로 어떻게 합리적으로 변화시켜가는가, 즉 연공제의 임금항목들을 어떻게 연봉제로 통합시켜 나가는가 하는 점이 문제의 핵심이라는

---

45) 이 업적연봉의 비중은 대체로 전체 봉급액수의 40% 정도로 산정되었다. 이것은 기초급×1.5 정도가 상여금이라는 가정 하에 추출된 것이다. 따라서 전체 월급이 200만원이면 80만원 정도가 업적에 따른 연봉이라는 의미이다.

뜻이다. 앞서 지적한 대로 미국식 연봉제의 즉시 도입이 어려우므로 다음과 같은 여러 가지의 과도기적인 경우를 산정해 볼 수 있다.

　① 교원급여를 기본급+제수당+상여금으로 하는 경우, ㉮ 전체 항목을 무시하고 그 동안의 관행에 따라 대체적인 연봉수준을 정한 후에 급여항목을 다만 참고로 하고 단일한 항목의 연봉을 설정하는 방식, ㉯ 전체 항목 가운데 상여금부분만을 연봉 결정요소로 보고 나머지 항목들은 기존 호봉제의 방식을 그대로 사용하는 방법, ㉰ 초기에는 상여금만 연봉수준결정의 변인으로 잡았다가 시기적으로 제수당 기본급으로 확장해 가는 방법 등이 있을 수 있다. 그러나 유념할 점은 이것은 '연봉제'라고 하기가 사실은 곤란한 측면이 있다. 다만 ㉰의 경우는 연봉제로 발전하는 과도기적 형태가 될 수 있다.

　② 교원 급여를 크게 기본연봉+업적연봉으로 하는 경우, ㉮ 교원종합평가에 따라 평가 영역별로 다른 가중치를 토대로 상대적으로 정해진 인원등급비율로 연봉을 지급하는 방법, ㉯ 종전의 각종 수당들 가운데 일부만을 기본연봉에 투입하고 나머지 업적연봉을 '연구연봉'으로 변경하여 연구업적에 따라서 임금을 지급하는 방법 등을 고려해볼 수 있다.

　이들의 경우에서 ①㉯는 국내대학에서 가장 많이 적용되고 있는 방식이다. 그러나 이 같은 방식은 어디까지나 연봉제로 가는 과도기적 방식일 뿐이지, 그 목표는 결코 될 수 없다. 따라서 ②의 경우가 적극적으로 수용할 수 있는 모델이라는 인식이 확산되어야 한다. 그리고 국가경쟁력 회복에 중추적인 역할을 담당해야 하는 대학원 중심의 대학들은 ②㉯의 방식이, 신설대학들의 경우는 ②㉮, 대학 분규가 심한 대학들은 ①㉰를 선택하는 것이 무난할 것이다.

　연봉제를 시행하게 되면 교원들의 조직적이고 강력한 반발에 봉착하게 되는 경우가 일반적이므로 연봉제의 시작을 인센티브형태로 하는 것이 바람직하다. 따라서 초기에는 교원 인건비가 5% 이상이 초과되는 현상이 벌어질 수도 있다. 그리고 장기적인 경영전략의 일환으로는 ① 플러스 섬(plus-sum)의 동기부여형(incenticve) 연봉제의 시행, ② 제로섬의 현실주의적 방식, ③ 혼합형으로 초기에는 플러스 섬(plus-sum)으로 동기를 부여한 후 제로섬(zero-sum) 방식으로 회귀하는 방법 등을 생각해 볼 수 있는데, 우리 대학들의 형편으로 볼 때는 혼합형의 방식이 적당할 것으로 보인다. 여기서 문제가 되는 부분은 현재 우리 나라 대학들에서 시행되는 기본급 및 연구보조수당의 인상률이 전체 급여의 0.5～1%에도 미치고 있지 못하다는 점을 감안한다면 호봉 자체를 무시하고 현재의 급여를 기준으로 바로 연봉제를 시행해도 나쁘지 않다. 이 경우에는 불가피하게 제로섬의 현실주의적 방식을 채택할 수밖에 없다.

그리고 평가등급 또한 조정이 필요하다. 예를 들면 교원상대평가등급을 3등급으로 구분할 경우에는 최상위그룹에 포함되는 인원비율을 초기에는 15%(중간등급인 B등급은 70%, 최하위 C등급도 15%)로 시행하였다가 이 제도가 정착되면 최상위등급인 A등급 인원은 25%(중간등급인 B등급은 50%, 최하위 C등급도 25%)로 늘려 가는 것이 바람직하다. 마찬가지로 교원상대평가 등급을 5등급으로 구분할 경우에는 최상위그룹에 포함되는 인원비율을 초기에는 7%(최하위 E등급도 7%)로 시행하였다가 이 제도가 정착되면 12%(최하위 E등급도 12%)로 하는 것이 좋다. 비율을 이같이 하는데는 ① 초기에 중간계급 인원비율을 크게 하여 시행초기의 시행착오와 반발의 극소화, ② 최상위그룹을 점진적으로 확대시켜 경쟁의식의 강화, ③ 바람직한 연봉제 문화의 정착이라는 동시다발적인 효과가 있기 때문이다(이 부분은 다음 절에서 충분히 설명할 것이다).

이상의 논의들을 보다 현실화하여 실현가능한 연봉제를 설계해 보면 다음과 같은 과정을 밟을 수 있다. ① 최대 20여 개의 항목에 달하는 현행의 복잡한 임금항목을[46) 기본연봉항목과 업적연봉항목으로 나눈다.[47) ② 기본연봉

---

46) 현행의 복잡한 임금항목을 제시하면, 기본 봉급액, 상여금, 각종 수당(정근수당, 효도휴가비, 근속수당, 학사지도비, 시간외수당, 보조수당, 사무수당, 직급보조비, 교통비, 체력단련비, 보직수당), 연구비 및 연구보조비 등이 있다. 이상은 매월 지급되는 임금의 항목인데 자녀 학비 보조수당은 학기별로 지급되고 있다.

47) 직무급형 연봉제의 경우에는 고정급으로 설정하는 것이 보통이지만, 성과급형 연봉제의 경우에는 고정급보다는 기준연봉+성과연봉으로 구성하는 것이 일반적이다. 교육부가 제시하는 대학교수에 적용하는 연봉제의 성격은 성과급형 연봉제이므로 직급

(누적적 성격)과 업적연봉(성과급형: 비누적적 성격)의 비율을 결정한다.[48] ③
기본 연봉과 업적연봉의 산정을 위한 업적평가 등급별 비율(예를 들면, 3~5
등급)과 가율의 결정(예를 들면, 최고 A 등급에 대해 평균 등급보다 3~10%
더 많은 연봉을 준다든지 하는 것), ④ 기본연봉과 개인별 성과연봉(개인별
전년도 성과연봉액×당해 업적평가별 가율)을 합하여 연봉을 지급, ⑤ 기본
연봉의 비율을 최대한 떨어뜨리고(20~40%) 성과급중심의 연봉제시행 등과
과정으로 진행되면 된다.

　물론 각 대학의 사정에 따라 구체적인 비율이 달라질 수 있으므로 각 대학
들은 각자의 현실에 맞는 비율을 선택하면 된다. 결국 교원연봉제를 설계할
경우 두 가지의 중요한 요소는 ① 임금항목의 재구성 여부[49], ② 연봉인상방
법의 선택이다.[50] 그런데 임금항목을 재구성하고, 업적승급을 적용하여 동일

과 호봉에 따라 기준연봉을 설정하고 업적평가의 결과에 따라 성과연봉을 결정하는
혼합형이 바람직하다고 한다. 기준연봉과 성과연봉의 구성 비율은 초기에는 기준연봉
의 비율이 적어도 50% 이상이 되도록 하고 점차 성과연봉의 비중을 높여 가는 것이
경력급에서 성과급으로 이행하는 과정에서 발생하는 충격을 줄일 수 있기 때문이라는
것이다(교육부 공청회 자료, 1999).

48) 예를 들면 80%(기본) : 20%(성과)로 한다든가 60 : 60으로 한다든가 또는 매년 그 비
　　율을 성과급으로 늘려 최종적으로 40 : 60 또는 30 : 70으로 하게 하는 것을 말한다.
　　여기서 사용되는 '누적적'이라는 말은 전년도에 결정된 연봉이 다음해에 그대로 누적
　　되면서 전년도+다음해의 누적액이 그대로 첨가되는 것, 즉 업적승급을 기존 임금에
　　합산하여 누적적으로 인상하는 방안이다. 비누적 방식은 매년 업적승급을 기존임금에
　　합산하지 않고, 별도로 적용하는 방안이고, 이 방식을 적용할 경우 어느 해든 그해 업
　　적평가가 좋으면 그에 상응하는 임금보상을 받고 인건비부담을 적게 할 수 있는 반면
　　누적방식은 업적에 따른 차등적인 보상을 할 수 있어 동기 유발 효과가 크다.

49) 현행의 단일본봉, 직급별 연구비, 제수당, 상여 가운데 제수당 일부와 상여를 본봉과
　　연구비로 통합할 것인가 여부에 따라 연봉제 설계방안을 구분할 수 있다. 임금항목의
　　재구성 여부는 보수월액에 영향을 미치고, 보수월액이 달라지면 연계된 법정 복리비
　　용에 영향을 미친다(박준성, 1999).

50) 중요한 것은 현재 한국적인 임금체계관리하에서 바로 연봉제를 시행할 경우 ① 기존
　　의 봉급을 기준으로 다음 해의 봉급을 결정하는 경우, ② 기존의 임금을 무시하고 직
　　급별 평균임금이나 직급별 초임을 기준으로하여 연봉제의 비율을 구성하는 방식 등이
　　나타난다. 대부분의 대학들은 ①의 수준을 벗어나지 못하고 있다. 물론 ③ 직급별 초
　　임제도를 폐지하면서 완전 미국식 연봉제로 개편하는 방안도 생각해 볼 수 있다. 또한

직급(혹은 근속)이라도 보수월액이 달라지고, 직급별 표준 보수와 차이가 발생하면 법정 복리비용의 지급 방식이나 세금계산상의 문제 등을 전면적으로 개편해야 하는 문제가 발생할 수도 있다.[51] 이에 대해 정부 관계당국과 교육부는 관계법령을 개정하는 등 신속하게 대응해 가야만 교원연봉제를 보다 신속히 전면적으로 실시할 수 있다.

(3) 임금체계 및 구성요소와 연봉제

임금체계는 매우 복잡하고 다양하지만 임금의 구성항목과 임금항목의 인상방식에 따라서 임금체계는 달라진다. 임금의 구성항목에는 기본급(본봉), 제수당, 상여금 등이 있다. 「공무원보수규정」 제4조에 따르면 '보수'는 봉급과 각종 수당을 합산한 금액을 말하며, 봉급이라 함은 직책별로 지급되는 기본 급여 또는 직무의 곤란성, 책임의 정도, 재직기간 등에 따라 직위별·호봉별로 지급되는 기본급여를 말하고, 수당이라 함은 직무여건 및 생활여건에 따라 지급되는 부가급여를 말한다. 대학들은 각기 어느 정도의 독자적 체계를 가진 임금체계를 가지고 있지만 대부분은 유사한 급여규정으로 대학운영을 하고 있다.[52]

임금체계를 분류하는 기준으로는 호봉의 유무도 중요하다. 비호봉제의 대표적인 경우가 바로 '연봉제'이다. 호봉제하에서 임금의 구성항목에 따라 임금체계를 분류하면 연공급과 능력급으로 크게 나누어지며 임금인상을 기준으로 하면 연공급은 자동 승급되는 비고과승급이고 능력급은 고과성적에 따라 차등적으로 승급되는 업적승급(merit increase)이다. 연봉제는 바로 능력급과 유사하지만 능력급과 비교해서, ① 임금항목의 구성이 단순하고, ② 원칙

연봉인상방식의 경우도 정률인상, 정액인상, 가급제 등의 여러 가지 방법을 선택할 수도 있다.

51) 가령 의료보험 부담금을 보면 급여 수준의 표준화의 가능성도 생각할 수 있다. 즉, 현재 대학별, 직급별로 교수의 급여 수준이 다르지만 직급별, 년차별로 급여수준이 비슷하다는 가정하에 직급별 표준 보수월액을 기준으로 개인 부담금 조견표를 만들어서 부담금을 결정하고 있다(박준성, 1999).

52) 주요 관련사항 해설 ☞ 일반적인 교원 급여 규정.

적으로 비호봉제의 임금이라는 점에서 차이가 있다.[53] 호봉이란 직계나 연공 등을 기초로 하여 정해진 급여체계의 등급을 말하는 것으로 일반적으로 교원이 되고자 하는 자는 경력연수를 환산하고 여기에 기산 호봉[54]에 합산하여 초임 호봉을 결정하고 근무연한이 경과함에 따라 승급[55]하게 된다. 그런데 이 연봉제도 나라별로 문화적 차이가 있기 때문에 동일한 것은 아니다. 이상의 내용을 알기 쉽게 정리해 보면 [표 Ⅳ-③]과 같다.

[표 Ⅳ-③] 임금체계의 유형 비교

	임금항목구성				임금인상방법		
직급별 호봉	기본급 (단일호봉)		제수당	고정 상여금	Base-up(교섭임금인상)		호봉승급
능력급	기본급	능력급	제수당	고정 상여금	Base-up	고과성급 (merit pay)	고과상여 (incentive)
일본식 연봉	연봉(기본연봉+업적연봉) (=월봉×지급개월수)		제수당		Base-up	고과성급 (merit pay)	incentive
미국식 연봉	연봉(base pay)				고과승급(merit pay by performance evaluation)		incentive

자료: 박준성(1999).

위 표에서 보면 연공급과 능력급에 비하여 연봉제는 임금항목의 구성이 극히 단순하다. 그리고 같은 연봉제라도 미국식과 일본식이 다르기 때문에[56]

---

53) 호봉이 있는 상태에서 '고과승급'과 '상여금(incentive)'이 있는 방식을 '능력급'이라고 하는데 연공급이나 호봉이 연공에 따라 자동 승급하는데 반하여 능력급은 호봉이 차등 승급하는 점에서 매우 다르다. 쉽게 이해하자면 연공급에서 차등승급이 되면 '능력급'이 되고 능력급이 된 상태에서 호봉을 폐지하면 우리가 일반적으로 말하는 '연봉제'가 되는 것이다.

54) 국·공립 대학교육공무원들의 기산 호봉표에 의하면 교수는 15호봉, 부교수 장학관 교육 연구관은 12호봉, 조교수 9호봉, 전임강사 7호봉, 조교 2호봉이다.

55) 승급과 승진은 다른 개념임에 주의하여야 한다. 승급이란 대학교원이 개별적으로 가진 호봉이 근무 연한이 경과함에 따라 상위 호봉으로 변동하는 것을 말한다. 공무원 보수 규정에 의하면 호봉간 승급 기간은 1년이다(이전에는 상위는 1년6개월, 하위는 1년).

56) 미국식 연봉은 일반적으로 12개월 분의 기본급이 연봉의 대부분을 차지하지만 일본

일본과 우리 나라 기업에서 연봉을 설계할 경우 종래의 통상임금이나 연금 등의 기준임금에 해당되는 월급여를 기본 단위로 하여 연봉을 설계하는 경우가 많다.57) 임금인상 측면에서 보면, 능력급에서 본봉 또는 본 임금은 제외한 임금을 대상으로 업적승급을 하는 반면, 연봉제임금은 전체 연봉을 대상으로 업적승급을 한다.58) 만약에 우리의 토양에 맞게 연봉제를 설계한다면 현행의 단일호봉제→일본식 연봉제→미국식 연봉제의 순서로 채택·발전시켜 나가면 후유증이 최소화될 것이다. 그리고 그 시행기간들은 정부의 관련법률개정이나 구성원들 간의 협의를 거칠 필요가 있다.

(4) 항목재구성, 평가등급조정과 설계완료

실질적인 연봉제 설계의 시작은 임금항목의 재구성이다. 물론 가장 신속한 방법은 복잡한 임금항목을 폐지하여 '단일항목화'하고 불가피한 것을 '연봉 외수당'으로 처리하는 것이 좋겠지만, 그것이 현실적으로 불가능할 때는 임금항목을 재구성하는 방식을 따른다. 임금항목의 재구성 여부는 보수월액에 영향을 미치고, 보수월액이 달라지면 연계된 법정 복리비용에 영향을 미친다.

이나 우리 나라의 경우는 연봉제를 적용한다 하더라도 12개월 월급여로 연봉을 구성하기가 어렵다. 연간 총급여액을 12개월로 나누어 지급하면 월통상임금에 연동되어 있는 시간외 근로수당이나 법정 복리비용의 부담이 증가하게 된다(박준성, 『대학지성』, 1999: 42).

57) 즉, 18개월분 또는 22개월분의 월급여로 연봉을 구성하는 것이 일반적이며 이를 다시 12개월 분의 월급여에 해당되는 기본연봉과 연봉에 포함해도 되는 기타 수당과 상여로 구성하는 업적 연봉 등으로 구성하는 것이 대부분이다. 그래서 12개월 분의 월급여를 기본 연봉으로 하는 미국식 연봉과 우리 나라의 연봉은 임금항목의 구성에서 서로 구별될 수밖에 없다. 또 직급별 호봉제와 능력급은 호봉에 따라 임금이 인상되는 호봉이 있지만, 연봉은 원칙적으로 비호봉제 임금이라는 점에서 구별이 된다(박준성, 『대학지성』, 1999).

58) 우리 나라와 일본은 연봉제를 적용하면서도 전통적으로 실시해 온 교섭 임금인상 (base-up)을 유지하는 경우가 많기 때문에 교섭 임금인상이 없는 미국식 연봉과 구분이 된다. 실제 삼성 그룹이나 LG그룹 등에서 연봉제를 도입한 기업들은 대부분 기본 연봉+업적 연봉의 형태로 연봉을 구성하고, 교섭 임금인상을 유지한다는 점에서 미국식 연봉제와 다른 형태를 띠고 있다(박준성, 『대학지성』, 1999).

현행의 임금항목은 최대 20여개의 항목에 달하고 있는데 그것들을 나열해 보면 ① 기본 봉급액, ② 상여금, ③ 각종 수당(정근수당, 효도휴가비, 근속수당, 학사지도비, 시간외수당, 보조수당, 사무수당, 직급보조비, 교통비, 체력단련비, 보직수당, 자녀학비보조수당), ④ 연구비 및 연구보조비 등이 있다. 이 모든 것을 기본연봉 항목과 업적연봉 항목으로 나누고 기본연봉(누적적 성격)과 업적연봉(비누적적 성격)의 비율을 결정한다. 물론 경우에 따라서 기본연봉도 비누적적으로 할 수도 있다.

기업의 예를 들면 연봉제하에서는 수당의 숫자는 2~3개가 바람직하고 일반 회사의 경우 ① 과장급 이상인 경우 연월차수당을, 대리 이하는 연월차·시간외·야근·휴일수당을 유지하고 중식비와 교통비(차량지원비)는 복리후생으로 처리하는 것이 좋다(부태완 외, 1999 : 50). 그러나 교원의 경우, 이 모두를 '연봉외수당'으로 단일화하는 것이 바람직하다. 이렇게 하여 만들어진 것이 아래의 [표 Ⅳ-④]이다.

[그림 Ⅳ-④] 제수당의 간소화

1 전체 임금의 항목변화(연공급에서 연봉제로 전환하는 과도기 모델)

연공급	연봉제	
① 도입전	② 도입초기	
기본급	연봉	기본연봉(70%)
직무관련수당		
생활관련수당		업적연봉(30%)
법정수당		
정기 상여금	연봉외수당	

기본연봉 : 누적, 업적연봉 : 비누적

2 수당의 변화(연공급에서 연봉제로 전환하는 기본모델)

연공급	연봉제
① 도입전	② 도입초기
직책관련수당	연 봉
생활관련수당	
법정수당	
중식·교통비	연봉외 수당

먼저 각종 수당들 가운데 효도휴가비, 학사지도비, 시간외수당, 보조수당, 사무수당, 직급보조비, 보직수당 등과 상여금, 연구비 및 연구보조비는 업적 (성과급) 연봉에 포함시켜야 한다. 다음으로 기본봉급액, 정근수당, 근속수당, 학사지도비, 시간외수당, 보조수당, 사무수당, 직급보조비, 체력단련비, 자녀 학비보조수당 등은 기본연봉에 포함시켜야 한다. 중식과 교통비는 복리후생 비로 잔존시키거나 경우에 따라 기본연봉에 포함시킨다. 다른 공무원들의 경우, 법정수당은 복잡하지만 교원의 경우는 주로 '시간외근무'에 해당하는 초 과강의 정도에 불과한데, 이것은 법정수당으로 남기거나 '연봉외 수당'으로 분류하면 된다.

이렇게 임금항목이 조정이 되면 업적연봉의 차등폭을 결정하여야 한다. 물론 연봉제가 제대로 시행되면, 업적연봉의 차등폭은 의미가 없다 왜냐하면 연봉의 인상은 정액 백분위(%)로 인상되며 그것은 금년의 연봉을 토대로 다음 해의 연봉을 결정하는 것이기 때문이다. 그러나 호봉 자체를 폐지하지 않고 능력급에 가까운 절충형의 연봉제를 운영할 경우에는 업적연봉의 차등 폭의 결정이 불가피하다. 업적연봉이란 당해 연도의 교원평가에 따른 개인에게 차등적으로 지급되는 능력급 형태의 임금이므로 차등폭이 있는 것은 당연하다. 기업의 경우에서는 도입 초기에는 동일직급간에 5~10% 범위 내에서 소폭으로 하다가 점진적으로 30~50%의 범위로 차등폭을 심화시켜야 한다(부태완 외, 1999: 52). 교원의 경우 업적연봉을 차등화하기 위하여 교원들의 직급별 표준임금표를 만들어 기준으로 삼아야 한다. 예를 들면, 조교수 1년차의 기본급, 제수당, 상여금 등의 세밀한 내역을 먼저 만들고(연공급표☞ 이것은 어느 대학이나 이미 사용하고 있는 표일 것이다) 기존의 봉급인상률을 철저히 조사하고 이를 토대로 연봉표를 만들어 기준으로 삼아야 한다. 그 다음 [표 IV-⑤]과 같이 각 직급별로 임금구조가 중복되게 차등폭을 설계한다.

다음의 [표IV-⑤]는 과도기적인 형태로 직급별 '임금수준(pay band)'을 3등급으로 나눈 형태인데 기본연봉은 종래의 연공급으로 이미 결정된 것으로 보고 업적연봉에 대한 상대등급의 모형을 결정한 것이다. 임금수준은 A, B, C 가운데서 B를 평균임금으로 책정하고, C는 20~25%를 인상하고, B는 그대로, A는 20~25%를 인하하여 임금수준을 결정한다. 가령 B가 100만 원이면,

[표 Ⅳ-⑤] 업적연봉 차등폭 설계

연봉액수	전임강사	조교수	부교수	교수
ⓓ				
				C
ⓒ				B
			C	A
ⓑ			B	
		C	A	
ⓐ		B		
	C	A		
	B			
ⓦ	A			

| 주의 |

　　ⓦ 전임강사 초임

　　ⓐ 전임강사 임금상한선 및 조교수 초임

　　ⓑ 조교수 임금상한선 및 부교수 초임

　　ⓒ 부교수 임금상한선 및 교수 초임

　　ⓓ 교수 임금상한선

A는 75~80만원, C는 120~125만 원이 된다. 중복 임금구조에서 기업에서 적용되는 방식은 직급별로 50% 정도의 차상위직급의 최소급여액은 하위직급의 급여액에 20~30%를 더한(plus) 금액으로 결정한다(부태완 외, 1999: 56). 가령 전임강사 상한선 월급이 200만 원이면 조교수 초임은 200만 원이지만, 조교수 평균임금도 240~250만 원 정도로 책정하면 된다는 것이다. 차등폭을 이와 같이 하는 이유는 경쟁력과 효율성을 극대화시키기 위함인데 다케우치 유다카(竹內 裕)는 그것을 바둑기사의 예를 들어 효과적으로 설명하고 있다(竹內 裕, 1997: 107~110), 물론 각 학교는 각 직급의 하한과 그 바로 위의 직급의 하한선과 차이를 두는 등 각자의 사정에 맞는 적절한 모형을 만들어 사용하면 된다.

　이와 마찬가지로 교원의 경우에도 임금항목을 조정한 후 기본연봉과 업적(성과급) 연봉의 산정업적평가 등급별비율(예를 들면, 3~5 등급)과 가율을 결정하여야 한다. 다음은 등급을 3으로 나눈 경우와 5로 나눈 경우를 예시한 것이다.

[표 Ⅳ-⑥] 연봉제평가등급

[1-1] 3등급 기본연봉 업적평가등급

구 분	A등급	B등급	C등급
인원비율	25%	50%	25%
인 상 율	·	·	·

[1-2] 3등급 성과연봉 업적평가등급

구 분	A등급	B등급	C등급
인원비율	25%	50%	25%
가 율	130%	100%	70%

자료: 정태용(1999)에서 재구성.

[2-1] 5등급 기본연봉 업적평가등급

구 분	A	B	C	D	E
인원비율	5.0	20.0	50.0	20.0	5.0
인 상 율	·	·	·	·	·

[2-2] 5등급 성과연봉 업적평가등급

구 분	A	B	C	D	E
인원비율	5.0	20.0	50.0	20.0	5.0
가 율	140	120	100	80	60

| 주 |

1) A, B, C, D, E는 등급을 말하고 단위는 %임.
2) zero-sum based payment system으로 산정하고 있음.
3) 인상율은 표시하지 않음.

위의 표에서는 일정 시점에서의 상대등급 인원비율을 보여 주는 것이지만, 상대등급의 결정에서는 연봉제도입 초기단계에서는 가능한 중앙등급의 비율을 높게하고 점차로 중앙 등급 비율을 낮게 하는 것이 바람직하다. 이것은 도입초기에 평가척도의 적합도에 대한 검증이 되지 않았고, 평가대상자에 새로운 평가제도에 대한 준비 및 대응기간을 부여해야 하기 때문이다. 계명대학교의 경우 상대등급의 구성비율은 5등급 가운데 중앙을 3등급(C등급)으로 하고 그 비율을 70%로 하고 있는데 제2단계 3개년 계획기간중에는 이 비율을 50%로 조절할 예정이다. 즉, 중앙의 등급인원비율이 50%라는 것은 제로섬일 경우 장기적으로는 상위 25%의 인원이 임금의 인상을, 하위 25%는 '사실상 감소효과'를 초래하게 된다. 그리고 임금인상의 방식도 정액, 정률 등 학교사정에 맞게 기존의 연공급 인상률을 기초하여 설계하면 되지만, 경우에 따라서는 band matrix를 설계한 이후 인상하는 방식도 고려해 볼 만하다(물론 이 행렬표도 학교의 사정에 따라 전략적으로 설계하면 된다). 가령 상대등급을 A, B, C, D, E로 나누었을 경우 다음과 같은 행렬표를 만들 수 있다.

[표 IV-⑦] 업적연봉차등폭 설계의 예

		전		기		
		A	B	C	D	E
당기	A	0	3	6	9	12
	B	-3	0	3	6	9
	C	-6	-3	0	3	6
	D	-9	-6	-3	0	3
	E	-12	-9	-6	-3	0

등급 : (1) pay band가 A수준 사람이 업적평가결과 A등급을 받았다면 업적가급은 동결(0%)이고, C등급을 받았다면 업적가급은 −6% 감액함.
   (2) 만일 pay band이 C급 수준인 사람이 업적평가의 결과 B등급을 받으면 3% 인상함.
자료: 부태완 외(1999, 57).

[표 IV-⑦]에서 제기된 모형 역시 하나의 예에 불과하다. 각 대학들은 각자의 사정에 따라 충분한 의견수렴을 거친 후 행렬표를 만들어야 한다. 일반적인 경우 연봉제는 교원들의 극심한 반발이 예상이 되므로 총장의 리더십에 의해 성공여부가 결정될 것이다. 즉 교원연봉제를 실시할 때 연봉제 자체의 구성도 어렵지만, 그 보다는 제도외적으로 교원들의 반발이나 태업 등의 부작용이 더욱 사태를 어렵게 만든다. 이 같은 부작용을 최소화할 수 있는 대학들이야말로 연봉제를 성공적으로 이끌 수 있다. 그러나 현실적으로 시행되고 있는 연봉제는 초기라도 문제가 많은 편이다. 연봉제가 성과급으로서 제대로 기능하게 하려면 성과연봉액 또는 연봉 인상률을 차등 적용하는 등급설정이 합리적으로 이루어져야 하지만, 현재 국내 대학들에서 이루어지는 연봉제의 경우는 등급이나 연봉의 격차가 형식적인데 불과하다.[59] 원칙적으로 업적 연봉액이 결정될 등급의 수는 적어도 5등급 이상은 되어야 하며, 각 등급에 포

---

59) 현재 부분적 또는 전면적으로 연봉제를 실시하고 있는 대학들도 대부분 연봉액의 차등을 가져오는 등급의 수가 지나치게 적고, 또한 등급에 포함될 대상자의 비율이 적절하지 못하다. 많은 대학이 등급의 수를 3개 내외로 책정하고 있으며, 등급별로 포함될 대상자의 비율도 대부분이 특정등급(중위등급 또는 하위등급)에 편중(전체의 80~90%)되고 있는 것이 현실이다.이와 같이 등급의 수가 지나치게 적거나 대상자의 대부분이 특정등급에 밀집하게 되면 연봉제는 형식적인 것으로 전락할 수밖에 없다(교육부 공청회 자료, 1999 : 29).

함될 대상자의 비율도 특정등급에 전체의 50% 이상이 집중되지 않도록 해야
한다. 나아가 등급간 연봉격차가 적절하여야 교수들의 연구와 교육성과에 대
한 동기부여 요인으로 작용할 수 있음에도 불구하고 현재의 등급 간 연봉액
격차를 보면 최상위 등급과 최하위 등급 간에 연봉의 2~3% 정도(성과연봉
부분은 5~15% 정도)로 형식적인 수준에 그치고 있다.

그리고 업적연봉의 설계는 누적방식과 비누적방식[60] 또는 가점방식
(plus-sum style), 무감식(zero-sum style), 감액방식(minus-sum style)[61] 가운데서
각 학교의 재정상태나 문화적 요소에 따라서 선택할 수 있다. 급여산정을 위
한 교원들의 업적평가는 학과마다 사정이 다르기 때문에 상대평가에 의한 연
봉산정이 필요하다(연봉산정의 적용기준에서는 상대평가만 이용하는 것이 바
람직하지만 상대평가와 절대평가를 혼용하는 방법[62]을 고려할 수도 있다).
즉, 급여산정을 위해서는 교원의 전체책무를 포괄하는 평가가 되어야 할 뿐
만 아니라 영역별 평가척도가 다르기 때문에 업적을 상대평가하여야 한다.[63]
다시말해서 업적별로 교원들의 서열을 매겨야 한다는 의미이다. 특히 연구영

---

60) 누적방식이란 매년 개인업적이 기본연봉에 포함되어 운영되는 방식으로 개인의 업적
    평가에 따라 시간이 경과할수록 연봉의 차등폭이 확대된다. 비누적방식은 이른바 '패
    자부활전 방식'으로 매년 개인업적연봉이 기본연봉에 포함되지 않으며, 순수한 보너
    스형태로 운영되는 방식을 말한다.

61) 가점방식은 업적평가 결과 최하위로 나온 사람에게도 최소 0% 이상의 연봉을 인상
    해 주는 것으로 대학측으로 보면 최상위자에게 연봉 증가액은 별도로 지급해야하므로
    경영수지가 악화된다. 무감식은 매년 평가결과가 최하위인 자는 연봉을 동결(0%)하는
    것으로 추가적인 인건비 발생이 일어나지 않는다(만약 연공제하라면 최하위자라도 소
    정의 임금인상이 있었을 텐데 그 정도의 증액이 평가를 우수하게 받은 타인에게 돌아
    가는 식으로 보면 된다). 감액방식은 최하위자의 연봉을 삭감하는 방식으로 교원들의
    사기를 떨어뜨릴 위험성이 있다.

62) 1등급, 2등급, 3등급, 4등급에 대한 최소절대점수를 설정하여 1등급, 2등급의 경우
    절대점수가 최소점수 이상인 경우 만 인정, 4, 5 등급 중 절대점수가 3등급, 4등급의
    최소 점수 이상인 경우 3 또는 4등급으로 인정한다(안봉근, 1999).

63) 즉, 교원업적의 평가는 교원의 전체책무를 포괄하는 평가가 되어야 하고, 이것을 위
    해서는 교원의 교육, 연구, 봉사의 3대 책무에 대한 종합적인 평가가 요구된다. 그리
    고 영역별 평가척도가 서로 다르기 때문에 절대점수의 합계는 교원들의 종합적 평가
    척도가 되기에는 부정확할 수 있다.

역점수의 취득점수한계가 없을 경우 절대점수의 합계로 교육 및 봉사영역을 보충하려고 할 수도 있기 때문이다. 이것을 계명대학교의 사례를 통하여 살펴보면 다음과 같다. 즉, 업적의 상대평가 산정방법은 ① 직급 구분 없이 계열별로 개인의 표준 점수를 산정하고[64], ② 표준 점수의 가중합계[65] : 상대평가부문에서도 영역의 중요도를 감안하여 가중치를 부여할 수 있고, ③ 직급별 순위 결정의 방식[66]으로 이루어지면 된다(안봉근, 1999).

그리고 대학에서 연봉의 조정은 시기적으로는 매년 12월 말이나 2월 말에 하는 것이 적당하다. 기업의 경우, 연봉조정의 방법은 ① 제 1 단계 : 일괄인상(Base up) = 인상전 연봉×인상율, ② 제 2 단계 : 개별적 가급인상액 = 인상후 연봉 × Pay band 비율×교원평가 상대등급비율, ③ 제 3 단계 : 연봉조정 = 일괄인상(Base up)+업적가급 인상액 등의 과정을 거칠 수 있다(부태완外, 1999 : 60). 대학교원의 경우 연봉조정은 교원업적평가를 시행한 후 각 교수가 어떤 평가등급에 해당하는지를 파악하고 교원평가 상대등급비율을 정하고 여기에 다시 이미 설계된 연봉인상폭을 곱한 것이 자신의 다음 해 연봉에 대한 인상률이 되면 된다. 물론 연봉제의 시행초기에는 업적연봉 또는 수당들 가운데서 업적연봉으로 분류된 부분에만 해당될 것이다. 교원연봉조정의 시기에 대해서 말하자면, 우리 나라의 대학은 겨울방학이 신입생의 모집이나 홍보 문제로 매우 바쁜 시기지만, 학기가 시작되는 3월 이전에 연봉조정을 시행하여 3월부터는 새로운 연봉으로 계약하는 것이 바람직할 것이다(만약 1월 1일부터 하려면 12월말에 하는 것이 좋으나 이 때는 성적처리 등으로 업무에 과부하가 걸릴 부담이 있다).

마지막으로 연봉계약서는 ① 학과 성명 직급, ② 계약기간, ③ 연봉금액, ④ 연봉지급방법, ⑤ 계약불이행시 조치, ⑥ 중도퇴직시 퇴직금 취급방식, ⑦

---

64) 주요 관련사항 해설 ☞ 개인별 표준점수 산정.
65) 주요 관련사항 해설 ☞ 개인별 표준지수 산정.
66) 평가 직급별(교수/부교수/조교수/전임강사)로 ②에서 계산된 표준점수합계를 기준으로하여 해당 직급에서의 개별 교원의 순위(100분위수)를 결정한다. 단, 해당 직급의 교원수가 40명 미만인 경우 상위 직급에 합쳐 순위를 정하고 표준점수의 가중합계의 동점이 2명 이상인 경우 동점자의 중앙순위를 근거로 100분위수를 결정한다.

비밀유지 서약, ⑧ 계약 주체로서 대학교 총장직인 등이 반드시 있어야 한다. 이렇게 하여 교원업적평가와 연계된 연봉제의 설계는 완료[67]될 수 있다.

(5) 가장 간단한 형태의 연봉제 설계

어떤 대학이든지 할 수만 있으면 가장 간단한 방식으로 연봉제를 설계하는 것이 좋다. 복잡한 것은 당장 시행하기도 편리한 듯이 보이지만 오히려 시대의 변화에 대응하기가 어려워서 지속성을 유지하기가 어렵다. 물론 간단하다고 해서 연봉제의 근본개념들을 모두 방기하는 형태가 되어서는 안될 것이다. 연봉제는 근본적인 골격이 ① 객관적인 평가에 의해 교원들의 상대순위를 정해 이에 따른 등급을 결정하고, ② 그들 등급에 따른 다음 해 임금인상률의 결정이라는 구조를 띠고 있다. 특히 신설대학들은 상대적으로 高호봉의 교원들이 적기 때문에 연봉제를 시행하기에는 좋은 환경 요소들을 가지고 있다.

앞서 지적하였다시피 임금체계관리는 임금의 복합적 구성형태를 관리하는 것으로 "최대한 간단해야하며 임금 원칙에 준하여 지급"되어야 한다. 신설대학이나 소규모 대학의 경우에는 연봉제의 도입이 훨씬 용이하고 그 설계도 간단하다. 그 이유들을 지적해보면, ① 교원의 수가 상대적으로 적고 高호봉의 교원들도 적어서 불필요한 반발이 적다는 점, ② 학과의 수도 적어서 평가비용이 비교적 적게 든다는 점, ③ 대학경영자들의 일관된 추진력을 발휘하기가 쉬운 구조로 되어 있는 경우가 많다는 점, ④ 독립적 외생변인으로 연봉제 도입을 정부적인 차원에서 강화하고 있다는 점, ⑤ 상위 10~20개 대학은 "사실상" 서열화된 한국적인 상황에서 소규모 대학들이나 신설대학들은 굳이 독자적인 평가모델을 개발하지 않아도 상위권 대학들의 평가기준의 활용이 가능하다는 점 등을 들 수 있다.[68]

---

67) 주요 관련사항 해설 ☞ 연봉제 설계 결정과정(계명대).

68) 가령 신설 또는 소규모 대학들은 국제적인 전문 학술지를 판정하는 기준들을 무리하게 많은 비용을 들여 개발·연구할 것이 아니라 I.S.I.의 홈사이트를 이용하거나, 학술진흥재단, 서울대, 과기대, 포항공대, 연세대, 고려대(외국어인 경우는 한국외국어대) 등에서 사용되는 기준표들을 그대로 차용하여 사용하여도 무리가 없을 것이다. 왜냐

지금까지 지적하였던 점들을 토대로 가장 간단한 형태의 연봉제를 설계 제
시해보면 다음과 같다. 먼저 어떤 소규모 대학이 다음과 같은 수당의 형태를
띠고 있다고 하고 도입 초기의 연봉이 기본 : 업적이 7 : 3 이고 이 비율은
2년 단위로 각각 6 : 4, 4 : 6, 3 : 7로 변한다고 가정하여 수당들을 간소화하
면 다음과 같이 될 것이다.

[표 Ⅳ-⑧] 간단한 연봉제 설계(수당조정)

연공급	연봉제
① 연봉제 도입전	② 도입초기
ⓐ 기본급 ⓑ 장기근속수당 ⓒ 가족수당 ⓓ 정근수당	[A] 기본연봉(70%)
ⓔ 직급보조수당 ⓕ 상여 ⓖ 연구보조수당 ⓗ 보직수당 ⓘ 학사지도수당 ⓙ 효도휴가비	[B] 업적연봉(30%) 장기적으로는 ⓔ~ⓙ까지가 포함되어야 하나, 일시적으로는 [C]를 포함한 비율이 7 : 3이 되도록 선별하여 넣을 것
ⓚ 식비·교통비	[C] 연봉외 수당

이 경우에는 먼저 [A + C : B] 가 7 : 3 이 되도록 설계해야하고 이것은
2년 후 다시 재조정해야 한다. ⓐ~ⓚ 까지의 임금비율을 조사하여 수당들을
업적연봉에 들어가야할 수당들을 일단 기본연봉에 포함시켰다가 점차적으로
업적연봉으로 전환시키면 된다. 예를 들면,

제 1 단계에서 ⓐⓑⓒⓓⓘⓙⓚ를 A에 포함하면

하면 이 기준표들을 소규모 또는 신설대학들이 굳이 많은 비용을 들여서 개발할 필요
가 없는데 반하여, 이들 대학들은 자체 평가를 위해서 전문학술지 판정 기준을 제작하
고 업그레이드(up-grade)를 하지 않으면 안되는 상황이기 때문이다. 따라서 교원평가
를 위한 외부 평가단이 결성이 될 경우에도 이들 자료를 토대로 하면 1 주일 정도도
걸리지 않고 쉽게 업적평가점수를 산정해낼 수 있다.

B = ⓔⓕⓖⓗ 이 될 것이고,

제 2 단계에서는 ⓐⓑⓒⓓⓘⓚ를 A에 포함하면

B = ⓔⓕⓖⓗ + ⓙ 등으로 연봉금액 비율에 맞게 조정하면 된다.

따라서 월급여가 200만원인 경우 제 1 단계 에서는 A = 140만원, B = 60만원 이되며, B = 60만원을 100으로 보고 교원들을 계열별로 상대평가하여 서열을 정하고 그 인상율을 결정한다. 그러나 이 단계까지는 엄밀한 의미에서는 능력급이다 왜냐하면 호봉이 폐지되지 않고 연공급과 절충되어 있으며 성과에 대한 차등적인 보상이 실시되기 때문이다.

이렇게 임금항목이 조정이 되면 업적연봉의 차등폭을 결정하여야 한다. 업적연봉이란 당해 연도의 교원평가에 따른 개인에게 차등적으로 지급되는 능력급 형태의 임금이므로 차등폭이 있는 것은 당연하다. 기업의 경우에서는 도입초기에는 동일 직급간에 5~10% 범위 내에서 소폭으로 하다가 점진적으로 30~50%의 범위로 차등폭을 심화시켜야 한다(부태완外, 1999 : 52). 교원의 경우 업적연봉을 차등화하기 위하여 교원들의 직급별 표준 임금표를 만들어 기준으로 삼아야 한다. 즉, 아래의 [표 Ⅳ-⑨]와 같이 조교수 1년차의 기본급, 제수당, 상여금 등의 세밀한 내역을 먼저 만들어(연공급표 ☞ 이것은 어느 대학이나 이미 사용하고 있는 표이다) 기존의 봉급 인상률을 조사하여야 한다.

[표 Ⅳ-⑨] 간단한 연봉제 설계(연공급표)

직 급		기본급	수당·상여(C)											C+ⓐ (합계)	인상률 (연간)	해당 인원
급	호봉	ⓐ	ⓑ	ⓒ	ⓓ	ⓔ	ⓕ	ⓖ	ⓗ	ⓘ	ⓙ	ⓚ			
전임강사	1														
	2														
	3														
조교수	1														
	2														
	3														
	4														
부	1														
	2														

다음으로 이를 토대로 연봉표를 만들어 연봉계약의 기준으로 삼을 수 있을 것이다. 즉, 위의 [표]를 토대로 각종 수당들을 정리하여 위에서 지적한대로 비율을 조정하는 연봉표를 만들면 다음과 같다.

[표 IV-⑩] 간단한 연봉제 설계(표준 연봉표)

직 급		기본연봉(A)						업적연봉(B)					연봉외 급여	합계	인상률 (연간)	해당 인원
급	호봉	ⓐ	ⓑ	ⓒ	ⓓ	ⓔ	ⓕ	ⓖ	ⓗ	ⓘ	ⓙ	ⓚ				
전임강사	1															
	2															
	3															
조교수	1															
	2															
	3															
	4															
부	1															
	2															

위의 [표 IV-⑩]의 특징은 기본연봉(A)과 업적연봉(B)의 구성요소와 비율에 따라서 그 내용이 달라지게 되고 항목도 달라지게된다. 즉, 연봉제를 시행함에서, 시기별로 일정한 비율로 기본연봉과 업적연봉의 비율 가운데서 업적연봉을 확대하려할 때, [(A + C) : B]의 비율이 달라짐에 따라서 그 내용과 액수 및 인상률이 달라지게 된다. 좀더 구체적으로 위의 항목만을 뽑아 예시해 보면 다음과 같다. 아래의 예는 기본연봉과 업적연봉의 비율이 7 : 3, 6 : 4 등과 같이 원래 계획했던 비율과 일치한다고 가정하고 간단히 재구성한 것이다.

[표 IV-⑪] 간단한 연봉제 설계(연봉비율 변화)

ⓐ 1차 계획년도

직 급		기본연봉(A)						업적연봉(B)				
급	호봉	ⓐ	ⓑ	ⓒ	ⓓ	ⓔ	ⓕ	ⓖ	ⓗ	ⓘ	ⓙ	ⓚ

ⓑ 2차 계획년도

직 급		기본연봉(A)				업적연봉(B)						
급	호봉	ⓐ	ⓑ	ⓒ	ⓓ	ⓔ	ⓕ	ⓖ	ⓗ	ⓘ	ⓙ	ⓚ

ⓒ 3차 계획년도(완전연봉제)

직 급		연 봉										
급	호봉	ⓐ	ⓑ	ⓒ	ⓓ	ⓔ	ⓕ	ⓖ	ⓗ	ⓘ	ⓙ	ⓚ

그런데 실제에서는 위의 경우보다도 더 간단하게 연봉제를 시행할 수도 있다. 즉, 실제에서 연봉제의 시행은 연공급표만 있어도 행할 수가 있기 때문이다. 연공급표는 기존의 어느 대학이든지 쉽게 만들 수가 있는데 이 표로 그대로 연봉계약을 해도 된다는 것이다. 즉, 연봉제가 처음 시작되면 1년 내로 업적평가기준을 마련하면되므로 연공급표만으로 연봉제를 시행할 수도 있다는 의미인데, 가령 연공급표에 따라 조교수 1년차인 A교수의 봉급이 월 300만원이라고 하면, 그것을 그대로 적용하여 단일항목으로 연봉을 300×12(3,600만원)이 되는데 이것을 그대로 연봉으로 결정하면 된다는 것이다. 임금인상율을 연공급표를 기준으로 하여 산출한 결과, 5%였다면 상대등급평가에서(3등급으로 나눈다고 가정하면) A등급에 속하게되면 5% 임금인상하고 B등급은 0%, C 등급은 -5%로 결정하면 된다. 승진의 경우 가령 전임강사에서 조교수가 되는 기간이 2년이라면 A 등급에 2회 이상이 되면 자동승급되고 표준 연봉표에 따라 연봉계약을 할 수가 있을 것이다. 마찬가지로 조교수에서 부교수의 기간이 5년이면, A 등급을 5회를 받으면 된다.

(6) 교원연봉제 시행의 몇 가지 추가적 고려사항

교원연봉제 시행에서 추가적으로 고려할 사항들은 크게 ① 비밀의 원칙준수문제 ② 제로섬(Zero-sum)이 아닐 경우 그 실효성의 문제, ③ 교원 노동시장의 시장가치에 따른 임금격차, ④ 대학측의 '재정유연성 확보'의 수단으로 사용할 가능성 등으로 대별해볼 수 있다.

첫째, 연봉제 시행의 추가적 문제중의 하나는 ' 비밀의 원칙' 준수 문제이다. 연봉제는 교원 개인과 대학과의 1대1 계약상의 문제이므로 양자의 합의로만 연봉이 결정되는 특수성을 가진데 반하여 우리의 문화는 집단적이기 때문에 이 원칙을 지키기가 쉽지않다.

둘째, 연봉제가 제로섬(Zero-sum)이 아닐 경우 그 실효성에는 문제가 있다. 연봉제의 선두주자로 알려진 계명대의 경우와 같이, 교원들의 합리적이고 타당한 업적평가를 바탕으로 계열별로 상대등급을 정한후 이를 표준화하여 전체적인 서열(席次)를 메긴 후 차등적인 가율(加率)을 정한 등급(가령 A, B, C, D, E)을 곱하여 결정하면 초기 형태의 연봉제는 시행이 가능하지만 이것이 '제로섬(zero-sum)'이 아닐 경우에는 한국의 현재 풍토를 인정하더라도 오히려 인건비의 증가만 초래할 수도 있다. 가장 이상적인 형태의 연봉제는 교원들의 직급별(가령 전임강사, 조교수, 부교수, 교수)로 기준이 되는 직급별 표준임금을 결정하여 매년 평가하여 상대등급별로 차등적인 가율을 곱해서 산정하는 것이 연봉제의 원래의 취지에 가깝다. 그런데 이것은 기존의 호봉이 높은 교원들의 극심한 반발을 초래할 가능성이 있으므로 대학 경영진들은 이것을 헤아려 시행이 불가능한 환경이면 기존의 받고있는 임금을 표준임금으로 하는 수밖에 없을 것이다. 이것을 알기쉽게 표현하면 다음의 [표 IV-⑫]와 같다.

[표 IV-⑫] 연차별 상대등급비율의 변화와 성과연봉의 변화(제로섬의 경우)

(1) 제 1 단계

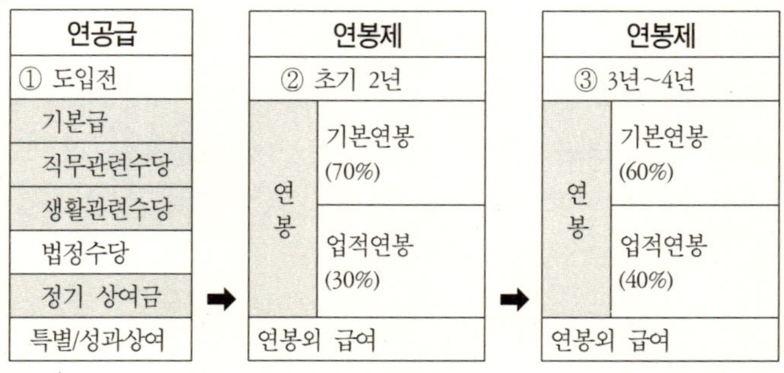

구 분	A	B	C	A	B	C	A	B	C
인원	·	·	·	15%	70%	15%	25%	50%	25%
가율	·	·	·	6%	3%	0%	6%	3%	0%

(2) 제 2 단계

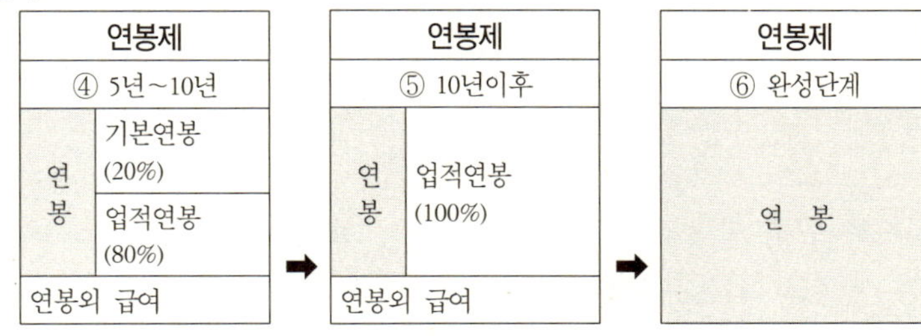

호봉 전면폐지(국립대)　　법률개정(국립대)

구 분	A	B	C	A	B	C
인원	30%	40%	30%	30%	40%	30%
가율	6%	3%	0%	재조정	재조정	재조정

셋째, 연봉제와 관련하여 장기적으로 반드시 고려해야할 것은 교원 노동시장의 시장가치에 따른 임금격차이다. 즉, 우리 나라의 대학들도 미국의 경우와 같이 교원 노동시장의 시장가치에 따른 임금 격차를 고려해 볼 필요도 있다는 것이다.[69] 왜냐하면 우리의 경우 이 부분이 고려되지 않은 듯이 보이지

---

69) 美고등교육 전문지 '크로니클'은 미 대학구성원협회(CUPA)의 조사를 토대로, 미국 대학에서의 교수 급여는 ① 공학과 교수가 인문 학과보다 더 급여가 많다 ② 노조에 가입한 교수가 그렇지 않은 교수보다 급여를 더 많다 ③ 전문 직업 학과 교수가 다른 어떤 학과보다 더 많은 급여를 받는다는 등의 불변의 원칙이 있다고 제시하였다. 상기의 협회 조사 결과 98·99학년도에 가장 많은 급여를 받은 교수들은 전문 직업인인 법조인을 양성하는 법학과 소속으로 나타났다. 법학과 교수들은 공립의 경우 9만5천 달러 정도를, 그리고 사립은 이보다 많은 10만 달러 정도를 받는 것으로 조사됐다. 그 뒤로는 공학과, 경영관리학과, 재무관리 학과, 자연과학과 순. 이들 학과는 보통 7만2천 달러에서 7만9천 달러를 받고 있다. 그러나 급여가 낮은 수준으로 나타난 이들 학과 중 간호학, 건강학, 작업요법학 등 비인문계 학과는 앞으로 급여 상승 여지가 많은 학과로 평가됐는데 이는 이들 학과에 전임 교수보다는 조교수나 강사들이 많기 때문이다. 예를 들어 간호학과는 겨우 9%가 전임 교수인데 반해 법학과는 67%가 전임 교

만 교원임용비리가 끊이지 않는 이유도 사실은 교원 노동시장의 시장가치에 따른 임금 격차가 극심하기 때문이다. 예를 들면 학사학위만 가진 고급 프로그래머들은 대학에서 초빙을 해도 응하지 않는 경우가 많고, 교원 노동시장의 시장가치를 상실한 전공(사회적 수요가 없는 과목)을 가진 박사학위소지자들을 임용할 대학도 없다. 초과 공급상태의 교원시장은 불가피하게 '암시장(Black Market)'을 형성할 수밖에 없는 것이다. 미국의 경우, 취업 가능성이 높은 학과들의 교수들의 급여가 높고, 취업 가능성이 적은 학과 교원들의 급여가 낮으며 사회적으로 수요가 감소하는 학과들을 자연스럽게 도태시키고, 필요한 연구 인력들은 국가가 관리하는 방안으로 나아가는데 이것은 우리의 대학에서도 조속히 적용하지 않으면 안 된다. 왜냐하면 21세기에서는 교원시장의 유연성(flexibility)이 이전보다도 한층 더 증가할 것이고, 인터넷혁명으로 전반적인 패러다임(paradigm)의 붕괴와 더불어 신학문이 속속 등장하여 고등교육의 사회적 수요의 변화도 급격하게 일어날 것이기때문이다. 다음의 [표 IV-⑬]은 학과별 교원들의 임금의 차이를 보여 주고 있다[70].

수로 교수 지위의 차이에서 발생하는 급여 차이가 크며 앞으로 5∼10년이 지나면 이들 학과에 전임 교수가 늘어나 학과간 급여 판도에 큰 변화가 예상된다는 분석이다. 단체교섭권을 가진 노조 소속의 교수들이 비노조 교수들보다 급여가 많은 것도 변하지 않는 불문율로 지적됐다. 비노조 교수들은 노조에 가입한 교수보다 5.2% 적은 급여를 받고 있는 것으로 나타났다. 한편 이번 조사에서 개인별로 가장 많은 급여를 받은 교수는 사립대의 경우 경영관리학과의 한 교수가 24만1천 달러를, 공립의 경우 자연과학과 소속의 한 교수가 22만7천 달러를 받은 것으로 조사됐다. 반면 공립대에서 전임 교수로서 가장 적은 급여를 받은 사람은 심리학과 소속의 한 교수로 2만3천7백 달러 정도를 받은 것으로 나타났다. 이번 조사에 앞서 크로니클은 미교수협회(AAUP)의 조사를 인용, 98,99년도 교수 급여가 같은 기간 물가 상승률인 1.6%에 비해 훨씬 높은 3.6%의 인상률을 보였다고 보도했다(『한국대학신문』, 1999. 5. 31.).
70) 미국의 교원평가는 매우 엄격하다. 연구실적이 부족하거나 사회적 수요가 떨어진 학과 전체가 정리의 대상이 되기도 한다. 그러나 연구업적이 뛰어날 경우, 일반적으로 6년이 걸리는 테뉴어를 3∼4년에 받기도 하고 호봉과 무관하게 파격적인 대우(Above scale)를 받기도 한다.

[표 IV-⑬] 미국 주요 학과 교수 98 · 99 평균 급여

학과	공립대학교		사립대학교		평균등급
	등급	금액	등급	금액	
농학과	③	60.9	③	45.1	
회계학과	②	67.2		63.0	2.5
비서학		49.0	①	33.9	
생명공학	②	66.0	①	76.4	1.5
경영관리	①	71.2	①	73.0	①
화공학과	①	73.8		78.8	①
커뮤니케이션		49.1	④	46.4	
컴퓨터정보	③	62.7		55.9	3.5
범죄학과		49.7		42.1	
드라마공연		48.0		47.0	
경제학	③	63.7	②	65.7	1.5
교육학	①	52.3		47.6	
교육행정	④	55.4	⑤	51.8	4.5
영어작문		41.1		38.1	
영문학	⑤	50.2		49.4	
재무관리	①	73.5	①	77.5	①
역사학과		53.2	⑤	53.7	
법학과	S	95.6	S	100	S
수학과	④	55.1	⑤	53.1	4.5
간호학		47.2	⑤	43.8	
작업요법		47.9		47.4	
레저학	⑤	50.7		41.3	
자연과학	①	72.4		51.3	3
전학과	④	56.1	⑤	54.9	

S : special(최고 등급) (단위: 만$)

자료 : 미 대학구성원 협회(CUPA) : 이 협회의 회원은 374개 공립대 교수 12만 7천여
명과547개 사립대 교수 6만3천명의 급여를 조사함(『한국대학신문』, 1999.
5.3.에서 재구성).

위의 표를 보면 법학과는 공·사립을 막론하고 최고의 급여를 받고 있는
데 이는 법학과 교수들이 굳이 대학에 있지 않더라도 직업을 쉽게 구할 수
있기 때문이다. 재무관리도 마찬가지이다. 그러나 경제학의 경우는 사립의
등급이 더 높은데 그것은 정부가 지원하는 분야가 사립대학들이 경영하는
방향과 약간의 차이가 있음을 암시한다. 구체적으로 공립과 사립의 최고 연

봉이 분야에 따라 서로 다르다. 가령 기초 학문 분야의 경우는 공립은 ① 등급인데 반하여 사립은 ⑤ 등급으로 그 차이가 서로 엄청나다. 이것은 정부가 나서서 기초 학문을 보호하고 있음을 의미한다. 흥미 있는 부분은 컴퓨터 분야(주로 하드웨어)의 평균 급여가 낮은데 이 부분은 학문적인 기반이 상대적으로 약하고 워낙 빠른 속도로 변화하고 다른 분야에서의 기술 발전에 많은 영향을 받을 뿐만 아니라 상대적으로 특별한 기능이 아니라 보편화되고 있기 때문이다.

이와 같이 미국의 경우 교원들의 임금은 철저한 사회적 수요에 따라서 결정된다. 2000년대에 들어 인터넷 경제와 세계화가 강화됨에 따라서 그동안 미국에서는 공대와 경영학 관련 교수들이 최고의 임금을 받아온 기존의 전통을 깨고 법학과 교수들이 최고의 임금을 받는 것으로 나타났던 점도 이 같은 사실을 재확인시켜주고 있다. 2000년 미 대학인사연맹(CUPA)이 미국 각 대학교수들의 임금 현황을 공개한 바에 따르면, 미 사립대 법학과 교수들의 지난 1년간 개인당 임금 총액 평균은 10만2천5백13달러(한화 약 1억1천2백만원)로 경영학과나 공대 교수들보다 약 1만7천달러가 많은 액수이다. 미국 전체 사립대 교수들의 임금 평균이 5만6천2백달러인 것을 감안한다면 법학과 교수들은 평균보다 약 100%나 많은 액수의 임금을 받고 있는 셈이다.71) 이들의 뒤를 이어 재무관리학 교수들이 8만4천7백62달러의 임금을 받아 2위를 차지했으며 공공보건학 교수(8만4천18달러)와 화공학 교수(8만9백31달러)가 각각 3위와 4위에 랭크됐다. 경영학 교수는 7만7천37달러로 4위를 차지했다. 한편 가장 적은 임금을 받은 교수들은 공립대 인문학계열 교수들로 1년 평균 5만달러 이하의 임금을 받은 것으로 조사됐다. 특히 사립대 비서학 교수들의 임금 평균은 3만8천8백50달러(한화 약4천3백만원)로 최하를 기록했다. 이 조

---

71) 공립대의 법학과 교수들 역시 최고의 임금을 받는 것으로 조사됐다. 공립대 전체 교수들의 임금 평균은 5만8천3백13달러인데 반해 이들의 평균 임금은 9만5천8백29달러(한화 약1억5백40만원)로 사립대와 비슷한 양상을 보였다. 법학과의 뒤를 이은 임금 순위 역시 사립대와 닮은꼴을 보였는데 공대가 7만8천24달러, 경영학이 7만7천7백28달러로 각각 2위와 3위를 차지했다. 공립대 교수들 중 가장 많은 임금을 받은 사람은 23만4천5백31달러(한화 약 2억5천7백만원)로 물리학 교수였다.

사는 2000년 4월 CUPA 주관으로 사립대 363개대와 공립대 501개 대의 교수
들을 대상으로 이뤄졌으며 의대 교수들의 평균 임금은 제외됐다(『한국대학
신문』 2000.5.15).

[표 Ⅳ-⑭] 미국 대학교수 학과별 평균임금

구 분	사립대평균(학과)	사립대개인(학과)	공립대평균(학과)	공립대개인(학과)
최고임금	102,513(법학과)	298,000(재무학)	95,829(법학과)	234,531(물리학)
최저임금	38,850(비서학)	15,400(컴퓨터학)	41,840(영어작문)	10,999(식물학)

자료: 미 대학인사연맹(CUPA)   (단위:달러)

　　네째, 연봉제가 대학측의 '재정유연성 확보의 수단'으로 사용할 가능성도
관심을 가져야할 부분이다. 교원연봉제를 시행하면 일반 회사의 경우와 마찬
가지로 장단점이 나타나지만[72] 교원평가의 결과로서 연봉제를 실시하면 휴
강율이 떨어지고 특히 학부 강의에서 교수들의 열의가 증대하고 연구에도 더
욱 박차를 가하게 될 것이다. 교원업적평가에 따른 연봉제 시행의 부작용은
애초에 교원평가가 연구 부문을 제외하고는 객관성을 완전히 보장하기 힘든
요소가 있으므로 교원평가에 의한 연봉제는 일반적으로 보수 삭감 수단으로
의 활용될 수도 있고 고령, 고호봉 교수의 퇴출 수단으로 활용될 가능성도 매
우 높다는 점을 들 수 있다. 나아가 대학 당국이 시장 원리에만 입각하여 연
봉제의 '진의'를 악용하여 정식 교원임용보다는 겸임 교원[73]의 수를 늘려 재
정 문제를 해결하려고 할 수도 있으므로 이것을 막을 수 있는 제도적 장치도
필요하다.

---

72) 일반기업의 경우 연봉제를 도입하면 생산 의욕을 고취하고 업적평가가 명확하며 전
　　체적인 분위기가 활성화하게 된다. 그러나 평가의 객관성이 항상 도마 위에 오르게 되
　　고 음성적인 불만이 확대될 수 있다. 단기적인 업적이 중시되고 장기적인 것에 소홀해
　　질 뿐만 아니라 종업원간, 부문간의 협력관계가 제대로 이루어지지 않는다. 능력주의
　　는 일부 사원들의 소외감을 심화시킨다.
73) 주요 관련사항 해설 ☞ 겸임교수 현황.

(7) 연봉제의 문제점

　연봉제는 우리 사회에서는 아직은 생소할 수도 있다. 그리고 연봉제가 제대로 정착된 미국의 경우에도 연봉제는 여러 가지의 문제점들을 야기하고 있다. 조벽(미시간 공대)이 "미교수 연봉제에서 배우지 말아야할 교훈"(『한국대학신문』 2000.5.1.)'에서 미국의 교원연봉제의 실시배경을 ⓐ 1970년대 말 학생 수의 감소 및 정부의 재정지원 축소, ⓑ 박사학위 과잉생산, ⓒ 경영악화의 위험을 유능한 총장의 영입으로 해소하려는 경향의 팽배 등으로 지적하고, 구체적인 문제점들을 크게 평가에만 경도된 교수사회, 교육의 질저하 및 전체 교수사회의 소외감 팽배 등으로 나눠 설명하고 있다. 조벽은 연봉제가 교수사회의 능률에 영향을 미치지 않으며, 능률과 형평이라는 경제적 개념만으로 파악할 수 없다고 주장하였다.

　조벽이 제시한 연봉제의 구체적인 문제점들을 다시 재구성하여 요약하면 다음과 같다. 연봉제는 ① 연봉은 교수들의 자존심과 깊이 연계되어 있기때문에 이의를 제기할 때는 증거제시가 어려울 수도 있고 이에 따른 행정력 낭비가 극심할 수도 있다는 점, ② 업적평가에 따른 연봉제의 시행에서 시비를 줄이기 위해서 지나치게 평가항목들이 세분화된다는 점, ③ 평가가 강화될수록 자발적으로 창의력이나 연구역량을 강화해야할 교수집단이 오히려 극심한 타율성에 시달리게된다는 점, ④ 교수들이 '업적쌓기'보다는 '점수따기'에 열을 올리게 되어 거시적인 안목이나 연구보다는 단기적으로 평가기준치를 채우게 된다는 것, ⑤ 교수들이 실적과 무관한 업무를 기피하거나 건성으로 일하게 된다는 점, ⑥ 교수의 연구를 지원하는 인력이 급증하게 된다는 점, 즉 교수가 강의와 연구라는 특무를 지닌 '특공대'와 같아지고 이들을 지원하는 보직교수와 행정직원이 급증하게 된다는 점(미국대학에서 연봉제를 강도 높게 실시하던 1980년대에 교수 수는 7% 증가한 반면, 행정직은 47%나 증가한 사례가 있음), ⑦ 교수들은 상대적으로 비중이 높은 연구에만 관심을 가져 교육의 질이 저하된다는 점, ⑧ 업적을 내지 못하는 교수들의 소외감 심화 등의 문제점이 심각하게 나타난다는 것이다. 연봉제의 반작용의 하나로 일부 대학교수들을 중심으로 '교수노조 설립'의 움직임이 나타나고 있기도 하다

(『조선일보』, 2000. 7. 7).[74]

　이상의 논의들이 타당한 것도 사실이나 우리 나라 교원사회는 미국과는 다소 다른 측면도 있다는 점을 간과해서는 안 된다. 그 점들을 구체적으로 살펴보면, ① 우리 나라의 교원들은 학과별로 "신성불가침한 연맹왕국을 구성하고 있어서" 시대의 변화나 조류에 효과적으로 대응할 수 없다는 점, ② 우리 나라 교수들의 나태와 방만함이 대학의 경쟁력을 물론 국가경쟁력에도 큰 영향을 미쳐 사회적으로 문제가 될 정도로 심각하다는 점, ③ 사실상 봉건적인 도제관계를 형성하고 있는 대학원 사회에서 '동종교배'를 끊임없이 반복하고 있다는 점, ④ 교육이 서비스업임에도 불구하고 실제보다 과장되게 교수사회를 존중해주는 사회적 분위기에 편승하여 현실에 안주하고 있는 교원사회와 전통적으로 이를 옹호해주는 문화적 배경, ⑤ 연구실적이 세계적인 수준에 턱없이 미달되는 현실적인 위기감[75] 등이 있다. 이 같은 상황에서 정부지원 축소 및 학생 수의 감소라는 외부상황이 연계되어 연봉제는 위기를 극복하는 하나의 방법론으로 대두한 것이다. 따라서 이것만으로 현재 대학의 모든 문제를 해결할 수 있다는 말은 아니다. 이 점에서 미국의 연봉제와 우리의 연봉제가 다르고 또한 다르게 진행될 수도 있다.

---

74) 주요관련사항해설 ☞ 교수노조.

75) 지난 5년간 교육부의 집중 지원을 받은 서울대, 연세대, 고려대, 포항공대, 한양대 등 5개의 이공계 대학원 가운데 가장 많은 연구비를 지원받은 서울대의 연구실적 증가율이 가장 떨어지는 것으로 나타났다. 교육부는 1995년부터 1999년까지 5개 이공대학을 선정, 국고 880억원과 대학측의 대응투자 1805 억원을 투입해 추진한 '이공계 대학원 중점 육성사업'의 평가결과를 발표하였는데, 국고지원액은 서울대가 가장 높은 204억원을 받았으나 연구 논문수는 지난 1995년 801편에서 1999년 722편으로 9.9%, 교수 1인당 논문 수는 5.1편에서 4.1편으로 19.6%씩 오히려 감소한 것으로 나타났다. SCI논문 수도 5개 대학 가운데 최하위(증가율은 24.5%)를 기록하였다. 5개 대학 중 연구실적이 가장 높은 대학은 한양대로 연구논문 수는 173편(1995)에서 766편(1999)로 342.8% 증가, 교수 1인당 연구논문 수는 3.0편(1995)에서 13.0편(1999)으로 333.3%로 증가, SCI 논문수의 증가율도 356.7%로 증가하여 서울대와 큰 대조를 보였다(『한국대학신문』, 2000. 3.20.). 한양대는 교원업적평가나 연봉제에 대하여 전향적인 자세를 견지하고 있어 위의 조벽의 지적은 우리의 상황과는 다소 거리가 있을 수 있음을 보이고 있다.

4. 연봉제의 구체적 적용 과정

우리 나라의 기업들 가운데서도 '연봉제'의 전형(典型)인 미국의 연봉제를 그대로 시행하는 기업은 거의 없고, 연봉제를 시행하는 소수의 기업들 조차도 다소 변형된 형태의 '일본식 연봉제' 모델을 모방하고 있는 것이 현실이다. 따라서 능력급이라고 부르는 것이 오히려 나을 것이다. 그러나 많은 기업들이 연봉제를 시행하기 위한 사전 준비작업 들을 하고 있어 미국식의 기업 풍토로 전화될 가능성이 매우 높아지고 있다. 대기업에서 시행되고 있는 연봉제는 ① 과장급 이상이나 또는 임원급의 간부 사원들 또는 신입 직원 부터 시행하는 경우가 많고 ② 산업별로도 금융이나 무역, 투자신탁 등 개인적인 업적이 발현되는 것을 객관적으로 판별할 수 있는 분야, ③ 경영이 악화된 기업들의 구조조정의 수단으로 시행하는 경우 등으로 대별될 수 있겠지만 보다 중요한 것은 신입 직원들 부터 시행된다는 것인데, 이를 토대로 보면 2000년대에는 연봉제가 보편화될 것으로 짐작할 수 있다.

교육부는 1999년 9월부터 신규 교수임용시 외부 심사제의 도입, 2002년부터 연봉제의 전면 실시를 권고할 방침이다. 교육부가 이 같은 내용의 '교수 계약임용제' 및 '연봉제' 도입 방안을 마련, 여론을 수렴한 뒤 8월까지 관련 법규인 교육공무원 임용령을 개정해 시행할 계획에 있어 대학마다 '계약 임용제' 실시를 위한 준비 작업에 부산하다. 1999년 초부터 경희대, 성균관대[76], 한양대, 고려대, 경기대가 '계약 임용제' 및 '연봉제 실시를 위한 교수 업적평가규정' 마련에 고심해 왔고[77] 최근 연세대도 1999년 2학기부터 이 제

---

76) 1999년 교수 연봉 계약제 실시를 목표로 하는 성균관대는 同年 1월 교육, 연구, 봉사 등 세 영역에 걸쳐 교수 개개인의 업적을 인터넷을 통해 직접 입력토록 했다. 객관적이고 합리적인 연봉제 실시를 위해 교수들이 제출한 자료를 바탕으로 국내외 학술지 개재 논문과 출판 저서 편수 등에 일일이 가중치를 두어 점수를 매기고 있다(『캠퍼스 저널』, 1999. 3.11.).

77) 고려대는 교수업적평가를 강화하는 방안으로 교수업적평가 개선안을 마련하여 2001년 3월부터 적용할 예정인데 시안(始案)에 따르면, 승진 및 재임용, 정년보장임용심사에 필요한 최소업적평가를 상향조정하고, 교육과 연구업적은 각각 업적평가점수의 40% 이상을 취득해야 하는 반면, 봉사업적은 20%까지만 인정하기로 하였다. 그러나

도를 도입하였다.

아주대는 이미 지난 1995년에 신임교수 임용 시 2~3년의 기간을 정해 임용계약을 체결하는 '계약 임용제'를 실시해왔다.[78] 아주대는 1996학년도에 계약제 교수로 임용된 8명의 교수중 7명의 교수가 99학년도에 재임용됐고, 이들 교수의 연구실적 점수는 3년간 평균 1천72점(연평균 357점)이었다. 이것은 계약임용제 도입후 교수들의 연구활동을 진작시키는데 긍정적 효과를 거두고 있음을 보여 주고 있다.[79] 그리고 한양대의 경우에는 비교적 체계적으로 연봉제를 추진하고 있으며[80] 그에 따른 반발을 무마하고 있는 도중에 있다고 보도되기도 하였다.[81]

이 같은 교원업적평가의 강화가 연봉제에 직접적으로 연계되었는지를 파악하기는 어렵다(『한국대학신문』, 2000. 4. 24.).

78) 아주대는 초임 연봉은 경력 및 능력을 고려해 책정하며, 그 이후에는 교수 업적평가에 따라 연봉을 책정해 지급하고 있다. 계약 기간 만료 후에는 계약 기간 중의 연구실적과 연구 수행능력, 강의능력, 전공영역 활동실적, 학교발전 기여도 및 인품 등을 고려해 재임용하게 된다. 재임용 최저 기준은 교수업적평가 결과 연구실적이 최소한 400점이상(조교수 이상)이 되도록 요구하고 있는데 이 기준은 학부에 따라 차이가 있지만 국내 학회지에 4편(단독연구) 이상 논문을 발표하는 수준이다.

79) 그러나 서울대 행정대학원장 김신복 교수의 "교육부의 계획대로 계약임용을거쳐 정년보장 여부를 결정짓고 근무 성과에 따라 보수를 차등 지급하는 연봉제를 성공적으로 시행하려면 교수업적평가제도의 획기적인 강화 및 발전이 필수적이다"는 말처럼 계약 임용제 실시를 앞두고 대학마다 교수업적평가제도에 대한 고민이 우선시 되고 있다(『캠퍼스 저널』, 1999. 6.10.).

80) 한양대학교는 서울 지역 최초로 재직 교수 전원 연봉제를 실시하고 있다고 발표하였다. 한양대는 재직 교수 전원에 대한 연봉제를 연내 실시키로 방침을 확정하고 학내 여론 수렴에 들어갔다. 이것은 향후 교수 사회에 큰 파장을 불러일으킬 전망이다. 연봉제의 기본은 인센티브제 실시로 현재 교수들의 봉급은 본봉, 연구비, 상여금을 합한 것으로 연봉 계약제 도입시 2차연도에 인센티브제를 상여금으로 조정하고, 3차연도에는 본봉을 조정, 정식 연봉제를 실시할 계획이다(『캠퍼스 저널』, 1999. 3.11.).

81) 한양대는 올해부터 교수들의 업적을 학술 연구, 교육, 사회 봉사 순으로 평가한 후 A부터 E 까지 5등급으로 나누어 연봉을 결정하기로 하였다. 각각 최상 최하 5% 정도의 인원으로 나뉘지게 될 A와 E 등급간의 실제 연봉 차액은 2~3백만원 정도가 될 것으로 보인다. 그러나 한양대 교무연구처가 연봉제 시안을 마련한 후 학내 교수들에 대해 설문 조사를 실시한 결과, 일부 교수들이 '교수간의 상대평가 부분'을 두고 강력히 반발한 것으로 알려져 실제 시행을 앞두고 상당한 진통이 예상된다(『한국대학신문』,

포항공대는 2000년부터 연구생산성 향상을 위해 교수연봉제를 전면적으로 도입하였다. 전체 교수를 대상으로 도입된 교수 연봉제는 각 학과에서 자체적으로 평가방법을 정해 운영하는 '학과중심의 연봉제'로 대학본부에서는 전체적인 진행상황을 검토해 행·재정지원을 실시하게된다. 2000년의 경우 시행초기라 연봉차등은 두지않고 1999년 연봉을 토대로 총액을 12개월로 나눠 지급하기로 하였다(『한국대학신문』, 2000. 4. 24.).

사실 거의 모든 대학들이 어떤 형태로든 교수업적평가를 시행해왔다. 99학년도 교육개혁추진 우수대학 재정지원 신청계획서를 분석·집계한 바에 의하면 신청대학 186개교 중 104개 대학이 교수업적평가를 위한 규정을 제정해 시행 중에 있는 것으로 나타났다. 그러나 업적평가로 연봉제를 실시하는 대학은 11곳뿐이고, 대부분이 평가 결과를 단순히 참고하거나 최소 기준 자료로 활용하는 수준이다. 또 85개 대학이 학생의 교수 강의평가제를 시행하고 있지만 서울대를 포함한 상당수 대학은 단지 강의 개선을 위한 참고 자료로만 활용하는 수준이다(『캠퍼스 저널』, 1999. 6. 10.). 연봉제를 당장 전면적으로 실시할 수 있는 대학들은 신생대학이 유리할 것이지만 대개의 대학들은 교원들의 반발이 만만치가 않고 학과마다의 특성이 다를 수도 있기 때문에 우선적으로 상여 수당[82] 에 적용시키는 방향이 일반적일 것으로 관측되고 있다.

1999. 4. 5.). 이것은 연구업적, 강의, 사회 봉사 실적에 대한 평가기준이 아직 실험 단계에 불과할 수도 있고 등급 자체가 상대적으로 주관성을 면할 수 없는 요소들이 내재한 까닭이기도 하다.

82) 교원들은 여러 가지 수당을 수령하는데 예산의 범위 안에서 통상적으로 매년 3월, 6월, 9월, 12월 보수 지급일에 상여 수당, 근무 년수에 따라 매년 1월과 7월의 보수 지급일에 지급 구분에 의하여 정근 수당, 장기근속 수당 및 부양가족이 있는 자에 대하여는 예산의 범위 안에서 가족 수당 등을 지급 받는다. 그리고 대학은 국민학교·중학교 또는 고등학교에 취학하고 있는 자녀가 있는 교직원에 대하여는 예산의 범위 안에서 자녀 학비 보조 수당을 지급하며 교원이 본직 이외의 보직에 보임된 때에는 보직 수당을 지급한다.

V

요약 및 결론

　이 연구는 우리 나라 국·공립 및 사립대학교의 교원업적평가의 방향과 교원인사 및 연봉제의 연계 가능성과 그 현황을 살펴보고 그 구체적인 방향을 제시하는 데 목적이 있다. 교원들을 평가하는 작업은 매우 어려운 과제이다. 왜냐하면 교수 업적에 대한 평가의 내용도 문제지만 궁극적으로 그 평가의 주체도 문제이고, 그 적용에서도 교원들의 극심한 반발이 예상되기 때문이다. 현재 우리 나라의 거의 모든 대학들은 어떤 형태로든 교수업적평가를 시행하고 있는 것으로 나타났지만 대부분은 형식적인 수준에 머물러 있다.

　대학평가가 지속적으로 진행된 이후 교원평가 역시 다양한 방법으로 진행되고 있지만 교원평가의 보편적인 방법론이 없는 것이 현실이다. 각 대학마다 사정이 다르고 대학발전의 역사, 특성화의 영역이 다르기 때문에 교원평가가 일률적으로 진행될 수가 없음에도 불구하고, 한국대학교육협의회와 교육부가 주관하는 대학평가의 기준들이 획일적이고 대학평가의 주요부분인 교원평가도 다원화되어 있지않아서 여러 가지 문제를 발생시킬 수 있다. 이제 대학경영전략의 측면에서 보다 실제적인 교원평가의 방향을 제대로 정립해야할 시점이다.

　이미 시행되고 있는 교원평가의 제원칙들이 있는데도 실제성과 대학경영전략을 강조하는 이유는 각 대학들은 대학의 성격에서 현실적으로 서로 다르기 때문에 자체의 성격에 맞는 교원평가의 방법론을 가지고 있어야 하며 또 그것이 교원평가의 본질적인 형식과 내용에 모순되지 않아야 한다는데 있다. 현실적으로 대학들의 투자재원이 한정되어 있고, 연구역량도 결국은 경제력에 의존하므로 대학들은 각자의 여건에 맞는 대학발전의 방향을 잡을 수밖에 없다. 따라서 개별대학들은 ① 교육중심대학(학부중심), 연구중심대학(대학원중심), 봉사중심대학 가운데 하나를 선택, ② 인문·사회중심과 이공중심에서 택일, ③ 집체교육을 중심으로 한 캠퍼스 교육과 가상교육 가운데서 택일, ④ 자격중심 교육과 산학협동중심 교육 가운데서 택일하여 대학의 발전방향을 잡아야 하는 기로(岐路)에 서 있다.

문제는 이 같은 교원업적평가가 참된 의미를 가지기 위해서는 그 평가의 결과가 승진이나 임용에 그대로 반영이 되어야 하며 나아가 대학 경쟁력의 강화를 위한 교원연봉제의 시행으로 궁극적인 방향을 잡아야 한다는 데 있다. 그러나 교원평가와 이에 연계된 재임용·승진 또는 연봉제의 시행은 실무적 복잡성과 이론적 현란함을 가지고 있어 현실화하기 어렵다.

이 같은 맥락에서 이 연구의 구체적인 목표는 ① 교원평가의 현황을 살펴보고 그것이 가진 문제점을 분석하고 바람직한 개선방향을 제시하는 데 있다. 나아가 전략적 기획이라는 방법론적 토대 하에 대학의 설립 연도별, 계열별, 대학원 강약 유무에 따른 차이를 분석하여 각 단계에 합당한 교원평가의 방법을 제시한다. ② 교원평가와 교원인사의 연계의 현황을 살펴보고 그 운용원리나 구체적인 사례들을 연구하여 문제점들을 분석하고 전략적으로 운용 가능한 바람직한 개선방향을 제시한다.

상기의 목표들을 달성하기 위해 이 연구는 '전략적 기획'을 이론적인 토대로 하고 있다. 이 연구는 최근의 최대이슈가 되고 있는 교원평가를 연봉제나 교원인사에 적극적으로 활용하는 것이 대학의 발전과 경쟁력 강화라는 전략적인 목표를 성취하는 방법론으로 파악하고, 그 목표에 도달하기 위해 내적인 환경 및 외부환경을 최대한 활용한다는 것이다.

교수 업적평가제도의 수립 및 시행에서는 ① 업적주의, ② 포괄성의 원칙, ③ 객관성의 원칙, ④ 투명성의 원칙, ⑤ 자율성 및 다양성의 원칙, ⑥ 민주성의 원칙 등의 5원칙이 있다. 그리고 실무적인 차원에서 크게 고려해야할 세 가지 사안은 ① 각 대학의 교육목표에 따라서 평가영역을 나누고 가중치를 달리할 수 있는 유연성의 원칙 ② 대학의 혼란을 막기 위해서 대규모 대학들은 점진성의 원칙을 준수하나 신생대학들은 경쟁력 강화를 위해 신속히 도입해야한다는 점, ③ 평가제도가 피드백(feedback)을 통해 지속적으로 개선될 수 있도록 제도의 유연성을 확보해야 한다는 점 등이다.

교원업적평가의 핵심은 ① 평가영역은 교육, 연구, 봉사 등의 세 부문이고 경우에 따라서는 한 두 개 늘어날 수도 있다는 점, ② 교육 : 연구 : 봉사의 전체적인 비율(백분위)을 변경함으로써 교원평가의 양상이 달라진다는 점, ③ 대학의 현실적인 위상이나 입지에 따라서 다양한 평가기준이 필요하며 대학은 교원업적평가를 전략적 기획의 차원에서 파악해야 한다는 점, ④ 교육부는 대학평가 가운데서 연구영역, 교수영역, 교육영역 등에서도 일률적인 지침으로 적용해서는 안되며 각 대학의 사정에 맞는 기준들을 다시 개발하여 적용하여야 한다는 점 등을 지적할 수 있다. 그리고 교원평가와 연계된 연봉제의 시행에서는 ⑤ 교원업적평가를 토대로 '연봉제'나 '교원인사'를 시행할 때 업적평가의 내용을 그대로 반영하는가 또는 새로운 기준을 추가로 도입하여 시행하는가 하는 점 등을 전략적 차원에서 선택하여야 한다는 것이다.

그러나 지금까지 교원평가가 거의 연구를 중심으로 이루어져 있기때문에, 후발대학이나 대학원의 역량이 약한 중하위권 대학에게는 비현실적이었다. 이 연구는 이 같은 현실적인 문제를 해결하기 위하여 대학원이나 설립연수, 재정 정도 등의 새로운 범주가 필요할 뿐만 아니라 대학들은 교원평가에서 외부환경의 영향이 어느 정도인지를 파악해야 한다고 본다. 특히 교육부의 정책이 경쟁력이 우수한 대학들에 지원을 집중하고 있고, 국제경쟁력 강화가 가장 중요한 과제로 되고 있으므로 대학들은 우선적으로 ① 교원평가의 방식들에 영향을 줄 수 있는 외부요인들을 기획에 변수로 받아들이고, ② 그 요소들을 오히려 교원평가에 활용할 수 있는 대학 내부의 메커니즘을 만들고, ③ 그 같은 성격의 교원평가를 완료하기 위해서 가용한 자원의 분석에 초점을 맞추어야 한다는 것이다. 예컨데 교원평가에서도 신생대학이 무리하게 기존의 선진 대학들의 기준에 따르기보다는 자체적으로 대학의 단기적 목표를 달성하게 하는 교원평가기준을 개별적으로 마련하는 것이 바람직하다는 것이다. 대학평가기관인 교육부와 한국대학교육협의회는 이 점들을 반드시 고려해서 대학평가에 임하여야 한다.

그리고 교원평가를 대학발전에 최대한 활용하기 위해서는 ① 전략적 목표로서 연구 역량의 강화를 기반으로 한 교육과 봉사의 주체로서의 대학 모형의 설정, ② 현실적으로 존재하는 대학들이 사용하고 있는 평가항목들의 구체적 사례들의 조망, ③ 구체적인 사례들로부터 일반화된 모형의 구성, ④ 각 대학에 맞는 교원업적평가 지표 모델의 영역별 가중치 설정, ⑤ 시행과정에서 전략적 목표와의 괴리(乖離) 여부의 점검 ⑥ 피드백 및 리사이클링으로 유연성의 획득 등의 과정으로 설계하여야 한다. 특히 대학마다 영역별로 중요도를 다르게 부여한다는 것은 대학의 발전전략적 측면에서 중요하다. 영역별로 중요도를 다르게 부여한다는 것도 ① 대학외부와의 관계라는 측면에서 대학발전에 따라 가중치가 획일적이지 않고 대학마다 다를 수 있다는 점, ② 대학 내부의 측면에서 영역별 배점은 상황에 따라 유연하게 변경될 수 있다는 점 등의 두 가지 측면을 가지고 있다. 다시 말해서 가중치는 대학마다 다르고 외부환경변화에 따라 한 대학 내부에서도 변할 수 있다는 의미이다. 이런 점에서 많은 대학들의 교원평가작업들은 많은 문제점들을 가지고 있다. 왜냐하면 현재 대부분의 대학에서 교원평가가 연구업적 일변도로 되어 있는데 이것은 대학들의 현실적 상황을 제대로 반영하고 있지 못하고 있기때문이다.

이 연구는 연구와 교육의 매개로서 학부와 대학원 개념을 그리고 봉사의 변수로는 설립연도를 첨가하였다. 왜냐하면 대학의 경우, 설립준비 - 설립 - 개교 등의 과정에서도 교원들의 도움이 필요하고 설립 초기에 교원들의 봉사가 거의 절대적인 역할을 하기때문이다. 대학의 기초를 다져야 하는 10년 이하의 신설대학들에서는 교내봉사의 배점을 높이지 않으면 안 된다. 따라서 여러 유형으로 존재하는 대학들을 ① 대학원중심(연구), ② 학부중심(교육), ③ 설립연수라는 세 가지의 변인(variable)으로 나눠 봄으로써 보다 실질적인 교원평가에 접근할 수 있다.

그러나 획일화된 기준에 의한 평가를 지양(止揚)한다고 할지라도 대학(4년제 대학교)은 궁극적으로 "주어진 여건 하에서 최대한 연구 강화"의 방향으로 나아가지 않으면 안 된다. 왜냐하면 대학은 전문대학이나 직업학교도 아니고 대학의 궁극적 도달 목표는 연구 역량의 강화를 기반으로 한 교육과 봉사이기 때문이다. 문제는 대학들의 현실적 기반들이 일반적으로 지적되어 온 연구역량강화를 기반으로 한 교육과 봉사라는 목표를 달성하기 곤란한 상태에 있다는 것이다. 따라서 대학들은 한정된 교수들의 역량을 효과적으로 배분해야만 하고 이 효과적인 조절이야말로 현재 대학들이 당면한 전략적 기획의 중요한 요소가 된다. 내·외적인 변화를 중시하는 전략기획적 차원에서 교원평가에서 교육 : 연구 : 봉사의 비율을 고정화시켜서는 안되고 대학의 발전정도에 따라 언제든지 유연하게 수정해가야 한다. 대학경영진은 '전략기획'의 개념을 통해서 현재와 같이 외부환경변화가 심한 상태에서 대학을 "기대되는 미래(expected future)에서 바람직한 미래(desired future)"로 이끌 수 있는 정책, 프로그램, 계획 등을 마련해야만 한다. 그러므로 전략기획으로서의 교원평가의 구체적인 모델 형성의 방식은 먼저 각 대학의 장기 발전 목표가 무엇인지를 설정하고 이에 따라 연차별 항목별 중요도의 변화를 결정하면 된다는 것이다.

교원평가가 지속성을 유지하기 위해서는 그 평가에 대한 보상 및 지원 방안이 확고하여야 한다. 구체적으로 말하면 교원평가의 결과가 연봉제나 교수 재임용혹은 승진에 반드시 영향을 미쳐야만 교원평가는 의미를 가질 수 있다. 따라서 교원평가는 ① 승진, 재임용, 정년보장 심사 등 인사에 반영, ② 연구비 등 차등 지원에 반영, ③ 성과(업적)급 지급에 반영, ④ 다음해 연봉에 반영 등의 형태가 되어야만 의미를 가질 수 있다. 교수들 스스로도 업적평가제가 통제와 관리가 아니라 대학교육의 질 향상에 있음을 유념하여야 한다.

그동안 우리 나라의 교원들의 승진은 '비호이동'의 범주에 속하였다. 교원들의 신분은 법적·사회적으로 보장되었으며 극소수의 예외를 제외하고는 자동적인 승급의 과정을 밟았다. 그러나 교원평가가 시작되면서 이 같은 관행은 서서히 '경쟁이동'의 유형으로 변모하고 있다.

교원업적평가는 실제로는 형식적으로 시행되는 것이 대부분이지만, 본질적으로는 교원인사에 반영하기가 비교적 용이하다. 여기서 말하는 교원인사란 재임용과 승진임용이지만 동일한 원리로 교원들의 신규임용에도 적용할 수 있다. 교원평가를 인사에 반영할 때에는 ① 기존의 호봉제하에서 적용하는 경우, ② 연봉제하에서 적용하는 경우는 분명히 다르다. 교육부가 연봉제 시행을 공식화하고 있는 현재, 교원업적평가는 교원연봉제의 시행으로 연계되어야만 교육개혁·대학구조조정 등의 의미를 가질 수 있다.

연봉제는 개개인의 능력과 실적, 공헌도를 평가하여 연간 임금액이 결정되는 전형적인 능력중시형 임금체계라고 할 수 있고, 임금의 구성항목들을 모두 통합한 연봉액을 계약에 의해 결정하므로 우리 나라 임금체계에 일반화되어 있는 기본급, 제수당, 상여금의 구분이 없는 것이 특징이다. 현대의 기업들은 조직의 효율성(efficiency)을 달성하기 위해 규모, 역할의 명료성, 전문화, 통제보다는 속도(rapidity), 유연성(flexibility), 통합(integration), 혁신(innovation) 을 보다 중요하게 인식한다. 그리고 이 '혁신'의 핵심은 생산에서 인적 자원의 역할을 가장 중요하게 보고 이를 극대화하기 위해 관리방식과 조직을 전면적으로 수정해 나간다는 데 있다.

대학교수의 연봉제는 '대학교수의 가장 기본적인 책무인 연구, 교육, 사회봉사의 성과(업적)에 대한 평가를 토대로 다음 년도의 연간 보수 총액을 결정하고 그것을 월 단위로 분할 지급하는 성과급형 보수체계'를 의미한다. 교원 사회에서 연봉제가 가지는 의미는 ① 복잡한 교원의 급여체계를 하나의 연봉 항목으로 통합한다는 점, ② 자신의 업적과 성과에 따른 보수체계의 확립, ③ 개인별 계약에 의한 차등방식의 보수체계라는 점에서 찾을 수 있다.

연봉제는 보다 독립적이고 전문적인 부문에서 부터 시행해야 효과가 크다. 바로 이러한 점에서 교원들의 업적평가와 그에 연계된 연봉제가 전면적으로 대학에 도입되어야 한다는 주장은 매우 설득력이 있다. 왜냐하면 교수의 직책이 고도의 자율성을 가지고 있기 때문에 연봉제를 적용하기에 매우 유리한 조건을 가지고 있으며 연봉제의 도입을 통하여 대학의 발전과 국제적 경쟁력을 가질 수 있다는 점에서 일거양득의 효과가 있기 때문이다.

현재 한국의 대부분의 대학에서 적용하고 있는 단일 보수제도(SSS : single salary schedule)는 이른바 '공평성(equity)'과 '행정 편의(ease of administration)'에 기반한 것으로 동기부여가 안되고 경쟁력이 약화되는 결함을 가지고 있다. 그리고 임금항목이 너무 복잡하게 구성되어 있고, 상여금이 사실상 고정급으로 되어 있어서 근로 동기의 유발이 미흡하고, 평균임금을 기초로 교섭하기도 어렵다. 이와 마찬가지로 현행 대학교원의 보수체계도 자격급적 성격과 경력급적 성격,. 기타 생활급적 성격을 가미한 보수체계를 유지하고 있어서 ① 직무의 종류와 난이도, 성과에 관계없이 보수 수준이 결정됨으로써 연구와 교육 등에서 동기부여 수단으로 작용하지 못하며, ② 자격급, 경력급, 생활급적 요소가 혼재하여 보수 구성항목이 많고 복잡하며, ③ 경력급적 요소가 강하고 재직 교수의 고령화가 진행된 대학일수록 재정적 압박 요인으로 작용한다는 등의 문제가 지적되고 있다. 이 같은 문제들을 극복하기 위해서 교육부가 제시하고 있는 것은 커다란 원칙은 ① 기간 임용제 및 정년보장제 개선, ② 교수업적평가제도의 강화, ③ 업적 위주의 합리적 보상 체계와 연계 등이다.

교원연봉제가 제대로 시행되기 위해서는 시행기준이 제대로 구축되어야 한다. 이를 위하여 각 대학들은 총장의 강력한 주도하에 시행기준을 개발하고 그 과정에서 행정 절차에 익숙한 교직원을 포함시켜 시행 상의 문제점을 최소화해야 한다. 연봉제 시행을 위한 평가기준의 시안은 ① 효율적인 연구위원회 운영, ② 관련자료의 수합 및 정리, ③ 평가항목의 발굴 등을 통해서 진행이 된다. 교원평가 시안에서는 기본 점수의 배점 및 연간 배점 한도를 설정해야 한다. 시안이 마련되면 각 학과별로 1~2인의 교원들을 선정하여 표본으로서 평가 체계의 타당성을 분석해야 한다. 연봉제의 설계의 핵심은 연공급 체계인 기본급, 제수당, 상여금, 성과상여 등으로 복잡하게 되어 있는 임금체계를 간단한 연봉 항목으로 재구성하는 것이다. 간단하게는 현행의 호봉제에 의한 급여 기준표를 그대로 연봉제의 초기급여(원급여)로 하여 모든 수당과 상여금 및 기본급을 통합하여 시행하면 된다. 그리고 다음해 연봉 인상률은 대학이 물가인상률을 감안하여 평가등급(상대등급)별로 정하고 이에 필요한 내부규정을 정비하면 된다. 그러나 이 같은 연봉제를 즉시 도입하기 어려운 대학들은 다음과 같은 과도기적인 경우들을 고려해 볼 수 있을 것이다.

① 교원 급여를 기본급 + 제수당 + 상여금으로 하는 경우, ㉮ 전체 항목

을 무시하고 그 동안의 관행에 따라 대체적인 연봉수준을 정한 후에 급여 항목을 다만 참고로 하고 단일한 항목의 연봉을 설정하는 방식, ⓝ 전체 항목 가운데 상여금 부분만을 연봉 결정요소로 보고 나머지 항목들은 기존의 호봉제의 방식을 그대로 사용하는 방법, ⓓ 초기에는 상여금만 연봉수준 결정의 변인으로 잡았다가 시기적으로 제수당 기본급으로 확장해 가는 방법 등이 있을 수 있다. 그러나 유념할 점은 이것은 '연봉제'라고 부르기가 사실은 곤란한 측면이 있다. 다만 ⓓ의 경우는 연봉제로 발전하는 과도기적 형태가 될 수 있다.

② 교원 급여를 크게 기본연봉 + 업적연봉으로 하는 경우, ㉮ 교원 종합 평가에 따라서 각 평가영역별로 다른 가중치를 토대로 상대적으로 정해진 인원 등급비율로 연봉을 지급하는 방법, ⓝ 종전의 각종수당들 가운데 일부만을 기본연봉에 투입하고 나머지 업적연봉을 '연구연봉'로 변경하여 연구업적에 따라서 임금을 지급하는 방법 등을 고려해볼 수 있다.

위의 경우에서 ①ⓝ는 국내대학에서 실무적으로 가장 많이 적용되고 있는 방식이다. 그러나 이 같은 방식은 어디까지나 연봉제로 가는 과도기적 방식일 뿐이지 그 목표는 결코 될 수가 없다. 보다 현실적인 측면에서 ②번의 경우가 적극적으로 수용할 수 있는 모델이라는 인식이 확산되어야 한다. 그리고 국가 경쟁력 회복에 중추적인 역할을 담당해야 하는 대학원중심의 대학들은 ②ⓝ의 방식이, 신설대학들의 경우는 ②㉮, 대학 분규가 심한 대학들은 ①ⓓ를 선택하는 것이 무난할 것이다.

연봉제를 시행하게 되면 교원들의 조직적이고 강력한 반발에 봉착하게 되는 경우가 일반적이므로 연봉제의 시작을 인센티브 형태로 하는 것이 바람직하다. 그리고 장기적인 경영 전략의 일환으로는 ① 플러스 섬(plus-sum)의 동기부여형(incenticve) 연봉제의 시행, ② 제로섬(zero-sum)의 현실주의적 방식, ③ 혼합형으로 초기에는 플러스 섬(plus-sum)으로 동기를 부여한 후 제로섬(zero-sum) 방식으로 회귀하는 방법 등을 생각해 볼 수 있는데 우리 대학들의 형편으로 볼 때는 혼합형의 방식이 적당하다.

　연봉제의 시행과정에서 유의할 점은 임금항목이 조정되면 업적연봉의 차등폭을 결정하여야 한다. 물론 연봉제가 제대로 시행이 되면, 업적연봉의 차등폭은 의미가 없다. 만약 호봉 자체를 폐지하지 않고 능력급에 가까운 절충형의 연봉제를 운영할 경우에는 업적연봉 차등 폭의 결정이 불가피하다. 그리고 상대 등급을 결정에서는 연봉제 도입 초기 단계에서는 가능한 중앙 등급의 비율을 높게하고 점차로 중앙 등급 비율을 낮게 하는 것이 바람직하다. 연봉제가 성과급으로서 제대로 기능하게 하려면 성과연봉액 또는 연봉 인상률을 차등 적용하는 등급 설정이 합리적으로 이루어 져야 한다. 원칙적으로 업적 연봉액이 결정될 등급의 수는 적어도 5등급 이상은 되어야 하며, 각 등급에 포함될 대상자의 비율도 특정 등급에 전체의 50% 이상이 집중되지 않도록 해야 한다.

　이상의 논의들을 보다 현실화하여 실현 가능한 연봉제를 설계해 보면 다음과 같은 과정을 밟을 수 있다. ① 최대 20여개의 항목에 달하는 현행의 복잡한 임금항목을 기본 연봉 항목과 업적 연봉 항목으로 나눈다. ② 기본 연봉(누적적 성격)과 업적 연봉(성과급형 : 비누적적 성격)의 비율을 결정한다. ③ 기본 연봉과 업적연봉의 산정을 위한 업적평가 등급별 비율과 가율을 결정한다. ④ 기본 연봉과 개인별 성과연봉을 합하여 연봉을 지급한다. ⑤ 기본 연봉의 비율을 최대한 떨어뜨리고(20~40%) 성과급 중심의 연봉제를 시행한다.

부록 I

인사·임금체계 일반이론

이 부분은 대학 내의 인사 및 급여관리 실무자들이나 대학경영자들을 위하여 종합적인 인사 및 임금체계 일반에 관한 지식을 제공하기 위한 것입니다. (   )는 요약 또는 인용한 책을 의미합니다.

Ⅰ. 인사관리체계의 특성과 과제(박준성, 1992 : 33)

1. 전통적 인사체제
① 기능적 접근방법 : Edwin Flippo, D. Beach, G. Straus, L. Sayles
② 과정적 접근방법 : Wendell L. French

2. 근대적 인사체제
① 시스템적 접근방법 : John B. Minner, P. Pigou, C. A. Myers, G. Dessler
② 인적 자원관리 시스템적 접근방법 : Herbert G. Heneman Ⅲ, El,er H. Burack

Ⅱ. 인사관리체계의 비교

1. 개요

① 분류 : 인사관리체계는 크게 연공형 인사관리체계와 직무형 인사관리체계로 대별

② 인사관리체계의 분류기준 : ㉠ 속인주의(동양) 속직주의(영미), ㉡ 집단기준(학력, 근속, 사회적 직종기준을 중시 : 한국), 개별기준(능력, 성과, 기업내 직무기준 : 일본과 미국)

③ 각국의 인사관리체계 : ㉠ 한국(직급형인사관리체계) : 직급을 축으로 채용구분과 관리시스템이 운용됨 ☞ 속인적·연공적·집단적 성격이 강함, ㉡ 일본(직능형 인사관리체계) : 직급을 축으로 하면서도 속인적 기준을 통합하는 직능(직무수행능력 즉 기업내 자격을 기준으로 능력과 성과)을 강조하여 채용구분과 관리시스템이 운용됨 ☞ 속인적·

능력적·개별적 성격, ⓒ 미국(직무형 인사관리체계) : 직무수행능력
과 성과를 축으로 채용구분과 관리시스템이 운용됨 ☞ 속직적·능력
적·개별적 성격, ⓔ 유럽(직종형 인사관리체계) : 직종(업)을 축으로
하여 채용구분과 관리시스템이 운용됨. 사회적 신분과 직종가치강조
☞ 집단적 성격

[표II-①] 각국별 인사관리체계 비교분석표

구분	연공형 인사관리	직능형 인사관리	직무형 인사관리
국별	한국	일본	미국
채용	학력별 성별채용 ○ 기업중심주의	학력별 성별 직종별, 직군별, 직계별 채용 ○ 코스별관리	직무단위 채용 ○ 직무중심주의
배치 전환	활발한 순환근무	순환근무제 적용	직무적성따라 배치 직무전환 곤란
평가	인사(승진)고과 ○ 승진관리와 연계	직능고과 ○ 직능자격관리와 연계	직무평가 ○ 경력관리와 연계
급여	연공급(직급별 호봉)	직능급	직무급
승진	승진 최우선	승격과 승진이 분리	개념희박
교육	인간관계중심	능력교육중심	직무교육중심
퇴직	○ 정형화된 정년제도 존재	名退,出向제등이 존재 ○ 신축적 정년제도 可	수시 이직 해고 ○ 정년화된 제도 無
신분	직위	직능자격호칭	담당직무

자료 : (1) 박준성(1994, 41) 재구성하고 첨가.
　　　(2) 직급의 예는 서기보 → 서기 → 주사보 → 주사 → 사무관 → 서기관 부이
　　　　　사관 → 관리관.
　　　(3) 직능급은 가령 기획직 2급, 기획직 1급 등으로 나타낼 수가 있음.
　　　(4) 직위란 과장, 계장, 주임 등을 말함.

위의 표를 보면 한국의 기업풍토는 효율성이나 경쟁력 강화 및 생산성 향
상보다는 오히려 정치집단화될 가능성도 있다. 즉, 승진 제일주의와 인간관계
를 중시하는 그 자체가 나쁘다기보다는 집단주의적 성향을 가진 한국의 문화
풍토를 감안해볼 때 기업이 정치장화될 가능성이 높다는 것이다. 따라서 이
제도를 개선할 필요가 있다.

2. 연공서열제도와 직무중심 관리제도

(1) 연공서열제도

연공서열제도(seniority system)란 연공승진제도와 연공임금제도로 구성.

① 연공승진제도 : 신규 채용자는 연공(학력과 근무연수)에 따라 승진하고 정년까지 종신고용.

② 연공임금제도 : 연공에 따라 임금도 상승·학력별로 초임금을 정하고 이 초임금을 기점으로 매년 정기적으로 승급(정기 승급)하는 제도.

(2) 직무중심 관리제도

직무중심 관리제도는 능력을 충분히 발휘하여 성과를 이룩한 사람에게는 그에 상응하는 임금을 지급하고 승진시키는 제도. 직무급과 능률급의 합리적인 조화를 이루려고 하는 것.

① 직무 및 능률에 따른 임금제도 : 임금은 '직무의 난이도'와 '능률의 차이도'에 의해 결정 / '직무의 난이도'는 직무분석에 기초한 '직무평가'에 의해 측정 / '능률의 차이도'는 능률평가(efficiency evaluation)에 의해 측정.

② 직무 및 능률에 따른 승진제도 : 직무 수행 가능자에게 그 직무를 배치하고 그의 능률에 따라 승진시킴.

Ⅲ. 임금관리

1. 의의와 원칙

① 임금의 의의 : 임금이란 근로자가 제공하는 노동급부의 댓가로 받는 것. 임금관리란 기업이 근로자에게 지급해야 할 임금의 금액과 제도를 합리적으로 계획 조직하고 그 성과를 통제하고 개선하여 인사관리의 목적달성에 기여하려는 관리.

② 임금의 범위 : 임금 개념의 범위는 기본급에서 통상임금, 정액급여, 평균임금 등 임금의 범위가 복잡하고 총액임금 개념까지 대두가 되어 임금개념의 혼란이 가중되고 있슴(박준성, 1992 : 63~64).

[표Ⅲ-①] 임금의 범위와 항목

경제적 임금			참여적 임금 ⓓ	ⓔ사회적임금 (부가급)	인력관리비 ⓕ
ⓐ기본급	ⓑ제수당	ⓒ상여금			
기본급(1) 단일형체제 : ⓐ					
기본급(2) 병존형 체제					
기준임금					
통상임금					
정액급여 또는 월정임금(月定賃金) : ⓐ + ⓑ					
총액임금(평균임금 -변동수당·성과상여)					
평균임금 : ⓐ + ⓑ + ⓒ					
보상					
노무비 : ⓐ + ⓑ + ⓒ + ⓓ + ⓔ					

(단, 참여적임금은 ① 성과배분, ② 이익배분, ③ 원가절약, ④ 자본참가 등을 말함)
자료 : 박준성(1992. 121).

③ 임금항목의 구성 : 임금항목은 위에서 보는 바와 거의 같은데 경제적 임금에서 ㉠ 기본급, ㉡ 제수당을 합친 것을 월정임금(정기급여)라고 하고 ㉢ 상여금과 부과금, 퇴직금을 합하여 월외임금(특별급여)으로 분류한다. 기본급의 구성비는 우리 나라는 75∼77% 인데 반하여 일본은 82∼85%로 높고, 제수당중에서 비율이 높은 것은 우리 나라는 근무수당, 생계수당, 생활수당, 기타수당이고 일본의 경우는 근무수당과 생활수당이다. 업적수당은 양국모두에서 낮다(박준성, 1992 : 121).

④ 제수당 : 임금항목 가운데서 기본급에서 처리할 수 없는 부분을 충당하기 위한 것인데 ㉠ 직무관련 : 직책수당, 직무수당, 자격수당, 기능수당, ㉡ 근무관련 : 교대근무수당, 특수작업수당, 직종수당, 외근수당, ㉢ 생산장려수당 : 정개근 수당, 증산수당, 모범근속수당, ㉣ 생활보조수당 : 가족수당, 물가수당, 주거수당, 지역수당, ㉤ 조정수당 : 조정수당, 임시수당, ㉥ 법률수당 : 시간외 근무수당, 휴업수당, 연차유급휴가수당, 휴일근무수당 등이 있다.

⑤ 임금의 결정요소 : 임금은 '속인적 요소'와 '직무적 요소'에 의해 결정

이 된다. 이것을 堀口(1990)는 다음과 같이 요약하였다.

[표Ⅲ-②] 임금 결정요소

임금 결정 요소				
직무적 요소	속인적 요소			
	고정적 요소		능력적 요소	
직무의 복잡도 / 책임 / 작업조건	연령 학력	근속 연수	지식 숙력	판단 조정

자료 : 堀口 茂(1990, 8).

⑥ 임금의 원칙 : 임금은 ㉠ 노동의 량과 질, 노력 및 생산성에 따라 지급
하되 기업의 지불능력내에서 지급하여야 한다. ㉡ 근로자의 생계비를
보장할 수 있도록 지급하고 ㉢ 안정되어 있어야 하며 사회적 균형을
이루어야 한다(임우순 · 소영일, 1992 : 764~765).

2. 임금관리의 영역

① 임금관리는 ㉠ 임금 금액관리로서 임금 수준관리, ㉡ 임금제도관리로
서 ⓐ 임금체계관리, ⓑ 임금형태관리 등으로 나누어진다.

② 임금관리의 원칙은 ㉠ 기본급은 내부적 공정성, ㉡ 수당과 상여는 개
별공정성, ㉢ 생계비조정과 교섭임금인상(Base-up)은 과정의 공정성,
㉣ 총괄적인 관리로서 외부공정성 등이 필요하다(박준성, 1992 : 66).

[표Ⅲ-③] 임금관리의 원칙

외부적 공정성

경제적 임금				교섭임금인상
기본급	수당과 상여금			생계비
직무가치, 인적가치	연공급	고과급	유인급	Base up
↓		↓		↓
내부공정성		개별공정성		과정공정성

자료 : 박준성(1992. 66).

(1) 임금수준 관리

① 임금금액 영역으로는 임금수준과의 격차, 지불능력과 경영, 임금수준
의 교섭과 인상등의 영역이 있음. 임금수준(wage level)은 기업이 근로
자에 지급하는 임금의 평균수준. 임금수준은 근로자 전체에 대한 임금
지불액을 그 전체수로 나누어 산출한다.
② 임금수준의 변동요인 : ㉠ 동종의 타기업에서 지불되는 임금, ㉡ 그
기업의 재무상태, ㉢ 생계비 및 최저임금법과 같은 정부규제

(2) 임금제도관리

① 임금항목의 영역은 ㉠ 임금항목의 구성비, ㉡ 임금산정형태와 지불형
태, ㉢ 임금항복의 구성체제, ㉣ 임금항목의 결정기준 등이 있고 이것
을 관리하는 것을 임금체계관리라고 한다.

가. 임금체계관리

① 정의 : 임금체계는 임금의 복합적 구성형태
② 이상적 임금체계의 요건 : ㉠ 임금체계는 간단해야한다, ㉡ 임금원칙
에 준하여 지급되어야 한다.
③ 기본급 임금체계의 유형 : ㉠ 연공급, ㉡ 직무급, ㉢ 직능급(연공급과
직무급의 절충형)

ⓐ 연공급(속인급 : 屬人給) : 개인의 학력, 근속연수 등의 인적요소에
따라 임금수준을 결정. (장점) 고용안정, 귀속의식확대, 연공존중의
동양적 풍토 (단점) 동일노동에 동일임금 지급불가능, 기술혁신기
의 전문인력확보가 어렵다. 소극적 무사안일.

ⓑ 직무급(속직급 : 屬職給) : "동일직무에는 동일 임금을 지급한다"는
원칙하에 직무평가에 의해 직무의 량과 질을 상대적으로 평가 등
급화에 의거 임금수준을 결정. (장점) 개인별 임금격차에 대한 불
만해소, 전문인력 확보용이, 능력위주. (단점) 공정한 직무평가의
어려움, 연공풍토에의 지나친 향수에 의한 저항감, 너무 낮은 임금
을 받는 사람에게는 생활불가.

ⓒ 직능급(연공과 직무급의 절충형) : 직무를 전제로 한 임금. 먼저 직

능의 등급을 정하고 직계(職階 : 주임, 계장, 과장)를 정하고 이를 다시 세분하여 호봉의 등급을 정하는데, 호봉에는 근무연수 등의 연공요소가 들어감.

④ 임금종류별 승급 : 직무급에서는 직능급과 마찬가지로 근속승급 (seniority increase) 이 있고, 근무성적의 평정결과에 따른 고과급(merit pay)도 있다. 그리고 직능급에서는 철저한 고과승급으로 운영되고 있다. 우리 나라 대부분의 기업들은 노사간의 협약에 의해 임금인상액의 대부분을 결정하고 나머지 정기 승급부분도 대체로 비고과 자동승급 형태를 띠고 있어(박준성, 1992 : 136) 임금인상에서 직무특성, 개인의 능력, 경영성과 등이 반영될 수가 없다.

[표Ⅲ-④] 임금종류별 승급

<table>
<tr><th colspan="1">연공급</th><th colspan="1">직능급</th><th colspan="3">직 무 급</th></tr>
<tr><td>한국</td><td>일본</td><td colspan="3" align="center">미국</td></tr>
<tr><td>급여보전적 성격
교섭상여금</td><td>고과상여금</td><td rowspan="1">성과급</td><td colspan="2" rowspan="1">수당
상여</td></tr>
<tr><td>급여보전적 성격
제수당</td><td>수당</td><td>근속승급</td><td rowspan="2">승
급</td><td rowspan="2">기
본
급</td></tr>
<tr><td>비고과 승진승급</td><td>고과 비정기 승진승급</td><td>고과승급</td></tr>
<tr><td>비고과 정기승급</td><td>고과 비정기 승격승급</td><td rowspan="2">직무가치</td><td></td><td></td></tr>
<tr><td>인적가치</td><td>고과 비고과 정기승급</td><td></td><td></td></tr>
<tr><td></td><td>인적 · 직무적 가치</td><td></td><td></td><td></td></tr>
</table>

참고 : (1) 인적가치(membership rewards) 직무가치(job rewards)
　　　　　인적 · 직무적 가치(membership · job rewards)
　　　(2) 성과급(pay for performance)은 개인 집단 모두 포괄
자료 : 박준성(1992, 137)에서 재구성.

나. 임금형태 관리

① 임금형태(wage payment method)란 임금 정산방식(임금 지급방식) 등을 총괄하는 개념으로 그 유형은 시간급, 능률급, 특수임금제도(이익배분의 방식으로 기업에서나 활용)로 나누거나 또는 분류방식에 따라 일급, 주급, 연봉 등으로 나눌 수도 있다.

② 임금형태는 고정급(시간급)과 성과급으로 분류된다. ㉠ 고정급(시간급)
: 시간단위의 고정급으로 시간단위를 나누는 방법에 따라 시간급, 일
급, 주급, 월급, 연봉 등이 있고 그 선정방법에 따라 연공급, 생활급,
종합결정급, 직무급, 직능급, 자격급 등이 있다. ㉡ 성과급(업적급) :
성과실적을 보는 것은 성과급, 표준시간단위로 측정하는 것이 시간 성
과급, 시간 성과급은 시간당 성과(units of production per time period)
를 기준으로 지급하는 '실적기준 성과급'이 있고, 성과단위당 시간
(time period per units of production per time period)를 기준으로 한 '시
간기준 성과급'이 있다.

[표Ⅲ-⑤] 임금의 형태

임금형태								
시간급(고정급)					성과급			
시간	일급	주급	월급	연봉	시간기준성과		실적기준성과	
					개별	집단	개별	집단

　(a) 고정급(payment for time worked 시간급) : 고정급 가운데서도 연봉제는
주로 미국에서 보편적으로 행해지는 것으로 이해가 되어 있으나 생산직 근로
자들은 시간급 형태, 사무직은 월급제가 일반적이고 작무분석과 능력평가가
필요한 전문직이나 관리직에만 시행되는 것이 일반적이다.

　(b) 성과급(pay for performance 업적급) : 성과급은 성과에 따라 임금을 지
불하는 것으로 고과급(考課給 merit pay : 일정기간 실적을 평가하여 기본급
과 연계하여 보상하는 체계)과 유인급(誘引給 incentive pay : 미래지향적으로
성과를 유인하는 보상체계)으로 분류된다. 즉, 월정급여의 차등급여(고과급)
와 월외의 차등급여(상여금)을 합하여 성과급이라고 하는 것이다. 그러나 협
의로 성과급을 말할 때는 유인급에 국한하여 개인성과급(individual incentive)
과 집단 성과급(group incentive plan)으로 구분된다.

③ 위의 내용을 토대로 보면 연봉제란 임금형태 가운데서도 시간급의 한
형태로 나타나는데 요즈음 사용되는 연봉제는 성과급을 말하는 것으로 개념

상의 혼란이 다소 심하다. 즉, 연봉제가 주로 시행되는 곳은 미국이고 주로 직무급 중심이므로 이 둘을 결합한 형태를 '연봉제'로 이해하고 있다. 결국 연봉제는 개개인의 능력과 실적, 공헌도를 평가하여 연간 임금액이 결정되는 전형적인 능력중시형 임금체계라고 할 수 있고, 임금의 구성항목들을 모두 통합한 연봉액을 계약에 의해 결정하므로 우리 나라 임금체계에 일반화되어 있는 기본급, 제수당, 상여금의 구분이 없는 것이 특징이다.

④ 연봉제는 호봉이 없이 고과승급과 상여금(incentive)을 지급하는 형태이고 지급시한은 연봉을 결정하여 그것을 12로 나누어 지급한다. 연봉제는 개인과 회사의 계약에 의해 임금이 결정된다.

⑤ 이에 비하여 호봉이 있는 상태에서 고과승급과 상여금(incentive)이 있는 방식을 '능력급'이라고 하는데 연공급이 호봉이 연공에 따라 자동 승급하는 데 반하여 능력급은 호봉이 차등 승급하는 점에서 매우 다르다. 따라서 쉽게 말하면, 연공급에서 차등승급이 되면 '능력급'이 되고 능력급이 된 상태에서 호봉을 폐지하면 우리가 일반적으로 말하는 '연봉제'가 되는 것이다. 호봉을 폐지할 경우 예를 들면 고과(考課)를 시행하여 다음 해의 연봉을 결정할 때는 수·우·미·양·가 로 나누고 수(秀)일 경우는 月15만원 인상, 우(優)일 경우는 月10만원 인상, 미(美)일 경우는 동일하고 양(良)일 경우는 月5만원 감봉 가(可)일 경우는 月10만원 감봉하는 식으로 설계가 가능하다.

※ 법정복리후생과 법정외복리후생

① 법정복리후생이란 법률에 따라 강제적으로 실시를 의무화한 제도로 사회보험(의료보험, 연금보험, 재해보험, 실업보험)과 사회부조로 나누어 진다.

② 법정외 복리후생이란 기업이 자율적으로 종업원에 대해 추가적으로 실시하는 제도로서 ㉠ 생활보조관계제도(의식, 급식, 주택제공) ㉡ 교육관계제도(학자금대여, 장학금지급, 취학중 작업시간단축), ㉢ 보건위생관계제도, ㉣

문화 체육관계제도, ⑩ 경제관계제도 등이 있다.

Ⅳ. 최근의 인사·임금제도의 동향

1. 서론

① 10~20년 전까지도 기업들은 조직의 효율성(efficiency)을 달성하기 위해 규모, 역할 명료성, 전문화, 통제의 중요성 등을 강조하였다. 그러나 기업환경의 변화와 기술의 발달로 조직 효과성(effectiveness)을 추구하는 속도(rapidity), 유연성(flexibility), 통합(integration), 혁신(innovation)이 보다 중요한 과제가 되었다. 이에 따라 기능중심의 계층별 조직(Pyramid organization)에서 창의성을 중시하는 수평적 조직(Flat organization)으로 바뀌고 있다.

② 1980년대 쇠퇴일로의 미국 경제는 생산조직의 근본적인 혁신으로 경쟁력을 회복하였다. 이 혁신의 패러다임을 고능률 체제(High Performance Production system)라고 하는데 이 생산 체제 하에서는 기업의 관리조직, 생산조직, 인적 자원관리 방식에 근본적인 변화를 초래하였다. 이 혁신의 핵심은 생산에서 인적 자원의 역할을 가장 중요하게 보고 이를 극대화하기 위해 관리방식과 조직을 전면적으로 수정해 나간다는 데 있다.

③ IMF 위기로 인해 경영환경이 변화하면서 재벌해체가 가속화되고 경영위기도 가속화되는 상황에서 우리 나라의 기업들도 인적자원 관리 분야에 커다란 변화가 일어나 팀제, 다운사이징, 아웃소싱, 리스트럭튜어링 등의 조직의 변화와 신인사제도, 연봉제, 근로시간 및 근로형태의 변화, 다양한 고용조정 방식의 도입 등의 인적자원관리의 변화가 광범위하게 나타나고 있다. 외국의 초우량기업의 공통적인 특징은 경영혁신을 통하여 자기변신을 지속적으로 달성하고 있다는 점이다.

④ 다음의 [표]는 시기별로 나타났던 경영혁신의 기법들이다.

[표IV-①] 시대별 경영혁신 기법

시대구분	경 영 혁 신 기 법
1960~70	Experience curve, 전략적 사업단위조직(Strategic business unit), 제품포트폴리오 매트릭스(Product portpolio matrix)
1980년대	Financial restructuring, 전사적 품질관리(TQM), 적시적 생산시스템(JIT), Competitive strategy, Information System Downsizing
1990년대	Benchmarking, Downsizing, Vision making, Reengineering, Rerstructuring, Learning Organization

2. 최근 인적관리 혁신기법

(1) 개요

① 팀제 : 개인의 능력과 자율성을 극대화하면서 조직의 유연성과 환경적 응력을 확보하기 위한 운영방식으로 삼성물산이 우리 나라에 처음 도입하였다(1977). 그동안 주춤하다가 1990년대 이후 대우, 포철, LG 등 대기업을 중심으로 팀제 도입이 활성화되어 한국 1000대 기업의 76%가 팀제로의 변경을 시도한 것으로 나타났지만 이들 기업의 80%가 수직계층조직을 그대로 둔 채 명칭만 바꾼 것으로 실제적인 팀제로의 전환은 이루어지고 있지 못한 것이 현실이다(경총, 1999 : 19).

② 아웃소싱(Outsourcing) : 기업의 활동중 전략적으로 중요하거나 가장 잘 할 수 있는 분야나 '핵심역량(Core competency)'을 가진 분야에 모든 자원을 집중시키고 나머지 부분을 외부에 위탁함으로써 기업을 유연하게 재편하는 전략이다. 최근 국내에서도 아웃소싱의 붐이 일어나고 있다.

③ 분사제도(MBO, EBO) : 합병의 반대개념으로 '기업분할'이라고 할 수 있다. 대기업이 사업의 일부를 분리하여 별도의 회사를 설립하거나 임직원에게 이를 매각하는 것을 말한다. 최근 기업의 구조조정과 관련하여 MBO(Management Buyout : 경영자 기업인수) EBO(Employee Buyout) 등에 관심이 집중되고 있다. 원래 MBO는 도산 위기에 처한 기업구제를 은행에서 뛰어난 경영가를 발굴하여 기업재건을 도모하는 데서 비롯되었고, EBO는 위기상태의 기업을 종업원이 단결하여 주식을 인수하고 경영권을 양도받는 경우이다. 1998년 10월 현재 31개 기업에서 123개 회사가 분사된 것으로 나타났으며, 분사의 원인은 ㉠

한계기업의 정리, ⓛ 고용조정, ⓒ 비주력 사업 정리 등이었고, 그 형태는 순수한 의미의 MBO(17.4%), EBO(30.4%)보다는 혼합형(52.2%)이 대부분이었다(경총, 1999 : 22).

[표Ⅳ-②] 1980년 이후 한국기업의 인사노무 관리 변화

연도	주요과제	인사 노무관리의 주안점과 변화내용
1980~82	경제불황극복 위한 생산성 향상	① 인사제도의 개선 모색 ② 종업원 제안제도, QC 분임조를 통한 생산성 향상 ③ 감량경영, 생산성 향상운동, 품질관리운동
1982~86	경제회복과 사무 자동화에 따른 인사관리의 변화	① 임금관리제도 모색 ② 인사적체 개선과 직급별 정년제 도입 ③ 교육훈련 강화, 여성인력 채용증가 ④ 주 5일 근무, 플랙스 타임 근무제도 도입
1987~90	노사분규 방지와 인건비 절약	① 인사노무관리 전담부서 설치와 전문화 ② 사무직과 생산직 임금격차의 해소 ③ 승진·승급제도 및 근로조건의 개선 ④ 각종 수당신설과 복리후생의 확대
1991~92	노사관계 안정화와 국제경쟁력 강화	① 임금제도 개선 : 직능급 도입, 성과배분제, 총액임금제 ② 채용관리의 변화
1993~96	세계화와 인적자원 관리의 효율적 활용	① 인사제도 전반 개선 : 능력주의, 신인사제도 ② 팀제 도입과 승진·승급의 분리 ③ 명예퇴직제도 등의 인력구조조정
1997~98	구조조정 및 고용 조정과 인적 자원 관리의 혁신	① 정리해고, 파견근로 등 고용제도의 변화 ② 변형근로시간제도 등 근로시간제 변화 ③ 연봉제 도입확산 ④ 퇴직자 지원제도 필요성 대두

자료 : 유규창(1998, 43).

[표Ⅳ-③] 한국기업조직의 문제점과 조직혁신의 방향

비대한 관료조직	➡	간소하고 유연한 조직

① 실무자보다 많은 관리자　→　조직의 수평화(일하는 조직)
② 과도한 부문화와 전문화(기능단위) → 유사기능 통폐합(프로세스단위)
③ 비대한 관리 간접부문　　→　관리간접부문 축소(Downsizing)
④ 권한의 집중(중앙집중식) → 권한의 하부 위양(자율책임강화)
⑤ 부, 과 제　　　　　　　→　팀제
⑥ 비 생산적 사업구조　　→　한계사업 폐지(Outsourcing)
자료 : 경총(1999, 17).

(2) 신인사제도

① 신인사제도 : 신인사제도는 인적 자원관리의 합리화를 통한 장기적인
종합 인사시스템을 확립하려는 시도로서 ㉠ 인적 자원관리와 관계된
모든 새로운 제도의 총칭(인턴사원제, 발탁승진제, 연봉제, 명예퇴직
제, 직급정년제 등), ㉡ 직능자격제도를 중심으로 한 승진체제, 평가
체제, 육성체제, 임금체계 등이 유기적으로 결합된 종합 인사시스템
등의 두 가지를 의미한다. 그러나 일반적으로 능력주의·업적주의 인
사제도를 총칭하는 의미로 사용하고 있다. 신인사 제도의 최근 동향들
은 다음과 같다(경총, 1999 : 25∼29).

[표Ⅳ-④] 한국기업의 승진체계 개편동향

연공, T/O중심의 승진관리	➡	능력, 승격중심의 승진관리

① 승진·승격의 미분리 → 승진·승격의 분리 및 승진의 다단계화
　 [승진중심(T/O제)]　　　[승격중심]　☞ 승진정체해소 및 능력개발
② 연공기준 승진 → 직능(연공 + 능력)
③ 남녀고용·승진차별 → 코스별 관리
④ 기능직의 승진단계제한 → 다능화와 승진경로 다단계화
자료 : 경총(1999, 25).

[표Ⅳ-⑤] 한국기업의 보상제도 개편동향

동기유발과 무관한 연공임금체계	➡	동기유발형 능력주의 임금체계

① 복잡한 임금체계 → 임금체계의 단순화
② 고임금·고인건비 현상 → 고임금·저인건비화
③ 교섭(Base-up)중심 임금인상 → 개별(고과)중심 임금인상
④ 승진-처우 미분리 → 승진-처우의 분리
⑤ 승진보상(상대적 박탈감) → 처우 보상
자료 : 경총(1999, 27).

[표Ⅳ-⑥] 한국기업조직의 평가제도 개편방향

서열중심의 평가	➡	능력개발을 위한 평가

① 입학방식 평가(서열위주) → 졸업방식 평가(절대능력 중심)
② 승진심사용 / 행위기준평가 → 처우개선용 / 직무수행능력 기준 평가
③ 일방적(One-Way) 평가 → 쌍방향(참여) 평가
④ 평가결과 미공개(감점주의) → 평가결과의 공개(가점주의)
자료 : 경총(1999, 28).

(3) 고용형태의 변화와 근로시간 관리제의 혁신

① 고용형태의 변화 : 정규직이 크게 줄고 임시직과 계약직, 파견직 등 비정규인력을 활용하는 현상이 두드러지고 있다. 파견근로란 1998년 2월에 입법화되고 同年 7월부터 시행된 것으로 취업 희망자가 고용계약을 한 후 원하는 사용업체에 일정 기간 파견되어 업무를 수행하는 방식이다. 우리 나라의 파견시장 규모는 10만명, 파견업체 수는 2,699로 추정되나 청소·경비를 포함하면 약 22만 5천명의 규모이다.

② 근로시간 관리제의 혁신 : 정보기술의 급속한 발달로 근로형태도 크게 변화하여 ㉠ 재택근무(OA기기를 이용해 자택에서 일을 처리하는 취업형태), ㉡ Mobile Office 제도(사원이 회사에 출근하지 않고 바로 고객을 방문하여 업무를 수행), ㉢ 근무지 한정제(특정지역의 이동이나 근무를 조건으로 인사처우를 행하는 제도) 등이 늘어나고 있다. 근로시간 관련제도의 경우는 ⓐ 탄력적 근로 시간제, ⓑ 선택적 근로시간제(자유출퇴근제, 신축적 근로시간제, Flex-time, 유동근무시간제 등으로 불림), ⓒ 조기 출·퇴근제, ⓓ 집중 근무시간제 등이 나타나고 있다.

부록 Ⅱ
주요 관련사항 해설

[ㄱ]

강사료 지급규정 일반

대부분의 대학들은 유사한 강사료 지급 규정을 가지고 있다. 일반적으로 강사료 지급 규정에서 강의는 ① 실험·실습·실기의 시범을 특수강의, ② 평상수업을 보통 강의, ③ 국내외의 저명인사 및 명예교수에 의한 수업을 특별 강의, ④ 책임시간 이외의 수업을 초과 강의, ⑤ 전임 이외의 교원이 시간제로 담당하는 수업을 시간 강의라 한다. 일반적으로 전임 교원(전임강사 이상)의 주당 책임시간 수는 9~10시간 이내 이고 특별한 사유로 인하여 책임시간 수에 미달될 때에는 사전에 총장의 승인을 받아야 하고 미달된 시간 수는 다음 학기의 책임시간 수에 합산한다. 전임 교원은 주 5일간 출강을 하여야 하며 1일 4시간의 수업을 초과할 수 없다. 단, 부득이 필요하다고 인정할 시는 총장의 허가를 받아 출강일 및 시간 수를 조정할 수 있고 1교시당 시간 수는 50분으로 한다. 초과 강의와 시간 강의에 대하여는 ① 초과 강사료는 해당 교원에게 시간 수에 의하여 지급하고, ② 시간강사료는 시간 강의를 담당한 자에게 실제로 강의한 시간 수에 의하여 지급한다. 그리고 특수 강의는 2시간을 1시간으로 하여 강사료를 계산한다. 단, 체육 등 특정 기능에 대한 실기 지도는 보통 강의 시간과 동일하게 계산한다. 강사료는 주단위로 시간을 계산한다. 단, 학기말 또는 년도 말 종강에서는 1주 미만을 1주로 계산할 수 있다. 총장은 보직을 가진 교원의 주당 책임시간을 줄이거나 일부 면제할 수도 있다(대개의 경우 처장은 6시간 정도). 그리고 강의 시간은 초과 강의의 경우 주당 6시간, 시간강사 강의의 경우 주당 16시간을 초과할 수가 없다. 전임 교원이 타 대학에 출강하고자 할 때에는 사전에 총장의 승인을 받아야 하며, 본 대학교 담당 시수를 합하여 책임시간의 2배를 초과할 수 없다. 그리고 외국인 및 국내 저명인사 초빙 강사료는 총장이 따로 정할 수 있다.

강의평가

강의평가의 목적은 수업 과정과 결과에 대해 교수와 학생 사이의 의견 교환 방법을 마련하여 수업 방법의 개선을 통한 교육의 질적 향상을 도모하고자 하는 것이다. 학생들에게는 교육 소비자로서의 위상을 정립시켜 주고, 교원들에게는 수업 방법 개선과 교수 상호간의 논의를 진작시켜 교수법의 향상과 전달 방법을 촉진시킴으로써 교육부문의 활성화를 달성할 수 있다 강의평가의 가장 일반적인 방법은 설문 조사를 하는 것이므로, 해외의 대학이나 다른 대학들이 이미 사용한 설문 자료들을 참고하여 작성된 설문지를 학생들에게 배포하는 방법으로 학생에 의한 교수 강의평가가 실시된다. 강의평가의 실시 대상은 시간강사들로부터 교원 모두를 포함한다. 이것은 어느 경우라도 예외 없이 교원으로서의 자질과 교육 역량을 점검하기 위한 것이기 때문이다. 실시 절차는 ① 설문지 작성 ② 해당 부서 중심으로 배포 조사 실시(매학기 기말 고사 실시 전까지) ③ 설문 조사의 분석(다음 학기 개시 30일 전까지 분석 완료)으로 이루어진다. 분석 결과의 활용은 각 대학의 사정에 따라 다르겠지만 실효성을 가질 수 있도록 그 과정을 예시해 보면 ① 제1단계는 각 교원에게만 결과를 통보하고 자료는 철저한 보안을 유지하여 보관하고, ② 제2단계는 각 교원에게 강의평가 결과를 통보하며 교육개혁위원회에서 공개하고 교무처는 이를 관리 보관한다. ③ 제3단계는 각 교원에게 강의평가 결과를 통보하고 교육개혁위원회에서 거쳐 심의한 후 학생들에게 공개하고 해당 부처는 이를 관리 보관한다. 강의평가가 진정한 효과를 가지기 위해서는 해당 학과에서 행하여서는 안되고 마지막 강의날 마지막 1시간 동안 평가 부처에서 행하고 관할하는 것이 중요하다 우리 나라에서 이것이 제대로 지켜지는 경우가 거의 없다. 따라서 학생들은 학기당 마지막 강의 시간에 해당 부처 직원이 배부하는 강의평가서 1부와 OMR카드 1부를 받아서 작성하여 정해진 기간 내에 관할처로 제출하면 될 것이다

강의평가의 구체적 사례

[한국] '98 한양대 교수강의평가결과' 자료집을 분석한 결과 1998년 2학기 한양대 교수들에 대한 학생들의 강의평가 결과, 교수들의 평균점수는 81.7점인 것으로 나타났다. 전임교원의 평균점수(81.7점)가 시간강사의 평균점수(78.8)보다 전체적으로는 약간 높았으나 대학원 강의의 경우 비교대상 6개 대학원중 5개대의 시간강사 평균점수가 오히려 높게 나타났다. 전임교원 강좌

의 점수대별 분포를 보면 80~89.9점대가 1천3백65개(44.8%) 강좌로 가장 많은 비중을 차지했고, 70~79.9점대가 8백23개의 강좌로 27%의 비율을 차지했으나 60점대 이하의 평가를 받은 강좌도 2백9개(6.8%)나 됐다. '낙제강의'로 볼 수 있는 50~59.9점의 평가를 받은 전임교원 강좌는 16개(0.5%), 시간강사 강좌는 8개(0.6%)인 것으로 나타났다. 지난해 9월부터 실시된 한양대의 '강의평가에 관한 세칙'에 따르면 'D등급'(40~54.9점)이하의 평가를 받은 시간강사의 경우에는 다음 학기에 강사임용을 하지 않는 것을 원칙으로 한다'고 밝혔다. 이 자료는 한양대가 1천5백여만원을 들여 지난해 2학기 강의가 끝난후 학생들이 비공개로 직접 작성한 OMR카드를 집계, 분석한 결과로 만들어졌으며 현재 대외비로 분류돼 단과대 학장 이상에게만 공개하고 있다. 한양대는 이 자료를 향후 '교수업적평가'의 기초자료로 활용할 계획이다(『한국대학신문』, 1999. 3. 29.). [미국] 미국 노스캐롤라이나 주립대의 학기말은 학생들이 교수를 평가한다. "교수의 교재 선택에 문제는 없었는가" "강의 내용은 만족스러웠나" "강의중 질문을 자유스럽게 할 수 있었는가" 등. 모두 17개 세부항목에 학생들은 '매우 동의' '동의' '보통' '동의 안함' '매우 동의 안함'의 다섯가지 답중 하나를 선택하게 된다. 이 대학 저널리즘 스쿨의 토머 스바워즈 부학장은 "만약 10% 이내 학생들이 교수를 부정적으로 평가했다면 크게 주의를 기울이지 않지만 그 이상의 학생으로부터 부정적 의견이 나오면 그때는 특별회의를 열고 대책을 세운다"고 설명했다. 학생들의 평가결과는 정례적인 교수평가 자료로 쓰이는 것은 물론 테뉴어(종신임기제) 심사나 부교수에서 정교수로 승격할 때도 활용된다. [프랑스] 프랑스 파리 근교 세르지 퐁트와제에 위치한 명문대 에섹(ESSEC)에서는 최근 마케팅·재정학을 가르치는 교수 4명이 '퇴출'됐다. 학생들이 "수업시간에 쓸데없는 말을 많이 한다", "과제물은 많지만 검사를 제대로 하지 않는다."는 평가서를 제출했기 때문이다. 서구 대부분의 대학에서 교수 평가의 여러 가지 기준 가운데 30%가 학생들 몫이다. 교수들로선 강의의 수준관리에 신경을 쓰지 않을 수 없게끔 돼 있다(『중앙일보』, 1999. 6. 8.).

개인별 표준점수 산정(연봉제 관련)

표준점수란 각 개인의 점수가 평균으로부터 떨어진 거리를 표준편차(일반적으로 각 개인의 점수들이 평균으로부터 얼마나 떨어져 있는가를 요약해주는 지수)를 단위로 나타내 개인의 상대적 위치에 관한 정보를 제공하는 점수척도이다. 가장 대표적인 점수는 Z점수이며 이를 계산하는 공식은 다음과 같다.

$$Z = \frac{X - m}{\sigma} \quad (Z : \text{표준점수}, \ X = \text{원점수}, \ m = \text{평균}, \ \sigma = \text{표준편차})$$

그런데 경우에 따라서 Z점수는 점수의 크기가 작고 평균보다 낮은 점수를 Z점수로 변환하면 음수가 되므로 Z점수척도는 일반적으로 사용이 편리한 표준점수척도로 변환되어 사용된다. 수능고사나 적성검사에 사용되는 것은 T점수이다. T점수를 계산하는 공식은 다음과 같다.

$$T = 10(\frac{X - m}{\sigma}) + 50 = 10Z + 50$$

계명대학교의 경우 직급 구분 없이 계열별로 개인의 표준 점수 산정하는 방법은, ⓐ 최근 3개년간 업적(1995.7.1~1998.6.30)의 합계를 3으로 나누어 연평균 점수를 산정하고 임용기간이 3년 미만 12개월 이상(임용일이 1995.3.1~1997.9.1 기간)인 교원은 재직 기간에 따라 1년, 1년 반, 2년, 2년 반으로 구분하여 본교 임용일 이후의 업적에 대하여 연평균 점수를 산정 한다. ⓑ 계열(인문·사회, 자연·공학, 예체능, 의학)별로 교육, 연구, 봉사 각각의 영역에 대하여 표를 아래와 같이 산정한다.

　① 각 영역의 표준 점수의 최대 변동 폭은 ±3 한도로 제한 : 특정한 1개 영역의 업적으로 상대평가 점수가 결정됨을 완화하기 위함.

　② 표준점수의 의미 : 해당 계열에서의 상대적 위치를 표시하고 있음. 따라서 동일한 절대점수(업적평가의 연평균 점수)라도 해당 계열 소속 교원들이 얻은 절대 점수의 평균과 표준편차에 따라 표준점수가 계열에 따라 상이할 수 있음. 이러한 표준화 방법에 의하여 계열에 따른 업적 편차를 조정함.

예를 들면 각 영역의 표준점수는

$$\text{표준점수} = \frac{(\text{개인업적점수}) - (\text{해당계열업적평균})}{(\text{해당계열업적표준편차})}$$

③ 표준점수의 가중합계 : 상대평가부문에서도 영역의 중요도를 감안하여 가중치를 부여할 수 있다. 가령 계명대학교의 경우 교육 1, 봉사 1, 연구 1.5의 비중으로 표준점수 합계를 소수 2위에서 반올림하여 계산한다. 따라서,

표준점수 가중 합계
    = 1(교육 표준점수) + 1(봉사 표준점수) + 1.5(연구 표준점수)

겸임교수 현황

겸임교수란 각각 전문 분야에 생업을 갖고 활동하고 있으며 대학교수로도 활동하는 이들이다. 겸임교수의 임용기준은 대학교원자격 기준에 해당하는 사람으로 국가기관, 연구 기관, 공공단체 또는 산업체 등에 재직 중인 사람들로 박사학위를 소지했거나 석사의 학력이라도 해당분야의 전문가를 우대한다. 가령 법대는 석사학위소지자로 해당전공분야 5년 이상의 실무경력자라는 식이 그 예가 된다. 1998년 교육부 통계에 따르면 전국의 겸임교수의 수는 1,860명으로 나타났다. 겸임교수제는 현장 경험을 대학 강의로 연결한다는 산학협동의 일환이지만 대학 나름대로는 경영상 겸임교원을 두는 것이 유리한데 겸임교수든 초빙 교수든 강의 시간이 9시간을 넘으면 전임 1명으로 계산되기 때문이다. 따라서 대학들은 교수 대 학생의 비율이 대학평가의 중요 자료이므로 교수 숫자를 늘리는 방편으로 겸임교수를 채용하는 것이다. 왜냐하면 겸임교원은 전임보다는 비용이 적게 들기 때문에 대학으로서는 일석이조의 장점이 있고 상당수의 대학들은 인기인들을 초빙하여 홍보효과를 극대화하거나 대학의 지명도를 높이는데 적극 활용하고 있다. 1998년 홍익대의 경우 신규 10명 가운데 겸임교수가 8명이었다. 인기인들 가운데 겸임교원의 예를 들면 탤런트 최불암(호서대), 박규채(한일장신대), 전원주(한일장신대), 유인촌(중앙대), 장미희(명지전문대), 최종원(백제예술대), 백지연(한양대), 김

희애(수원여자대), 최주봉(중부대) 등이 연극영화과에, 국악인 오정해(우석대),
사물놀이 김덕수(동국대), 재즈연주자 이정식(김포대) 등이 음악과 강의를 맡
았거나 맡을 예정이다(『조선일보』, 1999. 2. 13.).

공무원 서열파괴

2000년 7월 7일 발표된 외무공무원법 개정안은 '계급 파괴'가 핵심이다. 계
급이 앞서던 우리 공직사회로선 파격이다. 이는 앞으로 공직사회 전반으로
번질 가능성이 있다. 이 때문에 공직사회에선 공무원 제도 개혁의 시금석이
라는 평가와 함께 또다른 부작용을 우려하기도 하는 등 평가가 엇갈리고 있
다. 가장 관심을 끄는 부분은 계급을 없앤 것이다. 외교부는 외교관들이 승진
에 목매는 분위기에서 벗어나 전문성을 더 살릴 기회가 많이 있을 것이라고
주장하고 있다. 한 당국자는 "그동안 외교관들이 승진을 하기 위해 전문성과
관계없는 보직에 희망하는 사례가 많았다"며 "외교관의 전문화와 효율적인
인력관리를 위해 보직위주의 인사운영체제로 전환해야 할 때가 왔다"고 장점
을 설명했다. 외교부는 또 이 제도에 대한 보완책으로 민간기업에서 시행중
인 보직공모(Job Posting)제를 도입, 희망 보직에 지원할 수 있도록 했다. 보
직이 갖는 비중에 따라 급여도 차등 지급한다. 아울러 전체 외무공무원의 연
령 정년을 최대 64세에서 60세로 낮춰 활력있는 외교관상을 만든다는 구상
이다. 그러나 반론도 만만찮다. 부작용에 대한 걱정이다. 계급이 없어져 위계
질서가 문란해질 수 있다는 것이 첫번째 이유, 연이어 보직을 받지 못할 경우
퇴직해야 하는 규정에 따라 '보직 쟁탈 경쟁'이 극심해질 것도 불을 보듯 뻔
하다. 특히 외교관 자질향상이라는 명목으로 도입된 적격심사는 정권 또는
장관에 밉게 보인 외교관의 퇴출장치로 악용될 가능성도 배제할 수 없어 입
법과정을 물론 시행되더라도 논란이 끊이지 않을 것같다(『조선일보』, 2000.
7. 8.).

[표] 외교부 인사제도 개편안의 특징

	현 행	개정안
인사원칙	연공서열 계급	보직중심(보직공모제)
보수	호봉제	능력과 성과에 따라 차별화
근무평가자	상급자	상급자, 하급자, 동료(다면평가)
외무고시	20~32세 응시가능	토플580점 이상, 20~30세 응시가능

교수노조

일부 대학교수들이 2001년 2월을 목표로 전국 단위 교수노조 설립에 나선다. '민주화를 위한 전국교수협의회(민교협·공동의장 최갑수 서울대교수)'는 6일 "대학교육의 공공성과 교육정책의 민주성을 강화하고 계약연봉제로 인한 고용불안을 막기 위해 교수 4만5000여명을 대상으로 노조설립을 추진하겠다"고 밝혔다. 민교협은 이날 발표한 '교수노조 건설의 타당성'이란 연구보고서에서 "2002년 교수 계약연봉제 도입에 따른 고용불안, 사학재단의 교수통제권 강화와 임용비리, 교육의 공공성과 민주성을 배제한 정책수립 등에 조직적으로 대응해야 한다"며 "자문·협의기구 차원을 넘어 법적지위와 협상권을 보장받을 수 있는 노조가 필요하다"고 주장했다. 민교협에는 전국 4만5000여명의 교수 중 1400여명이 가입해 있다. 보고서는 "늦어도 내년 2월까지 설립할 방침"이라고 밝혔다(『조선일보』, 2000. 7. 7.).

교수에서 보직의 의미와 현황

교수들이 보직을 가지는 데는 크게 두 가지 이유가 있다. 첫째는 학교에서 학교 운영상의 필요로 교수들의 대학경영참여를 유도하는 경우이고, 둘째는 교수 스스로가 각종 수당이나 연금 혜택과 수업시간 감면 등을 목적으로 보직에 참여하게 되는 경우이다. 1998년 5월 통계로 전임교수 대비 보직교수의 비율이 가장 높은 국립대는 부경대로 무려 43.9%로 과반수에 이르고 있고 26개 국·공립대 17곳이 30%를 초과하는 등 전반적으로 국립대가 높은 비율을 보이고 있다. 사립대들 가운데서 강남대, 경산대, 관동대, 동덕여대 등 4개 대학은 전임교수 절반이 넘는 인원이 보직을 맡고 있으며 대구 효성 가톨릭

대, 성신여대, 상명대, 연세대 등을 비롯한 12개 대학의 보직자의 비율도 40%를 넘고 있다(『한국대학신문』, 1998. 5. 18.).

교육부의 대학원 강화

1998년 교육부는 대학원을 신설할 경우 전임 교수를 별도로 채용하고 교사 확보율이 일정 수준을 넘겨야 한다고 강조하였다. 교육부 학술지원국은 "대학원의 난립을 막고 대학원 교육의 질을 높이기 위해 대학원 신설기준을 엄격히 정하는 대학원 설치 기준을 마련해 2000학년도부터 적용하기로 했다"고 밝혔다. 교육부는 이에 따라 조만간 장관 자문 기구인 대학원위원회를 통해 교원·교사 확보율과 교수 자격, 업적평가방식 등을 규정한 대학원 설치기준령제정안을 확정할 예정이다. 이 당시 교육부가 마련한 설치 기준(안)에 따르면 현재 학부를 기준으로 인문사회 계열은 학생 25명당 1명, 자연과학 공학 예체능 계열은 20명당 1명, 의학은 8명당 1명의 교원을 확보해야 하지만 대학원의 경우에는 1.5~2배를 확보해야 한다. 또 특수대학원은 전체 교수의 3분의 1이상, 일반 전문대학원은 3분의 2이상을 학부 겸임교수 등이 아닌 대학원 전임 교수로 채워야 한다. 특히 의학, 법학 등 전문대학원을 설립하려면 학부 시설을 함께 사용할 수 없으며 학생 1명당 인문사회 12m^2, 공학·의학 20m^2, 예체능 19m^2 의 교사를 별도로 갖춰야 한다. 교수 자격 기준에서도 석·박사 학위를 취득하지 못했더라도 산업체 등 현장 경험이 풍부한 각 분야 장인들이 교단에 설 수 있도록 법제화하기로 했다. 학술지원국 관계자는 "진임 교수나 연구시설이 전혀 없이 학부 교수와 시설을 활용, 곁가지 식으로 운영되어 온 대학원은 살아남기 힘들 것"이라고 말했다. 한편 교육부는 1999학년도 대학원 신입생 입학 증원을 98학년도 증원 인원의 20%도 채 안되는 1천5백명 이내로 한정한다고 발표했다. 이 인원은 석사 과정 7%, 박사 과정 3% 이내에서 증원이 허용된 것으로 전년도 실제 증원율인 석사 과정 12.9%, 박사 과정 5.7%와 비교하면 상당히 줄어든 수치이다. 나아가 교수 연구업적 등도 공개된다. 교육부는 대학원 연구 및 교육의 질을 높인다는 취지 아래 이 같은 내용의 대학원 설립·운영 규정 등을 마련, 의견 수렴을 거쳐 추진키로 했다. 현재 학부 과정 설치 기준은 교수1명에 학생 수가 인문사회계는 25명, 자연 공학 예체능계는 20명, 의학은 8명이지만 석사 과정은 이의 1.5배, 박사 과정은 2배에 해당하는 교원을 확보해야 한다. 또 현재 대학원을 일반·특수·전문대학원 등으로 구별하고 있지만 학위만으로 구별해 ▲기초 이론과 학술 연구 분야에는 학술 학위를 ▲전문 직업 인력 양성과 개발 분야에는 전문 학위를 수여한다. 이와 함께 교육부는 직업인과 일반 성인을 위한 평생교육을 목적으로 하는 대학원(현행 특수대학원)에서는 박사 과정을 설치할 수 없도록 하고 명예박사 학위를 남발하지 못하도록 실제 대학에 설치된 학위만 수여토록 명시했다. 각 대학에는 입학과 수료 및 학위 수여, 학과(전공)의 설치나 폐지, 교육과정 등을 심의할 '대학원 운영위원회'를, 교육부에는 대학원 신설, 학위 제도 운영, 정원 배정 등을 심사할 '대학원위원회'를 각각 두게 된다. 특히 대학위원회를 통해 해마다 각 대학원의 교수 업적 등을 평가, 공개함으로써 수요자에게 정보를 제공하고 경쟁력도 높여 나가기로 했다(『캠퍼스 저널』, 1999. 6. 17.).

교육부 외부심사 방침

교육부에 따르면 1999년 9월1일부터 각 대학이 교수를 선발할 때 모집 대상과 전공이 같은 타대학교수나 한국대학교육협의회 관계자 등 외부 인사 1~2명을 반드시 교수 임용 위원회 위원으로 위촉토록 제도화한다는 것이다. 교육부는 이를 위해 각 대학교수 임용 과정에 참여할 외부 인사 풀(Pool)을 구성, 대교협이 관리하는 방안을 추진하는 한편 전공 지식 이외의 인성 등 일반적인 기준을 심사하는 면접 심사에는 동문 등 전공과 관련 없는 인사들도 참여할 수 있도록 할 계획이다. 서울대의 경우 전체 교수 가운데 모교 출신 비율이 96%에 달하는 등 이른바 명문대일수록 모교 출신 교수 비율이 높아 '학문간 동종 번식'을 지적하는 시각이 적지 않았다. 대학 자율 및 권한 침해를 이유로 제도 도입을 반대하는 시각도 많아 시행 과정에서 얼마나 효과를 거둘지는 미지수이다. 한편 1999년 1학기 들어 신규로 임용된 교수는 총 81개 대학, 8백84명으로 지난해 1학기 82개 대학 9백95명에 비해 12%인 1백11명이 줄었으며, 이중 24.7%인 2백90명은 겸임교수·초빙 교수 등 비전임 교수인 것으로 확인됐다. 특히 서울대는 새로 채용한 교수 46명 중 모교 출신이 44명에 달해 비율이 여전히 높았으며, 고려대(30명 중 80%인 24명), 전남대(26명중 50%인 13명), 한양대(39명 중 35.9%인 14명)등도 높은 모교 출신 비율을 보였다. 반면 성균관대는 39명 중 모교 출신은 0.3%인 1명에 불과했으며, 경희대도 23명 중 13%인 3명으로 조사되어 대조를 보였다(『한국대학신문』, 1999. 4.12.).

교원인사위원회와 징계위원회

대학교원(총장을 제외)의 인사에 관한 중요한 사항을 심의하기 위하여 대부분의 대학들은 교원인사위원회를 두고 있다. 그 구성은 교무처장(위원장), 학생처장 등을 중심으로 하는 보직자들과 총장이 지명하는 약간 명의 전임 교원으로 구성하고 그 임기는 1년이 일반적이나 중임할 수 있다. 교원인사위원회는 총장이 교수, 부교수, 조교수, 전임강사, 조교를 임면하고자 할 때의 임면 동의에 관한 사항을 심의하고[83] 의결정족수(가령 재적 위원 과반수의 출석과 출석 위원 과반수의 찬성)를 규정하여야 한다. 각 대학들은 교원의 징계에 관한 사항을 규정하여 교원의 인사 질서를 확립하고 있다. 교원 징계위원회는 위원장을 포함하여 약간 명의 위원으로 구성하고 학교법인의 이사 또는 교원 중에서 이사장이 임명하는 경우도 있지만 법인의 이사인 위원 수가 위원의 50%를 초과할 수 없다. 교원 징계위원회의 기능은 교원에 대한 징계 사항을 관장하므로 위원회가 징계 의결 요구를 받은 때에는 그 요구서를 접수한 날로부터 정해진 기일 이내에 징계에 관한 의결을 하여야 한다. 교원인사위원회나 징계위원회는 각 대학 별로 세부적인 지침이나 관례들이 매우 정교하게 되어 있고 이것은 지나치지 않은 경우에는 대학의 자율성이 크게 발휘될 수가 있는 부분이기도 하다. 특히 징계위원회는 그 특수성으로 말미암아서 그 세부 규정이 매우 복잡한 것은 당연하다.

---

83) 교원인사위원들은 임용기간이 만료되는 교원에 대하여 임면의 동의를 함에서 전임용 기간 중의 ① 연구실적 및 전문 영역의 학회 활동, ② 학생의 교수, 연구 및 생활 지도에 관한 능력과 실적, ③ 결근, 결강시 근태사항, ④ 교육 관계 법령의 준수 및 기타 교원으로서의 품위 유지 등을 고려하여 심사에 임하여야 한다.

교원평가에 따른 영향 조직망 구성의 예

영향 조직망은 여러 가지(branches)에 걸쳐서 나타나게 된다. 교원평가에 따른 종신직 제도 폐지 또는 계약제 임용은 제1차적인 영향으로는 ① 교수진의 학문적 질의 향상 ② 인건비 절감 ③ 원활한 교수진의 재편성 등이 나타날 수 있다. 그 다음으로 제2차 영향 조직망으로는 ⓐ 교수진의 학문적 질의 향상은 학생들의 교육 경험을 향상시키고 그에 따른 만족감을 증가시킴과 동시에 교수진의 연구를 더욱 더 많이 유도한다. 한편 ⓑ 인건비 절감은 학생 1인당 비용을 절감시키고 강력한 교수의 노조 결성을 야기시키며 인사 관계가 아닌 사항에 더 많은 투자가 가능해진다. 또한 ⓒ 원활한 교수진의 재편성으로 교수진의 질이 전반적으로 향상되고 그들의 평균 보수와 연령은 반대로 낮아지게 된다(Wagachall, 1983).

교원평가절차(경남대의 경우)

평가의 절차에 관해서는 교수 스스로의 자체평가를 원칙으로 하고 이것의 정확성을 독립적인 교원업적 평가위원회의 실사에 의해 확인한다. 다음에 일정 기간의 수정 및 이의신청 기간을 고지하여 피평가자가 위원회의 평가실사에 대해 반론을 제기할 수 있도록 하였다. 한편 경남대는 승진 및 재임용평가의 경우 교원업적평가위원회의 평가를 교원인사위원회가 다시 한번 심의하는 것을 의무화함으로써 평가결과가 교원의 인사에 활용될 때 신중을 기하도록 하였다. 피평가자가 이의 신청의 심사결과에 대해서도 불복할 경우 다시 재심사를 청구할 수 있으며, 이와같은 개별청구에 대해서는 청구자와 단과대학 소속이 다른 3인의 교수로 구성된 재심사위원에서 최종 결정을 내리도록 하였다. 경남대의 경우 교원업적평가에서는 포괄성과 객관성을 최대한 확보하는데 초점을 맞추었고, 평가절차에서는 자율성과 민주성을 기본원칙으로 삼았다고 할 수 있다(고현욱, 1999 : 38~41).

기획과 계획

기획(planning)와 계획(plan)을 구분하여 사용하는 추세이다. 구체적으로 두 용어의 의미를 살펴보면 우선 기획은 미래지향적이고 지적인 활동이며 합리적

인 행동을 하는 그 과정의 의미를 내포한다. 기획의 과정을 거쳐 나온 결과를
계획이라하고 계획의 하위 개념으로 사업계획(program)과 단위사업계획
(project)이 있다(송미섭·나동환, 1993).

[ㄷ]

대학경영에서 목표와 목적의 개념

목표의 개념을 정확히 파악하기란 쉽지 않고 목표와 목적, 두 용어를 정의하
는 데에 의견이 분분하다. 대체로 목표(Objectives)가 목적 진술문(Goal state-
ments)보다 광범위하며, 목표는 장기적이고 '시간을 초월한' 진술(가령 질적
교육을 제공한다)인 데 반하여 목적은 단기적이며, 수량화될 수 있는 '시간에
제한된' 진술이라는 주장이 많다. 대학경영이나 대학발전에 대한 목표의 개
발에 대한 시도들의 예를 들면 ① 대학의 강령의 제정, ② 대학의 자원 배치
에 동기가 되는 근거 제공 및 기준의 개발, ③ 대학의 풍토의 확립(예, 기업의
운영 방식을 제안한다거나), ④ 대학의 의도와 방향에 관심이 있지만 그 운영
에 깊이 참여할 수 없는 고객들을 위해 설명회 개최하기, ⑤ 대학의 목표와
목적을 분석하여 업무를 분배하기, ⑥ 대학 활동에 드는 비용·시간·수행
등의 범위가 평가, 통제될 수 있도록 대학의 의도를 구체화하는 등의 사항들
을 들 수 있다. 위의 항목들 가운데 ⑤, ⑥은 기획 예산제도(Planning-
Programming Budgeting System), 영기준 예산제도(Zero-Based Budgeting
System), 목표 관리(Management-by-Objectives) 등의 경영 통제체제와 관계가
있다. "목표의 개발이란 측면에서 보면, 목표란 모든 사람이 대학의 사명을
완수하기 위해 현명하게 일할 때 대학이 어떻게 보여질 것인가에 대한 설립
자 또는 주요 이사진의 표현된 또는 표현되지 않은 최소한의 신념이다
(Morrison 외, 1984 : 93)"는 표현은 매우 시사적(示唆的)이다.

대학재무 보고서와 경영분석

대학의 재무보고 등 제반 자료들은 대학이 고객에게 제공하고 있는 "서비스
의 내역과 결과"를 모아 놓은 것이고 경영 분석이란 이런 서비스의 핵심을

파악하는 하나의 기법인 셈이다. 이 같은 경영 분석이 이루어지기 위해서는 ① 분석 자료가 명확해야 하고, ② 분석 자료가 비교 가능해야 한다는 전제가 필요하다. 일반적으로 지적되는 경영 분석의 한계는 ① 재무제표 표시 능력에는 한계가 많고, ② 재무제표가 특정의 목적을 위해 분식(粉飾)될 수 있고, ③ 학교법인과 대학 사이의 재무 흐름 파악이 어렵고 ④ 자료 자체가 과거의 것이고 재무제표 정확성에는 많은 한계가 있으며 재무제표를 상호간 비교하는데도 많은 한계가 있다는 점들을 지적할 수 있다. 사립대학은 사립대학 법인이 운영하는 기관이므로 법인의 모든 활동은 사립대학과 직접적인 연관이 있다. 학교법인이 대학만 설립하여 운영하는 경우에 양자의 재무 자료가 공개만 된다면 비교적 양자간의 재무 흐름 추적이 용이하게 이루어질 수 있으나, 학교법인이 전문대학, 초·중·고등학교 등도 설립하여 동시에 운영하고 있는 경우에는 각각의 학교에 대해 적용하는 회계 기준 자체가 다를 수 있기 때문에 재무 흐름을 추적하기가 쉽지 않다. 사립대학과 학교법인을 통합하여 연결 재무제표를 작성하고 각각의 조직에 대해 외부 감사가 실시된다면 구성원은 물론이고 대학이나 법인에 대해 출연, 기부를 하려는 관심 집단의 이해력을 높이는데 크게 기여할 것이나 현재는 그러한 제도가 시행되고 있지 않다. 따라서 대학의 재무 자료만 가지고는 대학의 재무 상태를 완전하게 진단하기는 어렵다고 할 수 있다(이동규, 1995 : 31~39).

대학의 재무 융통성

대학이 재무 융통성을 유지한다는 것은 예상치 못한 수익의 감소나 잘못된 예산 편성으로 지출 초과가 발생하는 경우의 위험에 대해 대응할 수 있다는 것을 말한다. 재무 융통성이 클수록 대학의 핵심이 되는 교육과 연구 활동의 정상적인 유지가 가능해진다. 재무 융통성과 관련이 되는 비율로는 ① 수익 대비 부채상환 비율(어느 정도 자금 여유를 가지고 있는가), ② 교수 인건비 비율(교수 인건비에 대학 자금이 어느 정도 묶여 있는가) 등이 있다. 대학의 재무적립금 변동액은 대학의 재무 탄력성 추세와 비교되어야 한다. 만일 수익 대비 부채상환율, 지원자 대비 합격률(acceptance rate) 또는 정년보장 교수 비율 등이 증가되었다면 대학은 대학 재무적립금 적립방침에 대해 재검토해

볼 필요가 있다. 비탄력 정도가 크면 클수록 재무 자원의 소요는 더 커지기 때문이다(이동규, 1995 : 62).

대학평가 인정제도

대학평가 인정제도는 대학의 질적 수준을 체계적으로 평가하여 그 결과를 사회에 공표함으로써 그 질적 수준에 관한 사회적 인정을 얻게되는 제도이다. 대학평가의 목적은 대학의 수월성제고, 대학의 책무성 강화, 자율성 신장, 대학경영의 효율성 제고, 대학간의 협동성 진작 나아가 대학에 대한 재정지원을 유도·확대하여 대학의 총체적 질관리를 위한 기제의 구축이라고 할 수 있다. 그리고 대학은 교육의 기능 뿐만아니라 연구와 봉사 그리고 사회진보 및 혁신을 수행하는 기능을 한다. 이것을 활성화시키는 것도 대학평가제도의 목적이라고 할 수 있다, 따라서 대학평가는 총체적인 대학의 건강진단이라고 할 수도 있다. 평가영역과 부분 그리고 가중치 등은 대학종합평가와 학과 평가에 따라 차이가 있으며, 뿐만 아니라 대학원과 학부간에도 차이가 있고 개방대, 신학대, 교육대 등의 대학 유형별 특성에 따라서도 달리 적용되고 있다. 종합평가의 경우, 학부과정에는 100개 항목에 500점 만점으로 되어있고, 대학원의 경우에는 20개 항목에 100점 만점으로 되어있다. 정성적 평가는 평정척도의 형식으로 이루어져 있으나 계량적인 관점보다는 효율성이나 합리성 그리고 구체적인 실천의지 등의 관점에서 평가되는 최저 기준의 확보를 전제로 하고있다. 그러나 정량적인 평가는 5점평정 척도이면서 수치로 명확히 구분이 가능한 계량적 지표를 활용하고 있다. 우리 나라에서의 대학평가는 1973년 문교부가 실시한 실험대학 선정을 위한 대학평가를 그 효시로 볼 수 있다. 그러나 역시 우리 나라에서의 본격적인 대학평가는 1982년 한국대학교육협의회의 설립과 동시에 법정사업(대교협법 제18조)으로 시작된 대교협 주관의 학과 및 대학종합평가라고 할 수 있다. 최초 10년간의 대학 자체 평가과정을 거쳐 1992년과 1994년에 각각 학과 평가와 대학 종합평가를 평가인정제로 바꿈으로써 우리 나라에서의 대학평가는 이제 그 결과에 대한 사회적 인정으로까지 발전시킨 것이다. 대학평가는 대학을 총체적 입장에서 평가하는 '기관평가'와 계열(학과)을 대상으로 하는 '계열(학과) 평가인정제' 로 이원화되어 있는데 장학적 평가 이후 고등교육분야의 주된 경향이 '질적 관리'에 중점을 두게 됨에 따라서 1992년 우선 학과평가부터 '학과(계열)평가인정제(area and departmental accreditation system)'로 전환되고 1994년부터 대학평가도 '대학종합평가인정제(institutional accreditation system)'로 전환되어 실시해 오고 있다. 일반적으로 대학 종합평가의 경우에는 학부와 대학원으로 구분하여, ① 교육, ② 연구, ③ 사회봉사, ④ 교수, ⑤ 시설·설비, ⑥ 재정·경영 등의 6개 영역에 걸쳐 평가한다. 대학평가의 의미와 배경을 한마디로 하면 대학재건(College Reconstruction)을 위한 예비점검과 자기혁신의 시작이자 '자기주도적 질 관리(self-placed quality control)'라는 것이다.

독일의 교수임용 과정

독일대학교수의 정년은 법으로 보장되어 있고 교수가 되려고하는 사람은 학회지에 일정 수의 논문을 발표해야 하고, 일정 시간 이상 학생들을 가르쳐야만 교수자격 취득논문을 제출할 자격을얻는다. 논문이 교수자격심사위원회에서 통과되면 공개적으로 강연을 하고 심사위원회에서 교수자격을 부여한다. 그러나 자격을 얻었다고 해서 모두 교수가 되는 것은 아니다. 교수 임용은 공개적이고 대학구성원이 참여하는 민주적 의사결정 과정을 거쳐 엄정하게 이루어 진다. 그리고 특이한 점은 교수는 근무하고 있는 대학에서 승진할 수 없고 승진하고자 하면 다른 대학으로 옮겨야 하는데 결국 새로 초빙받는 셈이 된다. 따라서 교수의 강의나 업적은 초빙과정을 통해 평가받고 있다(강치원, 1999).

두뇌한국 BK 21

이 사업은 '제2건국 사업'의 핵심 가운데 하나로 99년부터 2005년까지 총 7년에 걸친 장기 사업으로 정부는 총 1조 4,000억원의 신규 예산을 투자할 예정이다. 그 내용은 ① 세계 수준의 대학원 육성(1000억원), ② 지역 우수 대학의 육성(500억원), ③ 대학원 전용 시설 구축 사업(500억원) 등으로 우리 대학들이 당면한 현실적 필요를 반영하고 있는 것이다(교육부, 학술 연구 지원과, 보도 자료 p.1) 이것을 이루기 위해 ① 소모적인 입시 제도를 개선하여 '주입

식 교육'을 타파하고, ② 학사 관리(학생 부문), ③ 교수 부문(교수 질 관리),
④ 행정 체제의 변화 등의 과제들을 해결해야만 한다.

[■]

미국의 테뉴어제도

[예일대학] 예일 대학에서는 강사로 취업한 교원이 박사학위를 마치게 되면
자동적으로 조교수로 승진하고 조교수는 보통 처음 4년 계약으로 임용되며
이 기간 내에 '재임용심사'를 받고 이 과정에서 탈락한 교원에 대해서는 보
통 1년의 유예기간을 주고 그 후 퇴직시킨다. 심사에 통과된 조교수는 다시
3년간의 계약기간으로 재임용되며, 이 기간이 끝나면 정년보장 임용심사를
하게 된다. 정년보장 임용 대상은 예일 대학의 해당 조교수에만 국한하지 않
고 다른 모든 학교 및 연구소의 자격있는 학자들 모두로 한다.[미시간주립대]
미시간 주립대학에서는 처음 임용되는 조교수는 4년 기간제로 계약하며, 한
번에 한하여 3년 기간으로 재임용될 수 있다. 따라서 조교수로 출발하여 정
년보장 안 된 기간제 부교수로 승진될 가능성은 배제되어 있다. 조교수는 임
용 및 재임용기간인 7년 내에 정년보장된 부교수가 되지 못하면 반드시 퇴직
하게 되어 있다. 미시간 주립대학에 신규로 임용되는 경우 부교수는 원칙적
으로 4년 임기직으로 되어 있다. 하지만 부교수를 신규로 임용할 때도 정년
보장할 수 있는 길을 터놓고 있으며, 교수의 직위는 예외 없이 정년보장된다.
[스텐포드대학] 스텐포드 대학의 경우 교수는 원칙적으로 정년보장이 되나
특별히 예외적인 경우 기간제 임용도 규정상으로는 허용하고 있다. 부교수는
보통 6년 기간제로 임용하는 것으로 되어 있으나, 때로 그보다 짧게 임용할
수도 있으며 정년을 보장할 수도 있다. 조교수의 임용은 보통 3년계약으로
이루어지나 5년을 넘지 않는 범위 내에서 신축성 있게 그 연한을 정해 임용
할 수있으며 계약의 갱신이 가능하다. 조교수, 부교수, 또는 교수 중 어느 직
급에서든 한 직급에서 7년 넘게 근무할 수 없으며, 따라서 이 기간 내에 정년
보장을 받지 못하면 퇴직하여야 한다. 이렇듯 기간제 임용의 상한선이 엄격
하게 정해져 있는 반면, 이 기간 중에는 무급휴가, 연구휴가 또는 안식년, 대

학행정 및 출산·육아를 위한 휴가 등의 기간은 포함되지 않는다고 명시되어 있다(김신복, 1999 : 22). 그리고 미국과 영국(영국의 수습기간은 보통 3년)은 정년보장심사를 받게 되는 것을 전제로 신규채용 1회에 한하여 계약을 체결한다.

[ㅂ]

방법론적 토대로서 전략기획의 의미

원래의 전략적 기획에서는 2단계에서는 대개 델파이(Delphi)조사법을 활용하여 그 쟁점의 추세 또는 사건을 구체적으로 예측한다. 델파이 조사법은 전문가집단의 통찰력, 경험, 판단력 등에 근거한 의견을 수렴하여 미래를 예측하고, 그 예측을 재평가하여 피드백시키는 방법이다. 구체적으로 회귀분석, 시계열분석(time-series model), 확률적 예측 등 교차영향분석법(Cross-impact analysis)을 사용하기도 한다(Morrison외, 1884). 그런데 이것은 대학 전체의 발전전략과 같은 거시적인 경우에 적용해 볼 만한 것이므로 이 연구에서는 그 방법적인 토대만을 활용하는 데 중점을 둔다는 것이다. 즉, 이 연구는 전략적 기획의 전반적인 방법론들을 차용하는 것이 아니라 단지 그 방법론적 토대만을 원용한다는 것이다. 먼저 교원평가와 대학의 경쟁력과 효율성 강화를 위해 여러 가지 쟁점들을 모을 필요가 있다. 교원평가가 연봉제나 보상 및 지원체제와 원활히 연결이 되었을 때, 그것이 대학의 장기 발전과 대학의 자원관리를 위해서는 어떠한 영향을 미칠 것인가에 초점을 맞출 필요가 있다. 두 번째로는 가용한한 자료들과 실제의 임상적 결과나 추세들을 토대로 구체적으로 분석을 한 후 향후의 전망을 추정해볼 수 있다.

보수에 관한 학설

보수에 관한 학설들로는 ① 임금생존비설(subsistence theory), ② 한계생산력설(marginal productivity of wage), ③ 임금기금이론(wage-fund theory), ④ 임금세력설(wage force theory), ⑤ 노동가치이론(labor value theory), ⑥ 잔여청구설(residual claimant theory) 등이 있다. 이 중에서도 임금기금이론(wage-fund theory)이란 노동자의 임금수준은 국가내 총자본이 임금지불을 위해 축적한 것 즉 임금기금을 노동자수로 나눈 것이라는 이론이고 임금세력설(wage force theory)은 노동자의 세력이 자신의 임금을 결정하는데 주요한 변인이라는 것이다. 잔여청구설(residual claimant theory)은 자본가가 자신의 생산물에서 이윤과 이자 지대등을 공제하고 나머지를 노동자에게 지급한다는 이론이다.

불공정 교수임용

1998년 서울대 치대 교수 임용 부정 사건 이후 교수 임용의 시민 운동 단체로 평가받고 있는 '교수 공정 임용을 위한 모임'(교공임)에 제보된 비리 건수는 현격히 줄어들었다. 올해 들어 교공임에 제보된 불공정 임용 제보는 서울 명문 K대 의대를 비롯한 10여건 정도, 교공임은 지난해에 비해 제보가 줄어든 건 사실이나 제보를 타진하는 사람들은 오히려 늘어났다고 밝히고 있다. 교공임의 장정현 간사는 '제보가 줄어든 이유는 아무래도 1998년 전국 대학가를 휩쓸고 간 임용 부정 비리 회오리탓"이라며 그러나 대학의 부정 임용 방법도 더욱 고도화해지고 교묘해졌다"고 말했다(『한국대학신문』, 1999. 4. 12.).

[ㅅ]

산업대학과 일반대학

교육부는 1995년 영남 지역의 모산업대학을 일반 대학으로 개편 신설하게 해 주었는데 이것은 다소 정치적 문제가 있었다. 원래 '산업 대학(개방대학)'이란 산업 사회가 필요로 하는 교육을 계속하여 받고자 하는 자에게 고등교육의 기회를 제공할 목적으로 설립된 것으로 수업 연령이나 재학 연령을 제한하지 않는 것('고등교육법' 제37조~제40조)으로 주로 직장인들을 위한 대학교라고 보면 된다. 산업 대학이 다른 4년제 대학과 다른 점은 산업체 위탁 교육을 할 수 있다는 점이다. 그런데 전문대학이 영역을 확대하면서 산업 대학교의 존립 기반이 흔들리기 시작하자, 산업 대학교의 불만이 폭발하고 산업 대학들은 일반 4년제로의 전환에 모든 정치력을 동원하였던 것이다. 1997년 이명현 교육부장관이 취임한지 두달도 안돼어 산업대와 전문대의 명칭 자

율화를 단행한데는 국회의 집요한 압력이 영향을 미쳤다는 관측이 지배적이
다. 문제의 발단은 산업 대학이던 K대와 T대가 각각 88년, 95년 「산업」 자를
떼어 냄으로서 발생하였다. 물론 당시 안병영 장관은 "산업대는 나름대로 설
립 목적이 있고 정부 혜택도 받고 있어 명칭을 바꾸기는 어려우며 학생들이
산업대와 일반대를 구분하지 못해 혼란이 우려된다"며 강경하게 반대해 왔지
만, 안택수 의원은 "두 대학에 다시 산업대라는 명칭을 붙이든지 다른 대학
의 교명을 자율화하든지 양자택일하라"고 요구하자, 안장관은 난감할 수밖에
없게 되어 "명칭 변경을 허용하면 법체계에 혼란의 문제가 있고, 두 대학을
다시 산업대로 되돌릴 수는 없다"고 버티는 모순에 빠지게 되었다(1997년 3
월 6일 임시국회). 1997년 7월 14일 임시국회에서 안택수 의원(한나라)은 "산
업대에 지원은 안해도 좋으니 '산업'자만 떼고 3, 4년이 지나면 큰다는 것을
알고 행정하라"고 호통을 쳤고, 배의원은 "일본도 단기 대학과 4년제 대학으
로만 나눌 뿐 산업대로 구분하는 나라는 없는데 왜 고집 하는지 모르겠다"고
말했다(『인터넷 동아일보』, 1997. 9. 29.). 결국 1998년 4월 30일 교육부는 전
문대와 산업대의 교명 자율화 조치에 따라 교명 변경 신청에 대한 심사를 벌
여 변경에 문제가 없는 전문대 1백개, 산업대 9개, 대학 1개 등 1백 10개 대
의 학교 이름 변경을 인가했다고 밝혔다. 이로써 K대, T대 문제는 유야무야
되었다. 교육부는 그러나 안산전문대와 안산공전이 '안산대학'으로 동일하거
나 유사한 교명 변경 신청을 한 경우와 남서울 산업대가 '남서울 대학교'로
기존 대학과 협의 없이 비슷한 교명으로 변경 신청을 한 경우, '국립' 또는
'한국' 자를 쓴 경우 등 38개 대학의 교명변경 신청은 인정치 않기로 하였다
(그러나 일부 산업대학교는 현재 '국립 ○○ 대학교'로 사용 중이다). 교육부
는 새로운 교명의 사용에 따른 학생, 학부모의 혼란을 막기 위하여 전문대,
산업대의 법적인 구분은 계속 유지하고, 모집 요강 등 각종 홍보 유인물에 전
문대와 산업대임을 반드시 명시토록 했다(『문화일보』, 1998. 4. 30.). 그러나
이것이 제대로 시행되지는 못하고 있다.

시간강사(일반론)

일반적으로 시간강사는 과회의를 거쳐 학과장의 추천으로 총장이 이를 위촉

하는데 시간강사의 자격은 대학 졸업 후 교육 및 연구 경력이 3년 이상인 자 또는 교육부장관이 전임강사 이상의 자격이 있다고 인정한 자이다. 일반적으로 학과장이 교과과정의 운영상 필요한 시간강사의 위촉을 추천할 때의 우선 순위는 ① 대학의 전임강사 이상의 직에 있는 자, ② 과거 대학에 전임강사 이상의 직에 있었던 자, ③ 대학원 박사 과정을 수료한 자, ④ 대학원 석사 과정을 졸업하고 1년이상 교육경력이나 연구 경력을 가지고 연구업적을 공개 발표한 실적이 있는 자, ⑤ 대학을 졸업하고 3년이상 교육경력 또는 연구 경력이 있고 연구업적을 공개 발표한 실적이 있는 자로 하는데 경우에 따라서 학사 학위만 가진 경우는 부득이한 경우 중등학교 교육경력으로 대체할 수 있다. 그리고 시간강사는 동일인이 8시간 이상을 담당할 수 없다. 다만, 다른 사람으로 대체할 수 없는 경우 총장은 정상을 참작하여 예외를 인정할 수 있다. 시간강사는 담당 과목의 개강일 2주일 전까지 위촉함을 원칙으로 한다.

[ㅇ]

연·고대의 신경전

1999년 당시 김중권 대통령 비서실장이 지난 18일 연세대 대학원정외과에 하반기 박사과정 입학 허가를 받았음이 뒤늦게 알려졌다. 여권내에서는 '왜냐'는 의문들이 제기됐다. 법학박사 이기도한 김실장이 전부터 "비서실장을 그만두면 학교로 돌아갈 것"이라고 말해온 것과 관련, 또 다른 추측을 낳기도 했다. 그러나 김 실장측은 "말하기 어려운 속사정이 있다"고 27일 말했다. 한 측근은 "연세대의 고위 관계자가 지난달 찾아와 박사과정 입학을 권유했다"며 현정부에 고려대 인맥이 많은 것과 관련, 연세대측이 신경을 쓰게 된 것 같다"고 했다. 김 실장은 학업을 병행하기 어렵기 때문에 난처해했다. 그러나 연·고대간의 미묘한 점도 감안해야 하는 처지여서 일단 '입학 허가'만 받되 등록은 학업이 가능할 때 하기로 하고 특별전형 신청을 했었다고 한다 (『조선일보』, 1999. 6. 28). 여기에는 두 가지 점이 감지된다. 하나는 남들은 시험쳐서 들어가야 하는 박사과정을 제공했다는 일종의 마케팅 구조이고, 다른 하나는 연·고대 간의 정치력 싸움이 그것이다.

연구비 중앙 관리제도

대학의 연구 활동을 효율적이고, 체계적으로 지원하며, 각종 연구소의 연구 책임자의 연구가 보다 효율적으로 수행될 수 있도록 할 목적으로 모든 연구비는 대학 본부(경리과)에서 중앙 집중 관리하고 학교 회계의 별도 예산으로 관리하며 연구비 집행에 따른 정산을 하여야 하는 제도가 연구비 중앙 관리제도이다. 해당 부서는 연구비 신청, 지급, 정산, 집행, 전도금 등을 전산화하여 연구 활동을 활성화하고 각종 연구 활동과 관련한 자료를 분류하는 동시에 연구 지원을 위해서 마케팅 개념을 과감히 도입하기도 한다. 일반적으로 연구비 중앙 관리 제도는 (1) 연구비는 학교 통장으로 입금됨, (2) 연구 비품 구매 절차를 간소화함, (3) 연구 절차 : ① 연구 계획서 제출 → ② 연구 과제 선정 통보 및 계약 → ③ 실행 예산서 제출 → ④ 연구비 집행 → ⑤ 연구 수행 및 보고서 제출 → ⑥ 정산 및 사후 관리 등으로 이루어진다. (4) 조직 : 일반적으로 연구지원처에는 연구 관리과 및 출판운영과가 필요하다. 연구지원처의 기능은 ① 연구 기금의 운영 관리, ② 학술 연구의 종합 계획 및 연구 정책, ③ 연구 활동에 대한 기본 정책, ④ 교원 연수 활동 지원, ⑤ 연구업적 및 연구 결과에 대한 평가와 관리, ⑥ 연구소의 설립, 해산 및 통폐합, ⑦ 연구소 운영에 대한 지원 및 평가, ⑧ 각종 논문집 발간 및 학술 서적의 출판에 관한 주요 사항, ⑨ 기타 연구 지원 사업에 관한 주요 사항 등이 있다.

연봉제 설계 결정과정(계명대의 예)

① 연봉제 시안을 교무회의 논의 후 각 단과대(학부)로 업적평가 제정 시안과 인사규정 개정안(임용 요건 규정의 변경)을 보내어 제정안 및 개정안에 대한 의견을 학부별로 '98.12.30까지 제출할 것을 요청. ② 학부의 의견이 2월말에 수합되어 의견을 분석, 타당한 의견은 반영하였으나 학부 또는 전공의 특성만을 고려한 의견은 미반영. ▶공통 지적 사항 : 봉사업적 기회가 게 주어지지 않으므로 봉사업적의 기본 요건을 0점으로 하거나 평가에 반영하지 않는 것이 바람직(모든 교원에게 기본 점수를 년간 50점을 배점하고 이 점수를 모든 임용 계약의 최소 요건으로 함, 그러나 징계 또는 경고시 감점 처리로 변경). ▷소규모 학과 또는 비인기 전공분야의 교수 : 교육영역 평가시 강의 시

간의 비중이 너무 크므로 하향 조정 요구하였으나 조정하지 못하고 연구영역에서 많은 수의 평가항목의 배점을 상향 조정 요구에 대해서는 일부만 조정, ③ 연구 위원이 2월말 전체 교수 회의에서 설명(의과대학교원을 대상으로 별도의 설명회를 2회 가짐, 의과대학교원의 특성을 고려하여 교육영역의 평가기준을 별도로 제정하여 적용하기로 함), ④ 일부 단과대학에서 연구 위원을 초청 질의 모임, ⑤ 교무회의에서 업적평가제정안 및 인사규정 개정안을 의결 및 시행, ⑥ 1998. 6.30~8.31 전 교원 대상으로 업적평가 시행하여 업적평가 적용 상의 미비점을 보완하여 1998.9 업적평가 규정을 일부 개정하여 7월1일자 소급 시행함(안봉근, 1999).

일반적인 교원 급여 규정

일반적으로 급여 규정에서 ① 본봉이라 함은 봉급표에 표시된 월본봉액, ② 봉급이라 함은 직급별·호봉별로 지급되는 기본 급여, ③ 보수라 함은 봉급과 그 밖의 각종 수당을 포함하는 금액, ④ '봉급 일할계산'이라 함은 그 달의 봉급액을 월(月)의 대소에 불구하고 30분의 1로 나누어 계산하는 것, ⑤ 초임급이라 함은 임용할 때에 최초로 확정된 호봉의 기본 급여액을 말한다. 봉급은 교원의 직급 및 호봉은 각각 당해 인사규정이 정하는 바에 의하지만 총장은 경우에 따라 직종별 호봉 외에 필요에 따라 급외봉을 정할 수도 있다. 각 직급 및 호봉의 봉급액은 대학교원, 일반직 공무원, 기능직 공무원의 봉급표에 의하며 수당은 매년도 예산 범위 내에서 총장이 이를 정한다. 교원에 대하여는 연구 활동을 위하여 연구비 및 연구 보조비를 지급한다. 다만, 연구교수에 대하여는 본 조의 적용을 받지 아니하되 연구 대상 또는 연구업적에 따라 따로 연구비 및 연구 보조비를 지급할 수 있고 연구비 및 연구 보조비는 월정액으로 지급할 수 있다. 승진 시의 초임급은 해당 직급의 초 호봉을 초임금으로 하고 직종을 달리하는 승진에서는 승진된 직급의 봉급이 승진 전의 봉급(조건부 또는 촉탁으로서의 봉급은 제외한다)에 미달될 경우에는 승진 전의 봉급에 가장 가까운 액의 호봉을 초임금으로 한다. 교직원이 본직 이외의 다른직을 겸무할 때에는 겸직에 대한 보수는 지급하지 아니하되, 겸직의 보수가 본직의 보수보다 많을 때에는 겸직의 보수를 지급한다. 보직의 경우도 또한 같다. 교원들은 여러 가지 수당을 수령하는데 예산의 범위 안에서 매년 3월, 6월, 9월, 12월 보수지급일에 상여 수당, 근무년수에 따라 매년 1월과 7월의 보수지급일에 지급 구분에 의하여 정근 수당, 장기근속 수당 및 부양가족이 있는 자에 대하여는 예산의 범위 안에서 가족 수당 등을 지급한다. 그리고 국민학교·중학교 또는 고등학교에 취학하고 있는 자녀가 있는 교직원에 대하여는 예산의 범위 안에서 자녀학비 보조 수당을 지급하며 교원이 본직 이외의 보직에 보임된 때에는 보직 수당을 지급한다.

일본의 교수임용

일본의 국·공립 대학의 교원은 공무원의 신분을 갖는 반면 사립학교의 교원은 그렇지 않다는 차이가 있으나, 교원의 임용이나 승진 등의 규정에서는 거의 비슷하다. 전임강사의 경우는 대학에 따라 2년정도의 시한부 발령을 하는 경우도 있고(동경대학 법학부), 종신고용의 권리를 부여하는 경우도 있다(와세다 대학, 쿄토대학). 조교수와 교수는 모두 정년(대학에 따라 60~70세로 정해져 있음)까지 종신고용의 지위를 지닌다. 일본의 교원인사에서 미국과 크게 다른 점은 조교수도 정년이 보장되어 있다는 점이다. 그러나 조교수가 일정한 기간만 지나면 자동적으로 교수로 승진하는것은 아니도 현직 교수의 은퇴, 전직 등을 통해 충원 가능한 교수의 자리가 생겨야 하며, 이 경우 교수 승진임용심사는 철저히 업적 위주로 이루어지고 외부의 후보자까지 동시에 고려하여 결정한다. 따라서 교수로 승진하지 못하고 조교수로 정년퇴임하는 교원의 숫자도 적지 않다(김신복, 1999).

[ㅈ]

전략기획의 목적

'전략(strategy)'은 희랍어의 군대(stratos)와 지휘(ago)가 합성된 장군(strategos)에서 온 용어이다. 전략적 기획(Strategic planning)은 장기기획과는 달리 외부환경, 경쟁조건, 장애요인, 기회부여 등이 잠재적으로 갖는 영향에 초점을 둔다. 전략적 기획의 주목적은 대학의 장점을 최대한으로 살리고 경영능력을

개발하여 외부환경변화에 더욱 민감하게 반응할 수 있도록 하는 데에 있다
(Cyert, 1983 :vii). 즉, 전략적 기획은 고위행정가로 하여금 '미래를 의식하는
혁신적 사고와 전략적 행동(Keller, 1983)'을 할 수 있게 하기 때문이다.

전문직의 특성과 교원

Lieberman은 전문직의 요소를 ① 독자적이고 분명하고 본질적인 사회봉사,
② 봉사수행시 지적 기술의 강조, ③ 광범위한 자율권, ④ 자율권에 대한 책
임의 수용, ⑤ 경제적 이기보다 자신이 행한 봉사의 중요성 등으로 지적하였
다(Lieberman, 1956). Benveniste는 전문직의 성격을 ① 전문지식에 바탕한 기
술의 적용, ② 고도의 교육과 훈련의 요구, ③ 직업에 입문시에 상당한 통제,
④ 전문직 단체의 존재, ⑤ 전문직의 행동강령, ⑥ 대중에 봉사한다는 책임감
등으로 요약하였다(Benveniste, 1987 : 32).

이상의 내용을 요약하면 전문직은 ① 장기간의 준비교육, ② 계속적인 자기
개발 노력, ③ 엄격한 임용 자격 요건을 갖추어야 하고, ④ 고도로 전문적 지
식과 기술에 의한 직무수행, ⑤ 높은 자율성, ⑥ 봉사적인 태도와 윤리의식이
요구되는 것 등이다. 대학교원은 의사, 판사, 회계사 등에는 미치지 못하지만
위의 준거를 대부분 만족시키는 전문직이라고 볼 수 있다.

조직화된 무질서(Organized anarchies)

Cohen, March, Olsen등은 대학과 같은 조직은 항상 불안정하고 유동적인 상
황이며 합리적이고 체계적이지 않기 때문에 무정부적이라는 것이다. 그들에
따르면, 이 같은 대학 조직은 ① 목표가 불확실하고, ② 교육목표가 불확실하
므로 그것을 달성하려는 기술도 불확실하고, ③ 구성원들의 참여도 유동적인
특성을 가지게 된다. 즉, 학교조직은 항상 불안정하고 유동적인 상황이기 때
문에 합리적이고 체계적인 의사결정이 어렵다는 것이다. 이와 같이 무정부적
상태에서 의사결정을 한다는 것은 마치 스레기통에서 무엇을 선택해야하는
상황과 유사하다는 것이다. 즉, 이들은 그 쓰레기통에는 문제, 해결책, 참여
자, 선택의 기회라는 네 개의 비교적 독립적인 영역이 혼합되어 있다. 이 모
형의 기본 특징은 의사결정의 과정이 문제에서 시작하여 문제의 해결로 끝나

는 것이 조직에서 독립적 상황의 흐름에 따라 결정이 이루어 진다는 것이다. 즉, 학교 조직에서의 의사결정이 합리적인 바탕에서가 아니라 우연히, 주먹구구식으로 이루어 지는 경우가 많다는 것이다(Cohen, March, Olsen, 1972 : 1~15 및 남정걸, 1984 : 111~112).

[ㅎ]

학과평가

대교협이 그동안 시행한 학과평가의 실적은 1997년까지 모두 10개 학과계열 총 427개 학과를 실시하였다. 학과(계열) 평가의 목적은 ① 각 대학의 수월성 측면에서 일정 수준 이상이 되도록 자구적 노력을 경주하는 분위기를 조성하여 학문영역의 수월성을 제고하고, ② 학과나 학문영역의 부단한 개선을 통하여 경영의 효율성을 진작시킨다. ③ 학문영역의 문제점과 그 원인규명 및 개선방안을 제시함으로써 학과의 사회적 책무성과 공신력을 제고한다. ④ 학문영역의 자체 결정권과 자기통제 능력을 부여하여 대학에 대한 정부의 부당한 간섭으로부터 학문영역의 자율성을 신장한다. ⑤ 학문영역에 대한 상호신뢰와 협동의 필요성에 대한 인식을 부여함으로써 학문영역 내의 협동을 통한 물적·인적 자원을 공동 활용하는 분위기를 정착시킨다. ⑥ 대학의 열악한 교육여건을 사회에 공개함으로써 정부와 산업체의 대학 재정지원을 유도한다 등을 들 수 있다.

학부제의 분석

학부제의 분석은 ① 무전공체제와 유전공체제, ② 무학년 체제와 유학년 체제에 의해서 접근하는 것이 용이하다. 고등교육법 시행령 28조2항에 "학생모집단위를 복수학과 이상으로" 규정하고 있고, 전국적으로 학부제가 보편화되고 있다. 이것은 세계적인 추세를 반영하는 것으로 서구에서도 '무학년체제'가 늘어나고 있고, 향후 지식기반 사회에서는 'Team teaching'이 본격화될 것으로 관측되고 있다. 그러나 한국의 경우 아직까지 '다전공체제'나 '다학기체제'를 학생들이 따라오지 못하고 있는 것도 현실이다. 그리고 '학부제시행'

후의 문제들로서는 수업이 늘어난 교수도 있고, 줄어든 교수도 있어서 불균형이 심화되고 있는 경우도 있어 책임시수 완화하는 조치가 필요할 수도 있다. 외국의 경우 책임시수를 6시간으로 하고 연구 역량을 강화하기에 주력하기도 한다.

혈세낭비로 끝난 정부조직 개편

이 과정을 다음의 시기가 다른 신문의 보도자료로 살펴보면 극명히 알 수 있다. 다소 길겠지만 각종 제도의 향방을 시사하는 측면이 강하기 때문에 참고할 필요가 있다. [1] 1999년 2월 정부는 공무원에 대한 대대적인 구조조정을 단행하는 일환으로 국장급 이상 고위직 30%를 내놓고 민간인과 경쟁을 벌이는 개방형 임용 제도가 파격적으로 추진하였다. 이 당시의 조선일보는 "기획예산위는 또 외부 인재를 끌어들이기 위해 개방형 직위의 보수에 상한 액을 두지 않기로 결정, 앞으로 장관보다 연봉을 많이 받는 국장도 탄생할 수도 있게 되었다. 개방형 직위는 전원 계약직으로 임용되며, 계약 기간은 3년으로 정했지만 해마다 연간 목표를 계약하며, 1년단위로 업무 성과를 평가해 실적이 저조할 경우 중도에 해임시킬 수 있다. 개방형 직위에 자리를 내놓는 공무원은 자기 직위나 다른 개방형 직위에 응모할 수 있고 응모에 떨어질 경우 다른 일반직에 재임용될 수 있지만, 그냥 직권 면직될 수도 있다. 정부는 이를 위해 1999년 4월 중 국가공무원법과 정부조직법을 개정, 공무원을 직권 면직할 수 있는 근거 조항을 신설할 계획이다. 50년 가까이 유지돼 온 「공무원 신분 보장」 제도가 고위직부터 서서히 깨지는 셈이기도 하였다"(『조선일보』, 1999. 2.26.). 그러나 한달 뒤 제2차 정부 조직 개편은 1998년 초 1차 정부 조직 개편 때 야당의 반대로 기형화했던 일부 조직과 기능을 정상화하는 선에서 서둘러 봉합됐다. 다시 말해서 개방형 임용과 같은 파격적으로 진행될 듯이 보였던 정부 조직 개편이 유야무야되어 버렸다. 이 시기의 신문 자료는 다음과 같다. [2]"국정홍보처, 중앙인사위원회 등의 신설로 17부 2처 4위원회 16청에서 17부 4처 4위원회 15청으로 장관급과 차관급이 1명씩 늘어나는 등 정부 조직의 상층부는 오히려 비대해지는 꼴이 됐다. 정부가 46억원의 예산을 투입, 민간 컨설팅업체들에 의뢰해 제시받은 건의안의 조직 개편 관련 방안들 중에서는 중앙인사위원회 설치 등을 제외하곤 상당수가 채택되지 않았다. 이에 따라 3개월 넘게 공직 사회를 뒤흔들어 온 이번 정부 조직 개편은 두 여당의 영토 싸움과 부처 이기주의에 부딪혀 대국민행정서비스 개혁보다는 '나눠먹기식 개편'으로 끝났다는 평가가 지배적이다. 조직 방어와 조직 팽창을 위한 로비 전과 유언비어로 여러 부처들이 멍들고 46억원의 혈세를 낭비했다는 지적은 피할 수 없을 것 같다"(『조선일보』, 1999. 3. 24). 문제는 이 같은 관행이 단지 공무원 사회에만 국한된 것이 아니라 사회전반에 만연해 있다는 것이다.

☐ Bibliography

(1) 한국 문헌

강치원. "교수계약제에 앞서 교육부가 알아야할 것" 대교협. 『대학교육』 1999.5-6월호.
경총(한국경영자총협회). 『99년판 인사·임금사례총람』(서울:한국경영자총협회, 1999).
고현욱. "교원업적평가제도, 이렇게 시행한다" 대교협. 『대학교육』 1999. 5-6월호.
곽영우外. 『대학교원의 보수체계에 관한 연구』(서울 : 한국대학교육협의회, 1991).
권기욱. 『대학 교직원평가론』(서울 : 교육과학사, 1993).
교육부. "교수계약제 임용과 연봉제 실시방안에 대한 연구" 공청회자료 1999.5.28.
______. 『대학이 변하고 있다』(교육부, 1997).
김도수. 『교육제도론』(서울 : 교육과학사, 1996).
김란수, 이종성, 이성호. "한국 대학교수 업무부담의 적정화 연구", 『延世論叢』 연세
    대학교 대학원 제19집(1982), pp.93~127.
김성국. "교수업적평가제 설계와 연봉제 구축" 대교협 연수부 『교수업적평가와 연봉
    제 추진 과정』 1999.
김신복外. 『교육정책론』(서울 : 한국교육행정학회, 1996).
김신복. "교수 계약임용제 시행방향" 대교협. 『대학교육』 1999. 5-6월호.
김인회. "교수계약임용제의 문제와 과제" 대교협. 『대학교육』 1999. 5-6월호.
김운회. "비대도시권 고등교육문제의 본질과 대책" 『한국지방교육 경영학회 학술세미
    나 논문집』(새교육공동체 후원). 2000.
김재규. "대학재정난 극복 방안" 『대학재정난 극복과 대학운영체제의 혁신』 하계 대
    학총장 세미나 자료집(대교협, 1998).
남정걸. 『교육행정 및 교육경영』(서울 : 교육과학사, 1998).
______ . 『교육조직행위론』(서울 : 배영사, 1984).
남정걸外. 『교육조직론』(서울 : 한국교육행정학회, 1996).
동양대학교. 『교육개혁, 이대로는 안 된다』(서울 : 신학문사, 1998).
박준성. "대학연봉제 도입방안과 전망" 대교협. 『대학교육』 1999. 5-6월호.
______. 『한국기업의 임금체계 개선사례 : 생산성을 높이는 임금체계는 어떤 것인가』
    (한국 생산성 본부, 1992).
______. 『인재육성형 신인사제도 : 삼성·LG그룹의 혁신사례』(서울 : 비북스, 1996).

부태완外.『新한국형 연봉제』(서울 : 중소기업진흥공단, 1999).

새교육공동체.『21세기 지식기반사회를 대비한 국가발전전략과 교육개혁』교육개혁 토론회 자료. 1999.5.

서동석. "교수업적평가제도" 대교협 연수부『교수업적평가와 연봉제 추진과정』1999.

서정화.『교육인사행정』(서울 : 세영사, 1986).

서정화外.『교육공무원 보수제도 개선연구』(서울 : 홍익대 교육연구소, 1986).

송미섭, 나동환.『교육행정 및 교육경영론』(서울 : 형설출판사, 1993).

송 자.『21세기 대학경영』(서울 : 중앙일보사, 1997).

柴野昌山(편).『教育社會學を學ぶ人のために』(조용환外譯) 교육사회학(서울 : 형 설출판사, 1996).

안봉근. "교원업적평가제도 및 연봉제 구축사례" 전국사립대학교 기획관리자협의회『연수회 자료집』1999. 6.

______. "교수업적평가제도 구축사례" 대교협 연수부『교수업적평가와 연봉제 추진 과정』1999.

안재환. "교수계약임용제도 운영사례" 대교협.『대학교육』1999. 5-6월호.

오세정. "대학평가의 문제점" 대학총장협회.『대학지성』제5호 1997.

오인탁外.『한국 고등교육개혁의 과제와 전망』(서울 : 양서원, 1993).

유규창.『인적 자원 관리의 신조류』(서울 : 1998).

이규환.『선진국의 교육제도』(서울 : 배영사, 1997).

이동규.『대학경영의 위기 : 재무분석 및 대책』(서울 : 선학사, 1995).

이성호.『한국의 대학교수』(서울 : 학지사, 1992).

이성호.『세계의 대학교수』(서울 : 문이당, 1995).

이 홍. "바람직한 교수업적평가제를 위한 제언" 대교협.『대학교육』1999. 5-6월호.

이현청. "21세기 대학의 환경변화와 교수업적평가" 대교협 연수부『교수업적평가와 연봉제 추진과정』1999.

임우순, 소영일.『현대 경영학 연습』(서울 : 박영사, 1992).

정미리. "프랑스의 대학교육"『동서양 주요국가들의 대학교육』(서울 : 문음사, 1999).

정영근. "독일의 대학교육"『동서양 주요국가들의 대학교육』(서울 : 문음사, 1999).

주은희. "영국의 대학교육"『동서양 주요국가들의 대학교육』(서울 : 문음사, 1999).

장정현.『한국의 대학교수시장』(서울 : 내일을 여는 책, 1996).

정건영. "계명대의 학사·행정·재정 구조조정 : 교원업적평가제와 팀제 운영" 대교 협.『대학교육』1998. 9-10월호.

전략기업컨설팅. 『능력개발형 인사제도』(서울 : 1999).

정태용. "대학교수평가제와 연봉제" 대교협 연수부 『교수업적평가와 연봉제 추진과
　　　정』 1999.

최성(편저). 『비즈니스 리엔지니어링의 핵심』(서울 : 한국생산성 본부, 1994).

한국고등교육연구회. 『고등교육연구』 제8권 제1호. 1996.

한국교육개발원. 『교육개발』 1998. 7월호.

한국국제교육협의회. 『대학교육개혁의 현황 및 과제』 제8차 심포지엄자료. 1999. 4.

한국대학교육협의회. 『대학종합평가 인정기준』(대교협, 1995).

　　　　　　　　　. "대학재정난 극복과 대학운영체제의 혁신" 하계 대학총장세미
　　　　　　　　　　나 자료(대교협, 1998a).

　　　　　　　　　. 『1998 대학종합평가 보고서』(대교협, 1998b).

　　　　　　　　　. 『대학교육 발전지표』(대교협, 1997).

　　　　　　　　　. 『고등교육 국제지표』(대교협, 1997).

　　　　　　　　　. 『대학교수의 업적평가를 위한 제도개발 연구』(대교협, 1994).

한국대학신문. 『98대학생 의식조사 연구보고서』 1998.

한국대학총장협의회. 『대학지성』 1999. 봄 여름호.

한국인사관리협회. 『연봉제 : 목표관리업적평가제도 사례집』(서울 : 1999).

한준상. 『한국교육개혁론』(서울 : 학지사, 1995).

(2) 日本 문헌

日下晃. "轉換期に立つ私立大學經營" 『高等敎育行政と大學經營』(東京 : 地域
　　　科學硏究會, 1985) pp. 152~164.

堀口 茂, 『職能給制度』(東京 : 同友館, 1990).

竹內洋. "企業と學力" 柴野昌山(編). 『敎育社會學を學ぶ人のために』(東京 : 世
　　　界思想社, 1985) 조용환외 譯(서울 : 형설출판사, 1993).

竹內裕. 『年俸制, 能力主義時代の賃金制度』 강유신譯(서울 : 갑진출판사, 1997).

早田幸政. 『大學・カレッジ Hand Book』(東京 : 紀伊國室書店, 1994).

天野郁夫. 『大學-變革の時代』 東京大學出版部. 1994.

(3) 美國 문헌

Benveniste, Professionalizing the Organization(San Francisco : Jossey-Bass, 1987).

Campbell, Ronald F., et al., Introduction to Educational Administration, 4th ed.(Boston : Allyn & Bacon, 1971).

Cartter, A.M., An assessment of quality in Graduate Education,(Washington D.C : American Council on Education, 1966).

Castetter, W. B., The Personnel Function in Educational Administration(New York : Mcmillan, 1981).

Cherrington, Warid J., Personal Management(Dubuge, Iowa : Brown Company Pub, 1983).

Cohen, March & Olsen, "A Garbage Can Model of Organizational Choice", Administrative Science Quarterly, Vol.17, No.1(1972).

Crane, D., "Scientists at Major and Minor Universities : A study of Productivity and Recognition", American Sociological Review, 30 : 5(1965), pp.699~714.

Cyert, Richard M. "Foreword" In Academic strategy : the Management Revolution in American Higher Education edited by George Keller.(Baltimore : Johns Hopkins Univ. Press, 1983).

Dennis, L.J. "Why not Merit Pay ? " Contemporary Education, Vol. 54, No 1(1982)

Folger, Astin & Bayer. Human Resources and Higher Education,(New York : The Russell Sage Foundation, 1987).

George Keller. Academic strategy : the Management Revolution in American Higher Education edited by(Baltimore :Johns Hopkins Univ. Press, 1983).

Glenn & Villemez. " The Productivity of Sociologists at 45 American Universities", American Sociologist, 5(1978).

Harry & Goldner. "Null Relationship between Teaching and Research", Sociology of Education, 45(Wijnter 1972), pp.47~60.

Johnes, G., "Research performance indications in the university sector", Higher Education Quarterly, 1988, 42(1).

Lieberman, Education as a Profession(Eaglewood Cliffs, N. J.: Prentice-Hall, 1956).

Lightfield, E.T., "Output and Recognition of Sociologists", American Sociologist, 6 : 2(May 1971), pp.128~169.

Limb, A. "Strategic planning : Managing college into the next century" in Managing Change in Education : Individual and Organizational Perspective, edited by Benett & Crawford(The Open University, 1992).

Lorents, A.C., Project Prims Report No. 6 : Faculty Activity analysis and Planning Models in Higher Education,(Minneapolis, Minnesota : Higher Education Coordinating Commision, 1971).

Manis, J.C., "Some Academic Influence upon Publication Production", Social Forces, 29 : 3(1951), pp 267~272.

Morrison James L. Morrison, William Renfro, Wayne Boucher. Future Research & The Strategic Planning Process : Implications for Higher Education(Washington, D.C. : AAHE, 1984) 방명숙譯『대학의 미래기획』(서울 : 문우사, 1995).

Przeworski, Adams, and Teune, Henry. The Logic of Comparative Social Inquiry,(New York : Wiley, 1970).

Somita & Tanenhaus. American Political Science : A Profile of A Discipline,(New York : Atherton Press, 1964).

Straus & Radel. " Eminence, Productivity and Power of Sociologists in Various Region", American Sociologist, 4 : 1(1967), pp.1~4.

Stufflebeam, Danie L., et al., Educational Evaluation and Decision Making(Itaca : Peacock, 1971).

Wagschall, Peter. "Judgemental Forecasting Techniques and Institutional Planning." In Applying Methods and Techniques of Futures Research, edited by Morrison, Renfron, Boucher. New Directions for Institutional Research No.39(San Francisco : Jossey-Bass, 1983).

Yuker, H.F., Faculty Workload : Facts, Myths and Commentary, ERIC/Higher Education Report 6, Washington D.C. : American Association for Higher Education, 1974.

■ 저자 소개

최성해
Temple대 MBA
Bapitist College & Seminary of
    Washington 교육학박사
필라델피아 경제인연합회 사무총장
(현) 동양대학교 총장
    MBC 시청자위원회 위원
    TBC 시청자위원회 부위원장
    사단법인 산업제어기술원 이사장
    환경질서보존연구회 회장

김운회
서울대학교 상대 졸업
한국외국어대학교 국제지역대학원 졸업
(현) 동양대학교 경영학부 교수
    한국사이버대학(KCU)기획위원
    한국농어촌사회연구소 연구위원(고등
    교육분과)
    (주)미르소프트이사

교수평가와 연봉제

1판 1쇄 인쇄 / 2000년 11월 1일
1판 1쇄 발행 / 2000년 11월 5일

공저자 / 최성해 · 김운회
펴낸이 / 이찬규
펴낸곳 / 선학사
등록 / 제10-1519호
주소 / 140-230 서울시 용산구 동빙고동 251-1번지 201호
대표전화 / (02) 795-0350
팩시밀리 / (02) 795-0210
인터넷 / sun363@unitel.co.kr

ⓒ 2000, 최성해 · 김운회

값 12,000원

ISBN 89-8072-087-4   93370